解析中国新闻传播学
2017

陈力丹／著

JOURNALISM
&COMMUNICATION

中国人民大学出版社
·北京·

写在前面

原计划2017年的这本《解析中国新闻传播学》，我进入交班的过渡。由于一些具体原因，我再以个人署名坚持一年。这本解析有一个明显的不同，没有了“2016年新闻界事件分析”，因为我不再连续上课，难以组织这样的分析活动；也因为我身体不济，持续关注本学科内不断发生的新事实消耗精力太大。

2016年6月我完成了一篇课题报告“党性人民性一致性研究”，近6万字，把一对被禁止了30年的概念从起源到现在的重新提起，做了历史的梳理和论证。当年12月在《安徽大学学报》有删节和改动地发表了近4万字（《党性和人民性的提出、争论和归结——习近平重新并提“党性”和“人民性”的思想溯源与现实意义》），该文收入了本书。文章谈到的两个问题这里强调一下：其一，鉴于“党性来源于人民性”“人民性高于党性”的错误观点已经受到持续的批评，摈弃“人民性”的观点长期居于主导地位，因而后者在理论上对党的危害，特别是对党群关系的危害，需要加以重视。其二，由于历史原因，中国共产党的一些政治概念来自俄国的列宁而不是德国的马克思。典型的概念如“党性”，它直接译自斯拉夫语族的俄文“партийность”，即党的意识、党的观念。这是一个性质形容词词干＋ость的名词结构，是一种表示性质的抽象概念。俄文名词партия翻译为“党”；形容词партийный翻译为“党的”；名词化的形容词партийность被翻译为“党性”，它是名词，但又不同于具有实质指称的名词“党”。可能当时的中文翻译者认为加上“性”字可以抽象地表达出形容词名词化所代表的那种抽象的观念和意识。在这种翻译思路下，20世纪上半叶的中国形成了一类词源来自俄国的中国式的组词法——“××性”。

这本书收录的关于新闻传播理论研究和新媒体研究的文章，大多是我 2015 年思考的延续，一个基本理念是：不能在原有的传播学理论体系（这是工业社会和大众传播的产物）里思考互联网的各种传播现象了；目前应重点研究互联网对社会各方面（包括对原有传统媒体的体系）的重构，就此向人们发出忠告、警告。

2016 年至 2017 年初，我参与了较多的社会科学基金项目申报前的评议和提交后的通讯评审，修改了很多文章，参加了较多硕士生和博士生的答辩或开题。我整理了保留下来的一些评审、修改的文字材料，希望这些零碎的东西，能够举一反三，对想学习和上进的年轻教师和同学们有些帮助。

陈力丹

2017 年 2 月 18 日于时雨园

目　录

第一章　新闻传播学研究概述

- 2016 年中国的新闻学研究
- 2016 年中国新闻传播学研究的十个新鲜话题

2016年中国的新闻学研究

2016年中国新闻学研究总体呈现不均衡状态。鉴于互联网传播技术迅猛发展的态势，学界对传统新闻传播面临危机的回应性研究、现实传播情势的研究较多，但基础理论研究单薄。鉴于这年习近平接连四次发表关于新闻舆论、网络工作的讲话，因而涉及习近平新闻舆论思想的文章较多，但研究质量较高的不多。这年新闻学研究的学术进展主要体现在数据新闻研究、新闻传播从业者研究、互联网条件下的个人信息权保护研究、中国新闻史研究方面。

一、习近平新闻舆论观研究

这年马克思主义新闻观的研究，话题集中于对习近平年内关于新闻舆论工作几个讲话精神的解读与阐发，《新闻与传播研究》《新闻记者》等杂志辟出专门版面刊登相关解读文章。另外，《新闻界》《新闻前哨》还发表关于马克思主义新闻观历史的小型研究文章14组、42篇。

有研究者将习近平2016年2月19日讲话与习近平1989年关于新闻工作的阐述做了对照研究，总结出习近平关于马克思主义新闻观的“两个要点、一个行动原则”。两个要点是坚持党性原则、尊重新闻传播规律，而落实下来，使二者统一的行动原则是习近平一再强调的“以人民为中心的工作导向”，做到新闻工作“党性和人民性相统一”而不是对立，“不断解决好‘为了谁、依靠谁、我是谁’这个根本问题”。[1]还有论文研究了习近平2013年8月19日和2016年2月19日关于“党性和人民性相统一”的论证，认为这对概念是中国共产党党建理论的组成部分，习近平重新并提党性和人民性这对概念，并对二者内涵进行了界定，“破除了我国新闻宣传领域最近30多年来人为制造的一个禁区，无论在党的理论建设上还是现实的宣传实践上，都具有重大意义”[2]。

有研究者对年内习近平三次有关新闻舆论工作的讲话进行概括，从中提炼出同新闻学相关的十对范畴：即新闻舆论的功能与危害、网络舆论的引导与管理、舆论监督与正面宣传、信息公开与网络安全、引导人民与学习“草野”、人才使用与人才培养、中国特色与世界视野、学习借鉴与生搬硬套、学科构建与话语创新、真懂真信与不懂假信。通过对它们的分析阐述，深化了对马克思主义新闻观的学习与研究。[3] 还有研究者重点关注习近平有关网络舆论的相关论述，并从网络舆论的概念认知和引导策略方面进行了阐发。研究者认为，网络舆论更加直观地反映了真实民意，更加积极地促进了公众表达；网络舆论引导，一方面“要遵循系统规律，从管理控制转向信息沟通、从短期信息调控转向长期心态调适”，一方面要坚持权威性、合理性和公共性等导向原则。[4] 此外，有研究者对习近平新闻宣传舆论观的形成背景及理论创新进行了梳理。[5]

二、新闻理论研究

这年的新闻理论研究，话题集中于新传播技术对既有新闻理念的影响方面。有研究者以“Facebook 偏见门”为例，分析社交媒体新闻推送的算法机制对传统新闻价值观的冲击。Facebook 的动态新闻算法是一种基于用户社交使用的协同过滤，目的在于过滤出对用户有意义的信息；该机制的潜在后果是有可能在当下社会条件下产生算法审查、信息操纵和平台偏向，进而影响用户态度。研究者认为，我们需要对技术与社会互动后果保持反思意识，否则技术非但不能“在公共空间和政治公共性当中开辟出新的气象，反而会在新型资本主义生产体系中成长为新的不平等的权力”[6]。

还有研究者就新技术条件下的信息透明和客观性原则之间的关系及其对新闻专业权威的影响进行了新的阐释。所谓信息透明是指“新闻采集、组织和传播对公众公开，新闻编辑室的内部和外部都有机会监测、检查、批评，甚至介入到新闻生产过程中”。作者认为，在对话、参与性质的传播环境中，客观性仍然是新闻专业权威的来源，其重要性不仅不因多元主体的参与而消解，反而更加具有紧迫性。新闻客观性的内涵和目的不因技术的改变而削弱其价值，但须因应环境的变化而改进其实践方式。信息透明原则的提出并不是对客观性原则的颠覆，其实质是新技术条件下新闻生产的方法论变革，是“新媒体对客观性的又一次有力推进”。换句话说，要求信息透明并未实质性地改变新闻专业权威的来源。[7]

三、新闻传播业转型研究

这年关于新闻业转型的研究，话题集中于新闻从业者面临的业态危机或未来不确定性，讨论较为深入。

有研究者发现，当下中国新闻业者的话语形构（discursive formation）呈现出单一商业主义维度的特征，并以此界定其所面临的危机、提出因果解释、做出道德评价和提出解决方案。作者认为，商业主义话语主导秩序的形成过程，同时也是对专业主义和其他另类话语资源进行替代和排除的过程。商业主义统合和专业主义离场正在并将继续对中国新闻业的变迁产生深远影响。关于商业主义的言说，为商业主义的社会实践提供着合理化的依据，进而参与到建构新兴的、以商业价值为主导的种种工作、社会关系和社会认同当中来。商业主义作为统合性话语形构的崛起，不断在消解新闻从业者对于专业身份的认同以及他们基于认同所从事的事业。作者表达了对以商业主义作为唯一价值认信和行动指南的担忧，认为市场话语对新闻业的“殖民”，“可能会使得我们失去认识新闻业作为一个专业以及作为一个具有公共性之制度安排的机会和可能”[8]。

有研究者直言不讳地指出，数字化时代的新闻生产变革唱响了专业主义的挽歌：社交媒体对新闻产品分销渠道的攫取和机器算法对内容产制流程的宰制，使得传统的新闻生产模式走向没落；平台型企业通过垄断内容产品分销权，将专业媒体机构打入产业价值链的下游，当理想、尊严和经济安全的保障一道消失之时，大批离职的新闻记者已经用行动唱响专业主义的挽歌。作者认为，专业主义的衰退将开启一轮影响深远的政治权力变更和舆论生态转型，是一个不容轻忽的问题。[9]

与此同时，也有研究者以积极的视角看待新传播技术对新闻业及专业主义的挑战和冲击。作者以澎湃新闻关于“东方之星”沉船事故报道为个案进行考察，发现当下新闻业呈现出“液态”特征：新闻生产体现为职业记者和公众共同参与的动态实践；媒介机构不再是新闻事件的唯一阐释主体，基于互联网社交平台，新闻报道的价值和意义经由公众集体参与而被不断重塑；新闻产制、流通的速度大大加快，传统新闻业的制度化权力结构被重置；新闻职业社区的专业控制和社会大众的开放参与之间，形成强大张力，组织化新闻生产正在变成协作性新闻策展（collaborative news curation）。研究者认为，新传播形态呈现的是“新闻从业者和社会公众，每一个个体，在新闻信息生产和传递的网络节点上不断的相互介入、相互挤占、相互渗透，原有的框架被不断突破、变形甚至不复存在，新的意义不断溢出”；如果将新闻专业主义视为以自由表达和公共参与为核心的社会文化价值体系的一部分，那么专业主义理念及其话语实践依然是推动社会进步的重要话语资源。[10]

四、新闻业务研究

这年关于数据新闻的研究，热度较往年有所增加，截至 12 月底各类学术期刊发表相关论文达 260 余篇。总体来看，多数研究仍停留在历史梳理、现状描述和趋势预测层次；部分研究较往年有所深入。有研究者访谈了七位数据新闻从业者，发现数据新闻在观念变革、产品创新及媒体运营等层面，都带来了新的实践与想象空间。作者认为，驱动国内数据新闻实践的因素主要是商业诉求和专业诉求，与作为大数据时代社会民主运动有机组成部分的西方数据新闻实践存在较大差异。西方数据新闻报道多“与支持政府开放的主张和行动相联系，并遵循调查性报道为公众服务的传统”[11]。

有研究者以《卫报》和《纽约时报》数据新闻中的中国议题为考察对象，以视觉框架分析（visual framing analysis）揭示了英美数据新闻对中国“数据他者”（the data other）形象的生产与塑造。作者分析了英美涉华数据新闻“视觉框架”生成的五种修辞实践：（1）从数据修辞来看，当数据脱离原有的生命观照和社会语境，“便一跃成为一个自我言说的主体，其选择、组织、布局与符号化过程便不可避免地携带了某种主观意志”；（2）从关系修辞来看，它们“将复杂问题进行简单的归因处理，用因果关系偷换相关关系，使得西方话语深处的预设立场不露声色地进入文本的表征实践中”；（3）从时间修辞来看，时间线上时间节点的选择、时间刻度的管理、时间坐标的确立、坐标内容的符号设计均指向一个个复杂的修辞劝服问题；（4）从空间修辞来看，不同国家在地图维度上聚合在一起，通过对色彩、形象、布局、标识等符号形式的占有与支配而形成一种“新地缘叙事”；（5）从交互修辞来看，数据新闻创设了一种戏剧性的参与情景，交互的观念、路径与结构的设计原本就内嵌在由计算机语言所“掌控”的规约体系中。就此作者认为，上述视觉修辞使中国沦为视觉意义上的被“标出项”，在全球语境中改写了中国与世界的数据关系及其深层次的主体间性，重构了通往中国形象认知的视觉框架，进而在视觉意义上将中国推向海德格尔特别批判的“异化的共在”状态。[12]

还有研究者认为，数据新闻实践要求工程师等技术人员参与到新闻生产过程中去，这推动了编辑室新闻生产常规重构；编辑人员与工程技术人员之间的沟通与协调需求，也推动编辑室内部沟通“转译人”角色的诞生。编辑室职业文化即在这一过程中发生变化。[13]

年内关于互联网条件下的新闻生产讨论较多，有研究者认为互联网改变了中国新闻传播业的产业结构、受众结构、股权结构和权力结构，并深刻影响新闻生产实践的变革，呈现出生产主体从专业化到社会化、生产机构从封闭性到透明性、生产周期从周期性到循环性等变化趋势，以及软性新闻主导的特点，使得中国碎片化、局域化的新闻专业主义面临新的挑战。作者还表达了对过度的社会控制损害新闻业公共性的担忧：过度的商业控制导致专业伦理失范，政治控制的内化导致自我审查强化，网络舆论的极化导致公共空间弱化。[14]

有研究者以《人民日报》《中国青年报》和《新京报》的“微新闻生产”为考察对象，对其编辑部新闻创新的内在机制进行了阐释。研究者认为，“编辑部本身是一个复杂的、各类行动者相互关联的‘网络’，而不是一个可以被简单化约的‘对象’”。当编辑部作为一个新闻生产组织遭遇到新出现的某种不确定状况，且矛盾累积到一定程度时，编辑部创新的动力就产生了，“微新闻生产”即是其中的一种表现形式；创新动力并不能直接产生创新结果，新闻创新是在一个复杂的、多因素相互关联的编辑部行动者网络中发生与开展的；传播技术人员与策划、采访、编辑人员之间的关系，投入在创新上的资源以及编辑部的原有规制，对一项具体的编辑部创新策略的开展有重大影响；编辑部创新也是一个动态过程，既存在“路径依赖”，也仍保留着多重可能性。[15]

五、新闻从业者研究

传统媒体的新闻传播业者离职告白和怀旧话语，成为这年的一类研究对象。研究者冀望通过对这些话语的考察，为理解我国新闻传播业的转型或变迁提供新鲜视角。有研究者对 2009—2015 年间 52 位新闻业者的离职告白进行内容分析后发现，传媒体制的禁锢、新技术的冲击、媒体经营的压力及个人职业规划是导致新闻业者离职的主要原因。他们的离职告白文本，对研究中国新闻业转型具有史料价值。[16]

还有研究者研究了新闻业转型条件下的怀旧话语，认为其中浮现的黄金时代叙事是新闻传播业当下处境所激发出的“神话”。就载体和时间指向而言，所谓黄金时代大体包括杨伟光主政时期的央视，2001 年（另有 2008 年之前一说）之前的《东方时空》，左方或江艺平主政时期的《南方周末》；就构成元素而言，黄金时代包含三组核心叙事，一是成长叙事，由青春万岁和理想主义等元素构成，二是体制/环境叙事，具体指宽松的大环境、开明的领导和组织氛围，三是今不如昔叙事，包括青春不再、体制环境不再和新媒体冲击等。作者认为，黄金时代对新闻界的意义表现在三个层面：（1）面向过去的层面，与以往由机构主导的历史书写不同，怀旧叙事更多反映了新闻人的个体和民间视角；（2）面向现在的层面，各种话语契机下的怀旧为新闻人提供了介入当下的独特角度和相对安全的批评策略；（3）在面向未来层面，怀旧叙事的意义则显得暧昧、矛盾或存在分歧，它更多取决于对其内涵和遗产的阐发，也取决于言说者的世代归属及在新闻场域中的位置。[17]

此外，科学工作者“触媒”变身自媒体人的现象也引发了关注。他们虽非职业传播者，但借助科学工作者的身份和专业优势，成为舆论场中的一种新型意见领袖。有研究者认为，科学工作者创办自媒体平台介入社会公共议题，是自媒体时代的一种新气象，给中国互联网和社会舆论带来了新的变化。要在舆论场更好地发挥引领作用，作为自媒体人的科学工作者需要保持独立和公正，在传播的专业性和大众性、商业性和公共性之间进行有效平衡。[18]

六、新闻传播法治研究

这年我国的新闻传播法治研究集中于个人信息权的法律保护、广告规制、互联网治理等领域。

（一）个人信息权保护

这年关于这个问题的研究集中在个人数据的法律保护与合理使用的边界探讨上。目前我国民法学界部分学者主张将个人信息权与隐私权进行区分。他们认为，就权利属性而言，隐私权是一种精神性人格权，个人信息权是集人格利益与财产利益于一体的综合性权利；隐私权的法哲学基础是人格尊严和人格的自由发展，个人信息权则体现为个人的信息自决权；就权利客体而言，隐私是指一种私密性信息或私人活动，重在保护人们的私密空间，个人信息则注重对信息主体的身份识别；就保护方式而言，隐私权所涉及的内容大抵是牵涉个人痛楚且具有不可逆性的，传播了将会对个人造成极大的精神伤害，法律对这样的行为应设“禁地”，禁止他人涉足，而个人信息具有客观性与身份性，并表现出一定财产属性，法律应在合理规制前提下，允其自由流通。[19]

还有研究者认为大数据时代，个人消费信息、位置信息以及网络浏览信息等间接可识别信息的合理利用与法律规制问题日渐凸显。间接可识别信息有别于姓名、出生日期、联系方式、指纹等直接可识别信息，但经过一定组合处理后，仍可识别出特定个人或群体；就法律属性而言，“此类信息具有财产利益和人格利益的双重属性，其法理基础是人格权中的个人信息权，需要从法律层面规制其收集、存储、加工、传播和删除等环节”，以实现个人信息的安全、合理利用。研究者在梳理欧美日等国家和地区立法及司法经验的基础上，提出我国对于间接可识别个人信息的收集、存储、加工和转让等环节的法律规制，应明确以下规则：信息主体对其间接可识别个人信息享有知情权、利用权和控制权等基础权利，国家应尽快完善个人信息安全法律制度；信息主体对上述权利的行使，受到信息自由、公共利益和国家安全等正当目的的合理限制；坚持信息业者的过错责任原则，并通过立法健全其管理责任体制；明确公权机关、基础设施机构等对间接可识别个人信息收集、利用、保护的权限及政府主导下信息过滤的基本原则。[20]

（二）广告规制

这年我国的广告规制研究，一是围绕新《广告法》的专门问题展开法理评析，一是就具体的广告规制问题引介域外立法及司法经验。

有研究者认为新《广告法》确立的广告代言制度存在浓厚的过度管制色彩，为降低过度管制带来的市场风险，司法实践中呈现出随意宽松的法意解释倾向。具体而言，我国广告代言立法的过度管制表现在三个方面：通过直接取缔某类主体的代言资格来规制市场，管制力度极大，这在市场经济国家已逐渐式微；二是未使用不得代言，禁止以专家身份为特定产品代言，规定医疗、医药、保健食品等绝对禁止代言的行业领域；三是涉及消费者生命健康的商品或服务领域，规定广告代言人的连带责任，即“不论其主观状态如何，只要广告主在虚假广告致害事故中的责任成立，广告代言人都要承担连带赔偿责任”。如此责任设计给广告代言人带来了极高的法律风险，且严重超出其可预见和防范范围。以不加掩饰的管制和惩罚思维作为课责依据，在行为自由与消费者权益保护方面缺乏恰当的平衡，有损法的公平性。作者指出：“广告代言立法从‘主体’到‘行为’再到‘责任’的体系，无不蕴含着极大的反市场化风险。”这样的立法设计不但其正当性饱受质疑，法律实务部门在为过度管制引致的市场风险解套之时，也存在随意宽松的现象。比如通过区分广告代言人和广告演员，调整法律适用范围，以缓解立法在代言主体及准入门槛上的过度规制。这一做法在化解市场风险的同时，会诱发一系列法律规避行为，并终将导致法律权威的丧失和机会主义行为的泛滥。[21]

但也有研究者就此提出不同看法："新《广告法》中绝大多数对广告内容的规定，虽然看上去限制了广告的表达自由，但却是为了服务于更大的公共利益——保护消费者免受虚假广告欺骗和误导。因此这些规定总体而言是合理且正当的。"[22]

有研究者关注美国广告规制中的强制广告披露制度。该制度形成了一系列"清晰且显著"的信息披露标准，其目的在于促进真实商业信息的自由流动。它要求广告主在广告发布中提供风险信息来补正广告中的片面或不实信息。研究者指出：这种以信息对抗信息的制度设计，既尊重了企业的商业言论自由，又保护了消费者的知情权，还可以减少双方的交易成本和政府监管成本，总体上是一种较为公平、经济的制度安排。[23] 这也启示我国广告立法，要克制无谓的管制冲动，通过公平合理的权利义务设置，平衡市场行为自由与消费者权益保护之间的博弈。对任一方的过度管制或偏执保护，都可能会损害立法设计的正当性，并增加市场交易成本和执法成本，进而妨害社会整体福利的最大化。

（三）互联网治理

这年我国的互联网治理研究主要集中于两个面向：一是宏观层面的监管和立法研究，一是相对微观的互联网专门规制政策研究。

有研究者发现，英国的互联网监管以行业自律为主导，行业自律规范是直接和主要的监管准则，国家立法对此予以间接配合。在机构设置上，互联网监察基金会（IWF）是监管主体，行政监管机构"通信办公室"（OFCOM）仅从宏观上进行补充和协调，且彼此之间注重分工和协调。同时，也较为注重对公民隐私权的保护和对公权力的制约。研究者指出了我国互联网监管需要完善之处：行政法规和规章法条模糊、可操作性差；各监管机构之间权责重叠、协调不足；技术手段单一，过度依赖关键词过滤法。[24]

有学者就我国互联网立法的重点进行了研究。作者认为，我国的互联网立法应采取专门立法模式，不宜制定一部大而全的"互联网管理法"。互联网立法的重心在于规范网络服务提供者，即以网络服务提供者的权利义务的设定为重点，这是因为在新的技术条件下，各平台型网络服务提供者已经成为政府的合作监管伙伴（co-regulator），具有强大的自我监管动力和能力；同时互联网立法应重视发挥行业自治作用。[25]

这年有研究者就我国互联网电视的政策规制问题做了深入细致的探讨。作者认为，当前我国互联网电视的规制困境主要表现在三个方面：（1）碎片化的广电市场缺乏核心资源主导互联网电视竞争，行政主导、文化安全为先的规制思维，并不能实质解决市场整合问题；（2）“碎片式威权主义”的政策制定框架，加剧了主管部门的各自为政与资源争夺，与互联网时代的产业发展要求大异其趣；（3）互联网治理过程中市场与科层机制双重失灵，国家层面“网络治理模式”违背平等、互利的原则。因此，“互联网电视规制的破题思路在于主管部门作为科层行动者确立市场准入机制和基本规制原则，在市场信任机制的培育过程中，开放场域让包括公众在内的多种力量进入规制空间，结成相互依赖的行动网络”[26]。

七、新闻传播史研究

这年的新闻传播史研究，以话题而言，主要集中于民国记者群体和中外新闻思想史等领域；以研究范式而论，新报刊史研究相对凸显，该范式侧重于从媒介本身的属性出发，考量它与社会演化的关系图景。

（一）中国新闻传播史

这年的新报刊史研究成果丰富，视角也较为多元化，涉及媒介与政治、媒介与生活空间等领域。有研究者以媒介化政治为分析视角，考察1903年《苏报》的办报实践，认为这是中国报刊史上一种“以动员为风格，以组织行动为旨归”的新报刊文化。换句话说，《苏报》报刊实践表明，它既是革命的鼓吹者，又是革命实践的推行者。流风所及，影响中国此后革命报刊实践和党报的集体知识。[27]还有研究者以20世纪初上海游戏场及游戏场报等新兴都市文化为研究对象，考察媒介与日常生活空间的关系。作者认为，大世界游戏场与《大世界》报共同培育了生产性娱游者。《大世界》报是游戏场空间生产的重要环节，它嵌入并拓展了游戏场空间，塑造了读者对游戏场的想象和欲望。该报通过对游戏场空间场景的再现，将娱乐活动建构为适宜小家庭进行的、辅益于工作的活动，将娱游者建构为拥有幸福家庭与稳定工作的小市民阶层，进而“作为一种尺度，中介着人与空间的关系”[28]。

有研究者以《大公报》为例探讨民国时期记者的职业社会化与组织社会化。作者以富有中国传统伦理色彩的“传帮带”概括《大公报》等中国新闻报馆的记者职业培训机制。该机制下，报馆前辈报人“通过传授新闻产制知识，协建新闻采访网络，砥砺职业道德，从而报界新人逐渐积累起开展新闻工作必需的专业文化资本、社会资本和道德资本”，成为出色的报人；传统“师徒制”言传身教的职业训练模式，使得不同代际记者之间情兼师友，技艺相传，道义相勉，逐渐建立起对新闻组织的规范忠诚、工具忠诚和情感忠诚，进而达致报人的组织社会化。这一机制也存在明显的不足，即其顺利运行在很大程度上仰赖个人道德的自觉修养。[29] 也有研究者注意到记者职业化过程中职业团体的角色，指出，职业团体在增进记者交往、提升职业声望及维护职业权益方面发挥了积极作用，推动了民国时期新闻记者职业化进程。[30]

还有研究者以世界报界大会和东三省中日记者大会为例，考察民国初年我国新闻界的对外交往。作者认为，民国新闻界的对外交往，一方面有利于促进中国新闻事业的现代化与职业化进程，另一方面“也颇有国民外交的意味，是争夺国际话语权的一种努力”[31]。

（二）中外新闻思想/观念史

这年的新闻思想/观念史研究有分量的成果不多。有研究者以知识社会学方法，从新闻知识整体变动的角度，考察了 1815—1926 年间中国现代新闻观念兴起的历史脉络。作者将现代新闻观念的兴起分为三个前后略有重叠的发展阶段：第一阶段（1815—1911），新闻知识作为一种“西学”显学，影响中国知识精英，并形塑其工具性新闻观念；第二阶段（1895—1926），新闻观念与启蒙、革命和宪政等社会思潮相激荡，言论出版自由以及革命报刊、政党报刊等观念逐渐生成；第三阶段（1918—1926），新闻知识以科学专业形式出现，专业主义新闻观念的正当性逐渐确立。现代性新闻体验的兴起，使得中国人的注意力从“前人世界”和“周遭世界”转向对“共同世界”的关注。[32]

还有研究者对詹姆斯·凯瑞（James Cary）的新闻史观进行了发掘、梳理与批判。受社会科学领域从新社会史向新文化史范式转向的启发，凯瑞在思考美国新闻史教育边缘化的问题时，提出了新闻文化史的研究取向。他认为，新闻史研究需要新视角和新解释，应将历史叙述放在新闻史改革的核心位置。历史研究应通过改变提问方式、回归历史解释，建立历史材料之间新的因果关联和逻辑安排。具体而言，凯瑞的文化史观主张是：超越对具体行为的描述，探讨普通历史人物行为背后的意识和“意义之网”；重视对新闻文本的研究。但凯瑞这一设想因缺乏规范可靠的操作化方案而受人诟病。此后，为进一步回应学界对文化史观的批评，他提出了新闻实践史的研究设想，将新闻定义为人类建构世界的一种主体实践，提倡新闻史研究要超越具体的传播史、媒介史、社会史和文化史，回到新闻本身。作者认为，凯瑞提出的两种研究设想都带有浓厚的批判情结和本土关怀意识，但也存在显著矛盾：一是研究路径上期待宏大、完整的美国新闻史；一是态度倾向上期待新闻史范式革命，只使用抽象的“文化”“实践”等概念，而不愿进行意识形态批判。[33]

(三) 外国新闻传播史

这年的外国新闻传播史研究比较分散，涉及勃列日涅夫时期的新闻传播业、巴西新闻业的特点、美国反奴隶制刊物的流通等。集中的研究在于单国新闻传播史领域，有研究者在《新闻界》接连发表论文，涉及牙买加、乌干达、荷兰、挪威、智利、阿尔巴尼亚等国家新闻传播业的历史与现状，这些论文注重分析各国新闻传播业的发展特点，尤其是文化特点。

年内，中国新闻史学会外国新闻史研究委员会学术年会在暨南大学召开。会长孙有中倡导外新史研究既要研究外国新闻与传播的历史，又要关注当代；既要研究外国新闻与传播的实践，也要关注理论；需要对中外新闻与传播的实践与理论进行比较研究。

八、中国新闻学研究应引领人们认识新传播环境

2015—2016 年发生了多项传播技术方面的重大事件：

2015 年联合国下属的国际电信联盟（ITU）在圣迭戈举行的工作会议上公布了 5G 技术标准化的时间表，标准将在 2020 年制定完成。2015—2016 年间，Facebook 持续推行太阳能无人机，Google 则在实验平流层热气球和低轨道通信卫星，互联网信号传播路径将实现真正全方位覆盖。

2016 年全国“两会”期间，利用 VR 技术（虚拟现实）制作的新闻批量出现。8 月，由“虫洞 VR”公司发起的 VR 新闻实验室成立，《广州日报》等 12 家媒体成为首批会员。2016 年 11 月 17 日凌晨从美国传来消息，中国华为公司以绝对优势击败欧美列强，主推的 Polar Code 成为 5G 短码最终方案。2016 年 12 月 2 日，华为公司研究院在日本宣布：锂电子电池技术实现重大突破，石墨烯基电池研制成功。这种电池寿命延长两倍，耐热程度提高 10 度，未来充电只

需几秒钟。2016 年 12 月，“有初”光电脑开始销售。由光信号进行数字运算、逻辑操作、信息存储和处理的光子计算机，传播速度是 3×10^5km/s。电子的传播速度是 593km/s，光子计算机比现在的超级计算机快 1 000～10 000 倍。

面对这样快速的传播技术发展，中国新闻学研究总体上没有走在互联网趋势发展的前面，而跟在后面做一些阐释性的工作，这不该是学界的主要任务。传播技术每隔几年就会发生重大的技术革新，新闻学研究不能停留在不断描述新传播形态的“特征”上，而要相对宏观地研究互联网发展对社会、对人的大脑思维的影响。网络发展的任何一种趋势都是双刃剑，指出可能的负面影响比点赞正面影响更重要，纠正不科学的偏见认识更为可贵。未来媒体可能是任何一种我们想象不到的形态，传统媒体的衰落是无可挽回的，新闻学研究不能把主要精力放在传统媒体摆脱困境的措施建议上。4G 正在推广之时我们需要研究 5G 对社会的影响，尤其在中国对 5G 核心标准有一定话语权的情形下更应有研究的提前量。在互联网信号天上、地面（海底）全方位覆盖之前，我们应提前研究电信服务、通信塔公司、有线电视、传统通信行业等可能失去联网业务、通话业务的危机。向社会不断提出忠告、警告，这才是学界的责任。

（本文与陈辉合作）

引用文献［Reference］

［1］陈力丹．坚持党性原则，尊重新闻规律［J］．中国记者，2016（3）：49-51.

［2］陈力丹．党性和人民性的提出、争论和归结［J］．安徽大学学报（哲学社会科学版），2016（6）：71-88.

［3］童兵．从范畴认知深化马克思主义新闻观研究［J］．新闻大学，2016（5）：17-24.

［4］张志安，宴齐宏．网络舆论的概念认知、分析层次与引导策略［J］．新闻与传播研究，2016（5）：20-29.

［5］郑保卫．习近平新闻宣传舆论观的形成背景及理论创新［J］．现代传播，2016（4）：27-33.

［6］方师师．算法机制背后的新闻价值观：围绕“Facebook 偏见门”事件的研究［J］．新闻记者，2016（9）：39-50.

［7］夏倩芳，王艳．从“客观性”到“透明性”：新闻专业权威演进的历史

与逻辑［J］. 南京社会科学，2016（7）：97-108.

［8］李艳红，陈鹏．“商业主义”统合与“专业主义”离场：数字化背景下中国新闻业转型的话语形构及其构成作用［J］. 国际新闻界，2016（9）：135-153.

［9］王维佳．专业主义的挽歌：理解数字化时代的新闻生产变革［J］. 新闻记者，2016（10）：34-40.

［10］陆晔，周睿鸣．“液态”的新闻业：新传播形态与新闻专业主义再思考［J］. 新闻与传播研究，2016（7）：24-46.

［11］方洁，胡杨，范迪．媒体人眼中的数据新闻实践：价值、路径与前景［J］. 新闻大学，2016（2）：13-19.

［12］刘涛．西方数据新闻中的中国：一个视觉修辞分析框架［J］. 新闻与传播研究，2016（2）：5-28.

［13］钱进，周俊．论数据新闻对新闻职业文化的改造［J］. 新闻记者，2016（5）：38-44.

［14］张志安，吴涛．互联网与中国新闻业的重构［J］. 现代传播，2016（1）：44-50.

［15］王辰瑶，喻贤璐．编辑部创新机制研究——以三份日报的“微新闻生产”为考察对象［J］. 新闻记者，2016（3）：10-20.

［16］陈敏，张晓纯．告别“黄金时代”：对 52 位传统媒体人离职告白的内容分析［J］. 新闻记者，2016（2）：16-28.

［17］李红涛．“点燃理想的日子”——新闻界怀旧中的“黄金时代”神话［J］. 国际新闻界，2016（5）：6-30.

［18］潘祥辉，吴正楠．科学工作者变身自媒体人：话语、角色及影响［J］. 中州学刊，2016（10）：160-166.

［19］王利明．论个人信息权的法律保护——以个人信息权与隐私权的界分为中心［J］. 现代法学，2013，35（4）：62-72. 冉克平，丁超俊．隐私权与个人信息权的界分——以司法判决为中心的分析［J］. 天津法学，2016（3）：38-44.

［20］陶盈．我国网络信息化进程中新型个人信息的合理利用与法律规制［J］. 山东大学学报（哲学社会科学版），2016（2）：155-160.

［21］宋亚辉．广告代言的法律解释论［J］. 法学，2016（9）：43-53.

[22] 左亦鲁．公共对话外的言论与表达：从新《广告法》切入［J］．中外法学，2016，28（4）：971-993.

[23] 李明伟，董蕾．以信息对抗信息：美国广告披露制度的法经济学分析［J］．国际新闻界，2016（8）：149-165.

[24] 黄志雄，刘碧琦．英国互联网监管：模式、经验与启示［J］．广西社会科学，2016（3）：101-108.

[25] 王利明．论互联网立法的重点问题［J］．法律从科学（西北政法大学学报），2016（5）：110-117.

[26] 赵瑜．互联网电视的规制及其政策张力［J］．新闻大学，2016（3）：1-10.

[27] 黄旦．报纸革命：1903 年的《苏报》［J］．新闻与传播研究，2016（6）：22-45.

[28] 季凌霄．大世界与《大世界》报（1917—1927）：空间、报纸与娱游者［J］．新闻与传播研究，2016（6）：78-91.

[29] 路鹏程．传、帮、带：民国新闻记者的职业社会化与组织社会化［J］．传播与社会学刊（香港），2016（36）：35-68.

[30] 田中初，余波．职业团体与新闻记者的职业化［J］．新闻大学，2016（3）：22-30.

[31] 赵建国，黄嘉悦．民国新闻界走向世界的盛举：以世界报界大会为中心［J］．兰州大学学报（哲学社会科学版），2016，44（2）：115-122. 赵建国．民初中日新闻界的交流与对抗——以东三省中日记者大会为中心［J］．安徽大学学报（哲学社会科学版），2016（4）：74-82.

[32] 涂凌波．现代中国新闻观念的兴起［M］．北京：中国传媒大学出版社，2016.

[33] 方晨，李金泳，蔡博方．忽略的维度：詹姆斯·凯瑞的新闻历史观及其批判［J］．国际新闻界，2016（2）：131-149.

2016 年中国新闻传播学研究的十个新鲜话题

2016 年新闻传播学研究的新鲜话题，主要围绕着这年内习近平关于党的新闻舆论工作、网络和信息化工作的数次讲话展开，因而习近平新闻舆论观的研究，以及他强调的新闻舆论引导力、网络舆情治理、媒体融合、新媒体法治化管理等话题，成为研究的热点。另外，人民日报社的“中央厨房”全媒体平台、VR 新闻、未来传播形态、媒体盈利模式创新，以及英国公投、美国大选的传播方式等话题，也是较为热门的话题。

一、习近平的新闻舆论观已成为热点话题

2016 年 2 月 19 日，习近平主持召开党的新闻舆论工作座谈会并发表讲话；4 月 19 日，他在网络安全和信息化工作座谈会上发表讲话；2016 年 10 月 9 日，他在中央政治局第 36 次学习会上就网络强国发表讲话；2016 年 11 月 8 日，他会见中华全国新闻工作者协会第九届理事会和中国新闻奖获奖者代表时再次发表讲话。因而，这年研究习近平的新闻舆论观，成为全年新闻传播学界的热点话题。

有学者认为，坚持党性原则与尊重新闻传播规律，是习近平论证的马克思主义新闻观的两个基本要点，而使二者统一的行动原则则是他一再强调的“以人民为中心的工作导向”。[1] 为此，要做到“党性和人民性相统一”而不是对立，“不断解决好‘为了谁、依靠谁、我是谁’这个根本问题”。习近平在 2013 年 8 月 19 日全国宣传思想工作会议上重新并提并论证了党性和人民性的内涵和相互关系，2016 年 2 月 19 日再次论证了“坚持党性和人民性相统一”，破除了我国新闻宣传领域最近 30 多年来不准并提党性和人民性的禁区，无论在党的理论建设上还是现实的宣传实践上，都具有重大意义。[2]

有学者从习近平的成长经历、从政经历及治国理念等角度分析了习近平新

闻舆论观的形成背景和主要特点，认为他在“强调意识形态和新闻舆论工作的极端重要性”“对全国宣传思想和新闻舆论工作的全面布局与宏观思考”“对新媒体环境下新闻事业发展的新认识、新要求”等方面发展了共产党新闻舆论思想。[3]还有学者总结了习近平的新媒体观，写道：习近平强调新媒体在治国理政中的重要地位，把媒体融合上升为国家战略，强调利用新技术占领信息制高点，鼓励理念、体制机制变革，重视网络强国战略的构建与国际话语权的掌控。而以先进技术为支撑，发展新媒体人才优势，实施理念、手段、内容、体制创新，是扶持和促进新媒体发展的三个切入点。[4]

还有学者指出，在新的历史条件下研究马克思主义新闻观存在一些问题。比如：某些应当能讲得比较透彻的问题没有讲透；有些问题的讲述，逻辑上显得脱节，或不甚严密；新闻学子或新闻舆论工作者感到困惑的问题，尚未作出有说服力的回应或不作回应。因此，马克思主义新闻观研究须从理论上讲对，从道理上讲透，从逻辑上讲通。[5]

二、互联网舆情治理讨论形成话题

这一年习近平关于新闻、传播方面的四个讲话，两个是关于网络的。过不了互联网这个关，共产党就过不了长期执政这一关。年内国务院办公厅印发《关于在政务公开工作中进一步做好政务舆情回应的通知》。因而，这年关于网络舆情治理的文章颇多，形成讨论话题。

有学者指出，网络管理中存在着各种模糊认识，简单封堵甚至“一关了之”的认识和行为不乏市场。健康网络生态的形成，需要尊重网络传播规律，互联网治理应体现宽容、多元、法治的思维，摈弃“对抗”思维，建立“容错”机制；摈弃简单“一律”，尊重多种声音；摈弃“保姆”式管理，依法治网。[6]

这年发生的互联网热点事件较多，“雷洋案”“和颐酒店女子遇袭”“魏则西事件”“罗尔诈捐事件”“中关村二小欺凌事件”等成为舆论焦点。研究者的视野更多地放在热点事件频发的原因、网络舆情传播特征、地方舆情治理等宏观层面上。有学者分析了2003—2015年130起地方政府舆情危机事件，发现首曝舆情的媒介经历了从报纸到论坛社区到微博的迁移；曝光路径经历了从媒体报道、政府提供信息到普通群众爆料、当事人爆料、政府提供信息再到普通群众爆料、媒体报道的迁移；传播环境更为复杂，网络谣言和网络动员逐步增长。[7]地方政府的舆情治理模式是通过行政管控、加强与属地网络媒体的联合等方式来整合网上意见，并努力将民众引导到行政科层与程序中，通过线下沟通、调解、服务或补偿等方式满足民众诉求，消解其线下行动。这种模式可以缩减舆情喷发的空间，缓解线下行动的压力，但也面临舆论传播再中心化的困境，产生属地以外舆论热议、属地内媒体失声的现象。[8]

有学者认为，应准确估量舆论、舆情的数量和范围。某种意见或倾向如果不够正确，持有人数在一定范围内远远低于总体的三分之一，就不会对全局产生影响。社交媒体具有较强的圈层性质。如果某种不够正确的意见只存在于某一社交媒体的某一圈层而没有进一步传播，即使这种意见达到了构成这一圈层内舆论的程度，也不必过度紧张，只需在这个圈层内进行舆论引导即可。若放大到更大的层面进行引导，反而扩大了这种不够正确的意见的传播。如果经常把社交媒体内少数人的意见当作“舆情”上报，很容易造成各级领导层对“舆情”的过度敏感，出现“舆情脆弱性”。[9]

还有学者发现，目前的网络舆情应对存在一些认识误区。比如，以简单的非概率数据来代替整体，误读大数据；将一些批评意见与谣言混淆；将网络问题视为社会现实问题的根源，有些地方政府认为只要打击了网络言论就能解决现实问题。① 有学者建议，舆论治理不能局限在舆论的单一逻辑中，而应放在社会舆论、社会心态、社会结构的三维框架里。舆论是表层结构，社会心态是中间层，社会结构则是底座。后两者就像是河床，决定了类似水流的舆论的流向和速度。[10]

三、新闻舆论“引导力”成为新话题

习近平年初提出“切实提高党的新闻舆论传播力、引导力、影响力、公信力”。其中，引导力是一个新提法，新闻传播学界对此论述较多。有学者认为，这一提法的提出源于紧迫的现实需求：社会利益多元，意见分化；媒体在利益驱动下出现泛娱乐化趋势；传统媒体在新媒体冲击下面临失语的尴尬；新媒体易于滋生非理性情绪、谣言等。[11]

研究发现，移动互联网时代，伴随社会事态纷繁复杂和价值观多元化，媒体的公信力呈现出下降的危局，舆论引导力不够；对主流观点的正面引导和新

---

① 参见张洪忠 2016 年 11 月 19 日在“新中国舆论学研究三十年论坛”的发言《网络舆情的功能与认识误区》。

闻事件的积极干预，力度不够。传统媒体的传播力、影响力更是逐渐式微。[12] 有学者认为，新型主流媒体的一个核心功能是提升主流媒体在网络空间的舆论引导功能，建设用户平台是关键。要构建基于互联网海量用户的入口，具备对大数据进行整合、分析和应用数据的处理能力。以符合用户需求的创新型内容产品为基础，以智慧政务服务聚集用户，以本地生活服务留住用户，通过用户数据的采集、分析与应用来提升媒体服务的精准度。[13]

也有学者通过对《人民日报》、央视新闻等央媒的微博、微信公众号分析，发现央媒在社交媒体上受到追捧。主要原因是这些账号熟练使用着多种运营策略，发布与主报、主刊、主频道迥异的内容；它们以央媒的权威身份，为时政内容增加吸引力。此外，自上而下的制度鼓励和央媒间的相互竞争也是重要因素。但是，这背后也有隐忧。比如，心灵鸡汤和生活小窍门等内容以及"标题党"式的做法虽然吸引了大量普通民众关注，但是在社会中上阶层、精英阶层并不受欢迎，媒体有失去对精英群体影响的危险。此外，网络空间依然面临着严重的"左右"撕裂，而央媒声音又往往被视为代表党和国家的意志，如何平衡变得更加困难。[14]

现在网络空间党群之间存在着一定的沟通障碍，传播失灵现象时有发生。有学者认为，互联网技术打破了传统的传媒结构和社会结构，宣传者不能沿用传统的宣传理念、模式和方法。网民是高度分化的，诉求也是多元的。这就要求宣传者必须应对互联网条件下传播语境的变化，洞察受众需求和群体行动的逻辑，掌握适当的方法，有效回应分众化的社会表达诉求，从而实现有效引导。①

四、对"媒体融合"的持续思考

自 2014 年"媒体融合"上升为国家战略以来，这个话题一直是新闻传播界的热点之一。截至 2016 年 12 月 15 日，CNKI 上以"媒体融合"为关键词的文章有 2 325 篇，2015 年为 2 677 篇，2014 年为 1 120 篇。2016 年学者们对媒体融合的关注集中于审视媒体融合两年多来的进展和存在的问题。

有学者通过对业界、学界人士的访谈发现，目前传统媒体集团在实现媒体

① 参见张涛甫 2016 年 10 月 22 日在"马克思主义新闻观与当代中国新闻业论坛"上的发言《传播格局转型与新宣传》。

融合方面存在融合发展目标及模式模糊、机制制约、互联网思维缺失、管理变革乏力、技术研发滞后、盈利模式单一等六个问题。[15]“两微一端”是传统媒体推进媒体融合的重要方式。有学者调查了国内110家主流媒体后发现，60%的媒体完成“两微一端”布局；限于人力、经费、制度、技术等资源条件，53%的媒体实行整合运行的创新激励不足，存在同质化、服务意识淡薄、没有稳定盈利模式等问题。[16]

有学者比较分析了《纽约时报》《人民日报》的融合战略，认为《纽约时报》新旧媒体整体式一体化转型的模式存在明显的弊端。相比之下，《人民日报》通过把新媒体剥离出去，进行独立的资本运作，开始步入良性循环的轨道。[17]还有学者从内容、渠道、平台三个角度分析了英美传统媒体的融合情况，认为传统媒体在与互联网平台商融合中处于劣势地位，后者可完全占有传统媒体提供的原创内容和用户数据，从而形成“大规模数据收集—深度数据挖掘—定向数据利用”的可持续商业循环。[18]

有学者认为，应探索以大数据为核心的中国媒体融合发展之路。利用大数据技术，进行全方位、立体式新闻报道，改善媒体运行质量，提升媒体服务水平，优化市场营销能力。中国的媒介融合需结合国情，着力整合功能相近的媒体资源，形成实力较强的新型传媒集团；传统媒体转企改制，进行股权结构改革，实行传媒经理人制度；管理上要打破制约媒体发展的地区分割和行业分治的体制性障碍。[19]

尽管关于媒体融合的论述颇多，但有学者认为目前对“媒体融合”的理解有待更新。因为媒体融合仍局限在媒介组织和产业自身，强调的是内容生产环节、资源的整合以及媒介产业层面的整合。应当从社会形态变化的角度来理解“媒介融合”，以数字技术为元技术平台，将不同维度上的媒介重新整合为一体，形成一个“网络社会”，而媒介组织只是这个网络中的一个节点。[20]

五、社会关注新媒体法治化管理

这年，从新媒体谣言、假消息“刷屏”到部分“网红”的低俗视频直播，再到利用微信进行捐款诈骗、恶意营销，以及用户隐私泄露，新媒体发展中的乱象较多。因而，新媒体法治化管理被提上日程。

有学者分析了“上海姑娘逃饭门”“大妈碰瓷玩具车”等网络谣言，发现网络谣言是按照“人际传播－群体传播－大众传播”的传播机制扩散的，沿着

“社会化媒体—自媒体—网络话题—专业媒体—权威媒体”的传播网络传递至网民的。[21]

有学者梳理近两年新出台的新媒体政策发现，其主要集中在媒介融合、版权、文化安全等方面，包括打击和清理有害信息和不规范的营销活动，治理移动即时通信工具、视听 APP、新闻客户端等新传播形态。运动式治理依旧是主要治理方式。这种管理模式存在的问题是，投入大效率低，政策效果是短期的；个人信息保护、垃圾信息治理等领域的管理力度还不够；政策出台和评估缺乏民意调查程序；言论自由的管控尺度存在较大争议等。[22]学者们建议网络立法重在重构网络生态环境，先解决互联网发展最需要调整的对象和领域，如《网络安全法》《个人数据保护法》等。中国互联网发展走的是先发展后治理的路子，这对早期互联网及相关产业的发展大有裨益，但互联网发展速度快，后续的立法、执法存在一定程度的滞后甚至缺位，导致网络法治秩序的缺失。在立法成本较大的情况下，应严格实施现有法律，并将现有法律规定创造性地运用到网络空间的治理中。[23]

在网络隐私权的立法保护方面，有学者认为，目前公民网络隐私权的法律保护存在网络隐私权地位不明确、界定不统一、保护不具体、救济不到位等问题。比如，在宪法、民法和刑法等上位法中，隐私权或被“人格权”所广义覆盖，或与“名誉权”混为一谈，隐私权本身并没有取得独立、明示的人格权地位。对此，我国网络隐私权的立法应更加系统、明确和科学，对公民网络隐私权的保护应更加直接、具体和到位。在较高级别的法律条文中将隐私权作为一项独立的人格权确立，使其与名誉权等权利处于平等地位。[24]还有学者认为，要通过扩大隐私的范围来提高个人信息的保护水平。隐私权所保护的个人信息，不应当仅仅局限于未公开的私生活秘密，不具有隐私性的“其他个人信息”同样需要保护。建议加快制定个人信息保护法，而在个人信息保护法颁布前，应通过一般人格权来保护不具有隐私性的个人信息。[25]

六、“中央厨房”全媒体平台受到业界关注

这年传统媒体忙于布局“两微一端”，采编流程再造、新闻编辑部革新受到新闻传播学界的关注。有学者分析了《人民日报》《中国青年报》和《新京报》的微博、微信的新闻生产，发现编辑部创新的动力来自组织所感知到的不确定性风险，即纸媒逐渐式微的全行业危机。这促成了媒体上下合力求变革的共识。

但创新受到技术、编辑部各类新闻生产者之间的关系、投入在创新上的资源以及编辑部的原有规制这四大结构性因素的影响。在不同的编辑部内，这些因素的表现形态和关联方式不同，会使看上去相似的创新策略在实践中产生很大的差异。[26]

国外媒体的实践提供了一些启示。有学者分析了美国《达拉斯晨报》的数字化转型，该报建立了完全适应数字出版的新闻编辑部：岗位设置完全由数字出版需求确定；生产流程以“社交第一”为核心；工具引入以提高数字化采编工作效率为目标。[27]英国《卫报》的实践经验在于其“开放新闻”的理念。面向使用者“开放”，强调生产者与使用者的平等对话与合作，使 UGC 成为新闻内容的一部分；“开放”数据，把数据视为信源，使数据新闻成为一个常规的新闻品种，把数据视为工具，帮助生产者进行新闻选择和呈现；“开放”平台，强调编辑部与外部生产者的合作，在不同平台之间进行对接和适配，促成新闻在更广泛的空间流动，提升新闻服务的商业价值。[28]

国内的《人民日报》“中央厨房”全媒体平台受到业界关注，一度成为传统媒体编辑部革新的代名词。《人民日报》相关负责人介绍，“中央厨房”不是所有媒体终端都输出一样的产品，而是一次采集后，多元化生产与加工，多渠道发布，充分发挥不同媒介形态的新闻专业特色，实现个性化新闻生产。同一新闻事件会提供三个波次的产品推送，分别求快、求全、求深。“中央厨房”融合了业务、技术和空间平台，其中业务平台摸索出一套成熟完善的内容生产、协作、分发的模式，将传统意义上的采编人员细分为指挥员、信息员、采集员、加工员、推销员、技术员等岗位。[29]

“中央厨房”热也要冷思考。有学者提醒，各媒体在创建“中央厨房”的探索中不能一哄而上，应明确自身的优势何在。那些具备资金优势、人才优势、品牌效应优势的媒体，如果互联网思维意识强烈，其“中央厨房”模式成功的机会更大。[30]

七、VR（虚拟现实）新闻开始流行

2016 年被称为中国的虚拟现实新闻元年。这年全国“两会”期间，利用 VR 技术制作的新闻批量出现；8 月，由“虫洞 VR”公司发起的 VR 新闻实验室成立，《广州日报》等 12 家媒体成为首批会员。学者们关注的焦点是 VR 技术（包括 AR，即增强现实；MR，即混合现实）对传统新闻生产、叙事方式、新闻伦理的影响。

有学者认为，“设备（移动或头戴式）＋VR/AR＋APP”的模式成为传统媒体实现“破坏性创新”的手段，引发了传统新闻业在内容、业态、样式上的多重转向。内容上，它可以近乎完美地再现“现场”，使新闻媒体逐渐由“叙事者”转变为“聚合者”，由“记事簿”转变为“数据库”；业态上，不仅能驱动传统媒体迅速建立起“中央厨房”式的全媒体平台，还有力推动了传统新闻与新兴高科技产业之间的“跨界融合”；在报道样式上，叙事逻辑从接受者的视角出发，实现互动式与沉浸式的多媒体呈现模式，从“客观新闻学”走向“对话新闻学”。[31]

有学者对国际主流媒体的代表性虚拟现实新闻作品进行了文本分析，发现VR新闻在叙事内容上集中在“灾难”“自然”“科技”“探险”等具有奇观化视觉效果、观众难以接近的主题上；VR新闻多以人物独白形式展开，配合360度全景图像；以小人物作为叙事落点，容易唤起观众更强的心理情感；拍摄路径多为“固定机位＋长镜头”。[32]

还有学者认为，VR为新闻传播提供了一个全新的叙事场景：基于“场景”的“沉浸式新闻”；基于多视角、多维度立体的内容呈现，实现了新闻叙事模式与接受者认知视角的全面转型。VR技术用于新闻报道，将推进双向、多向的新闻传播，带来社会话语权力的再分配和重组。VR不仅是一项技术，更是一种未来的媒介形态。[33]

但是，VR新闻的伦理风险也令人担心。有学者认为，VR新闻貌似全面、客观和真实的呈现背后，有着更多的人为建构，也更容易操纵和欺骗接受者。VR新闻具有极强的把关、议程设置和显化功能，更能引导乃至扭曲用户的认知和行为，从而可能造成对接受者感官的过度影响，导致理性的退化；可能加剧人对媒介的依赖，接受者被媒介营造的信息环境所影响乃至被控制的可能性进而增大。对此，新闻从业者应该铭记“技术服务于新闻，而不是新闻服务于技术”。[34]

八、未来各种传播形态的讯息引发广泛讨论

这年关于未来各种传播形态的文章增多，都认为一个万物皆媒（泛媒化）的时代即将到来。有学者分析，泛媒化的趋势首先表现为物体的媒介化，其中值得关注的三个动向是：传感器对信息生产深层变革的触发、智能家居与人机

交互新技术可能的前景、车联网技术带来更多的流动化和场景化新传播形态。泛媒化趋势的另一个表现，是各种传感器的应用使人体终端化。这意味着人体、人的行为甚至思维将被常态性数据化。在泛媒化时代，人与物的关系，将成为共生、协作的关系。[35]

泛媒化趋势下，接受者获取新闻的端口将多样化。以往的新闻端口包括社交媒体、客户端、搜索引擎、智能机器人、可穿戴设备、播客、邮件列表、直播摄像头、行车记录仪、无人机及游戏机。而随着物联网的到来，新闻端口将更加多元，无处不在。[36]未来，不同新闻端口之间的竞争将日渐激烈。新闻终端可能呈现信息跨终端复合传播、用户体验智能化、差异化细分等特点，而便携、移动和社交化是最基本的要求。[37]

有学者认为，未来媒体主要形态是基于物联网技术的智能媒体。通过物联网所支撑的各类音视频采集装置（如高清摄像头、无人机、拍摄机器人等），信息传播媒体能够实现真正互动化的传播，不受时间、地点与场景的限制，成为全媒体内容服务平台。未来的媒体公司必然是科技公司。谁能重新定义资讯的内容形态，谁将占领未来媒体的制高点。[38]

在移动化、智能化趋势下，新闻生产将被重新定义。有学者分析，传感器拓展了感知能力，开辟了信息采集新维度，为未来新闻报道的立体化呈现提供了资源；还可探测未来动向，为预测性报道提供新依据；亦可传导个性需求，使“定制化”新闻生产成为可能。而当万物成为新闻源时，媒介的中介意义就被削弱了。此外，机器写作重新定义了写作者与写作模式，未来的写作将是人与人工智能的结合，对传播效果的预判将融入到选题与写作中，写作更多地变成用户驱动的过程。虚拟现实、增强现实等新技术带来了新闻体验的再定义；技术公司的媒体项目改变了内容分发模式，门户网站、搜索引擎、社交媒体、客户端这四种内容分发模式在逐步整合、相互渗透，将在很长一段时间内成为新媒体的内容分发主要机制。[39]

九、媒体盈利模式创新仍是研讨焦点

这一年，36 氪、界面等新媒体再次获得上亿元融资，资本对新媒体项目青睐有加，但无论是传统媒体数字化转型还是发展中的社交媒体，新盈利模式仍在探寻之中。

目前，内容创业的盈利模式主要有两种。一是直接盈利模式，往往以热门的版权内容或原创 IP（intelligence property）为基础，通过内容付费与广告两种方式来变现。一是间接盈利模式，先以内容为跳板吸引足够多的用户，再通过媒体电商与社群经济的方式变现。[40]

有学者分析国外社交媒体嗡嗡喂（BuzzFeed）的盈利模式发现，它并非像传统网站那样依靠横幅广告变现网站流量的方式盈利，而是创造了一种共享式的广告模式——原生［自然］广告（native advertising），其本质特征在于将媒体内容与广告内容无缝融合。[41]传统广告的本质在于"展示"商品或品牌。原生广告对传统广告的概念构成了挑战，广告不再是单纯地展示商品信息。原生广告模糊了媒体内容与广告边界，公众对内容（包括新闻）的需求与广告内容一定程度上实现了统一。我国目前自称"原生广告"的广告，多数并不具备这类广告的特征，有"假服务，真广告"之嫌。[42]

自 2015 年微信朋友圈广告推出以来，利用大数据技术推送精准广告成为新媒体探索的盈利模式之一。有学者认为，广告传播所处的环境发生了极大变化，从基于地理空间连接的有限规模化，转变为时空一体的超级规模化，从时间性传播转变为即时场景化传播，从信息不对称转变为信息精准匹配，从大众传播主导转向人际传播主导。因此，广告的定义也发生了改变，它可以是一种由可确定的来源，通过生产和发布有沟通力的内容，与生活者进行交流互动，意图使生活者发生认知、情感和行为改变的传播活动。[43]

有学者发现，大数据改变了原有的广告运作体系：调研方式从抽样调查转变为数据挖掘与分析；广告信息设计重心从提供丰富的信息转向提供有效信息、个性信息；广告媒介渠道设计由粗放型转向精准化；广告效果评价更加重视销售效果衡量。不过，由于大数据产业基础较薄弱、大数据产业链不成熟等原因，大数据价值的挖掘和利用还有待提升。[44]但在广告精准传播的情形下，消费者隐私保护的问题提上日程，有学者建议采取"行业自律为主，政府规制为辅"的精准广告管理新格局。在政府规制方面，要明确精准广告业者的行为边界，明确责任主体。[45]

十、英国公投、美国大选的传播方式一度成为热门话题

这年的英国脱欧公投以及此前的苏格兰脱英公投、美国总统大选，使得新媒体条件下的选举新闻、民意调查与政治传播成为新闻传播业界和学界议论的话题。

美国大选中，主流媒体、部分调查机构的预测与实际结果大相径庭，使人们对民意调查的有效性产生了怀疑。有专家认为，自媒体时代网络空间的思维方式、社交方式、情绪色彩已经逐渐影响到现实社会，网络世界在某种程度上撕裂了现实社会，并逐渐成为整个社会情绪产生裂变的核心。网上舆论呈简单化、浅表化和平面化呈现，深刻思想和复杂论述无法展开，极端言论和调侃滑稽更能吸引人。民意调查的抽样与质量控制技术、数据采集与大数据分析技术、调查与监测相结合的公众意见深度都有待提升。①

有研究者谈到英国公投中政治传播的道德表现：辩论、海报、表演、音乐、口号……从政治领导人到街头组织者，支持和反对独立双方的唇枪舌剑到了白热化阶段，但较量基本停留在“君子动口不动手”的层面，文明地彰显着政治传播的道德底蕴——“坚决反对对手的选择，完全尊重对手选择的权利”。就传播策略而言，各自根据不同的传播环境与传播对象，结合自身的传播目的，努力缩短对方“想听”和自己“想说”之间的距离，并对每一个细节进行精雕细琢。[46]

基于美国大选引发的全球关注，有学者谈到全球舆论场新变局，提醒未来我们应重点关注后 25 亿的网民。到 2020 年底全世界网民数量将达到 50 亿。2012 年前的 25 亿，是各国的中产阶级和精英人士，主要分布在西方国家。2012—2020 年产生的后 25 亿网民的特征是年轻化、多元化、多极化，主要分布在西方以外的国家和地区，以草根和青年网民为主，是“容易被影响的人”，他们容易被操纵和发动，是舆论场上的“战略性受众群”。特朗普的成功在于争取到了美国的这一“战略性受众群”。他的团队注重精准传播，合理地利用了“战略性受众群”在舆论场上的群聚效应。②

（本文与费杨生合作）

引用文献［Reference］

［1］陈力丹．坚持以人民为中心的新闻工作导向［J］．国际新闻界，2016（7）．

① 参见戴元初 2016 年 11 月 19 日在“新中国舆论学研究三十年论坛”的发言《主流媒体的舆论转换与生成》。

② 参见史安斌 2016 年 11 月 19 日在“新中国舆论学研究三十年论坛”的发言《以战略传播和议题管理新思维开创对外舆论新格局》。

［2］陈力丹．党性和人民性的提出、争论和归结——习近平重新并提“党性”和“人民性”的思想溯源与现实意义［J］．安徽大学学报（哲学社会科学版），2016（6）．

［3］郑保卫．习近平新闻宣传舆论观的形成背景及理论创新［J］．现代传播，2016（4）．

［4］黄楚新，王丹，任芳言．试论习近平的新媒体观［J］．新闻与传播研究，2016（3）．

［5］丁柏铨．对马克思主义新闻观研究中若干问题的思考［J］．编辑之友，2016（10）．

［6］周勇．尊重网络传播规律，促进网络健康发展［J］．新闻与传播研究，2016（6）．

［7］刘锐．地方政府重大舆情危机迁移探究［J］．编辑之友，2016（1）．

［8］赵梦溪．舆情吸纳：网络舆情的再中心化及困境［J］．当代传播，2016（2）．

［9］陈力丹．准确估量舆论、舆情的数量和范围［J］．新闻界，2016（21）．

［10］张涛甫，王智丽．中国舆论治理的三维框架［J］．现代传播，2016（9）．

［11］计永超，刘莲莲．新闻舆论引导力：理论渊源、现实依据与提升路径［J］．新闻与传播研究，2016（9）．

［12］沈正赋．新媒体时代新闻舆论传播力、引导力、影响力和公信力的重构［J］．现代传播，2016（5）．

［13］宋建武，陈璐颖．如何打造新型主流媒体［J］．新闻与写作，2016（9）．

［14］方可成．社交媒体时代党媒“重夺麦克风”现象探析［J］．新闻大学，2016（3）．

［15］张昆，周钢．省级党报集团融合发展中的现实困境及路径选择［J］．新闻界．2016（3）．

［16］向安玲，沈阳，罗茜．媒体两微一端融合策略研究［J］．现代传播，2016（4）．

［17］方兴东，潘斐斐，李树波．新媒体之道与媒体融合战略选择［J］．新闻记者，2016（1）．

［18］黄淼．媒体融合的英美实践［J］．新闻与写作，2016（11）．

［19］柳斌杰．探索大数据为核心的媒体融合发展之路［J］．新闻与写作，2016（7）．

［20］黄旦，李暄．从业态转向社会形态：媒介融合再理解［J］．现代传播，2016（1）．

［21］刘绩宏．网络谣言到网络暴力的演化机制研究［J］．当代传播，2016（3）．

［22］刘锐．2014年—2015年我国新媒体管理政策评估与评价［J］．编辑之友，2016（1）．

［23］王四新，徐菱骏．网络立法：重构网络生态环境［J］．新闻与写作，2016（7）．

［24］胡颖，顾理平．我国网络隐私权的立法保护研究［J］．新闻大学，2016（2）．

［25］李承亮．个人信息保护的界限［J］．武汉大学学报（哲学社会科学版），2016（4）．

［26］王辰瑶，喻贤璐．编辑部创新机制研究［J］．新闻记者，2016（3）．

［27］余婷，林娜．拆除与再造：新闻编辑部和商业模式的重建［J］．新闻记者，2016（6）．

［28］王辰瑶，刘娉婷．《卫报》“开放新闻”实践的个案研究［J］．编辑之友，2016（7）．

［29］何炜，魏贺，张旸．人民日报“中央厨房”：探索新闻生产新模式［J］．新闻与写作，2016（9）．

［30］范以锦．“中央厨房”产品不是终极产品［J］．新闻与写作，2016（3）．

［31］史安斌，张耀钟．虚拟/增强现实技术的兴起与传统新闻业的转向［J］．新闻记者，2016（1）．

［32］常江，杨奇．重构叙事？虚拟现实技术对传统新闻生产的影响［J］．新闻记者，2016（9）．

［33］喻国明，谌椿，王佳宁．虚拟现实（VR）作为新媒介的新闻样态考察［OL］．http://mp.weixin.qq.com/s/52eBnLfJqDYH5DizWPvWlQ.

［34］邓建国．时空征服和感知重组［J］．新闻记者，2016（5）．

[35] 彭兰．万物皆媒［J］．编辑之友，2016（3）．

[36] 张鸥．海外新闻端口的类型及发展趋势［J］．新闻与写作，2016（3）．

[37] 沈浩，王宇飞，姜智勇．理解与选择：融媒时代的新闻终端与新闻端口［J］．新闻与写作，2016（3）．

[38] 曹三省，苏红．物联网＋媒体：当下与未来［J］．新闻与写作，2016，11．周晓鹏．关于未来媒体的定义与重构［J］．新闻与写作，2016（2）．

[39] 彭兰．移动化、智能化技术趋势下新闻生产的再定义［J］．新闻记者，2016（1）．

[40] 曾繁旭，王宇琦．移动互联网时代内容创业的盈利模式［J］．新闻记者，2016（4）．

[41] 胡翼青，余晓敏．社交媒体如何盈利：对 BuzzFeed 的个案研究[J]．编辑之友，2016（7）．

[42] 陈力丹，李维嘉，万紫千．原生广告及对传统广告的挑战［J］．新闻记者，2016（12）．

[43] 陈刚，潘洪亮．重新定义广告［J］．新闻与写作，2016（4）．

[44] 奚路阳，程明．大数据营销视角下广告运作体系的嬗变［J］．编辑之友，2016（3）．

[45] 鞠宏磊，李欢．精准广告相关隐私问题的规制原则与策略［J］．编辑之友，2016（6）．

[46] 姬扬，李珊．论温和的政治传播［J］．对外传播，2016（3）．

第二章　习近平新闻舆论观研究

- **党性和人民性的提出、争论和归结**

  ——习近平重新并提“党性”和“人民性”的思想溯源与现实意义
- **“把人民放在心中最高位置”**

  ——习近平“7·1讲话”丰富了“党性和人民性相统一”的思想
- **“舆论监督和正面宣传是统一的”**

  ——学习习近平“2·19讲话”

编者的话

2017 年 8 月，中国新闻史学会在郑州召开学术年会，颁布了第三届“新闻传播学学会奖”获奖名单。《党性和人民性的提出、争论和归结》获评优秀学术奖一等奖。以下是作者的感言：

感谢中国新闻史学会给我的论文《党性和人民性的提出、争论和归结——习近平重新并提“党性”和“人民性”的思想溯源与现实意义》发了个奖。

感谢王天根教授作为《安徽大学学报》（哲学社会科学版）的编委会委员、专栏审稿编辑对此文做了准确的价值判断，也感谢责任编辑张朝胜极为认真地将文章从近 6 万字删改到适合发表的样子。

这篇论文发表后，我没有想到人大复印报刊资料《中国特色社会主义理论》2017 年第 3 期能够全文转载。

这是我一次性发表的最长的单篇文章，也是被转载的最长文章，近 4 万字。

我之所以写这篇文章，因为它涉及一对最近 30 多年被禁止使用的概念——党性和人民性，涉及对中国共产党党报理论完整性的尊重，涉及对历史的尊重。这里简单介绍一下背景：

1981 年 9 月，我研究生毕业分配到中国社会科学院新闻研究所工作。11 月，我受命做了一份客观呈现的《关于党报的党性和人民性的资料》，打印出来共 22 页，供 1981 年 12 月召开的全国新闻研究工作座谈会参考。涉及这个问题的老一辈人陆续逝世，我可能是现在还有资格和能力就此事说话的人。

1983 年邓小平批评有人“在党性和人民性的问题上提出违反马克思主义的说法”。他批评的是“党性来自人民性”“人民性高于党性”等认识的偏差，其代表人物是时任人民日报社社长的胡绩伟。

在贯彻邓小平讲话的过程中，出现了另一种偏差——当时主管宣传工作的中共中央政治局委员胡乔木要求摈弃使用“人民性”的概念，用党性替代人民性而不是寓于人民性之中，干脆否定了“党性和人民性相统一”这一党建理论。

2013 年 8 月 19 日，习近平重新并提“党性”和“人民性”的概念，破除了我国新闻宣传领域最近 30 多年来人为制造的一个禁区，无论在党的理论建设上还是现实的宣传实践上，都具有重大意义。

党性和人民性的提出、争论和归结

——习近平重新并提“党性”和“人民性”的思想溯源与现实意义

2013 年 8 月 19 日，习近平在全国宣传思想工作会议上发表长达 1.5 万字的讲话（以下简称“8·19 讲话”）。他的讲话分为七个问题，第三个问题的标题是“党性和人民性从来都是一致的、统一的”。2016 年 2 月 19 日，习近平在他亲自主持的党的新闻舆论工作座谈会上再次提出“坚持党性和人民性相统一”的要求。显然，研究这个问题具有很现实的政治意义，它本身也是一个重要的党的建设的理论问题。

国际共产主义运动中，关于党与人民群众的关系，以及党的媒体与人民群众的关系，一直都有相关的论述。历史上，中国共产党的领导人也一向强调党的媒体与人民群众的关系是统一的。党报的党性和人民性是一致的、统一的，这是中国共产党党建理论的重要概念之一。

1982 年 3 月，当时主持意识形态工作的政治局委员胡乔木提出“不要笼统引用‘人民性’这个含混不清的概念”。从这年起，“党报人民性”的概念持续数年遭到批判。1983 年，全国新闻工作会议通过《关于加强新闻工作的若干问题》的决议，正式禁止在新闻宣传领域使用“人民性”的概念。此后，“党性”和“人民性”作为一对概念，在我国新闻宣传工作中禁绝使用，在新闻传播学研究中基本消失，不多的文章里提到的“人民性”也被打上引号，作为被否定的概念呈现。其间有两次例外，一次是中央政治局常委李瑞环 1989 年 11 月关于新闻工作的讲话里，说了一句“新闻的党性同新闻的人民性，两者是一致的”，但没有展开。另一次是 2002 年胡锦涛担任党的总书记后关于新闻工作的第一次讲话，提到党性和人民性是一致的，并展开论述。但这个讲话仅在内部有限传达。直至习近平“8·19 讲话”论证党性和人民是一致的、统一的之前，仍有少数文章在批判“人民性”[1]。习近平重新并提党性和人民性的概念，强调二者的统一并对各自的内涵做了定义，在我国宣传领域实际上打破了 30 年来人为制造的理论禁区，意义重大。

一、从马克思到列宁：党性和人民性思想溯源

由于历史原因，中国共产党的一些政治概念来自俄国的列宁而不是德国的马克思。典型的概念如“党性”，它直接译自斯拉夫语族的俄文“партийность”，即党的意识、党的观念。这是一个性质形容词词干＋ость的名词结构，是一种表示性质的抽象概念。俄文名词партия翻译为“党”；形容词партийный翻译为“党的”；名词化的形容词партийность被翻译为“党性”，它是名词，但又不同于具有实质指称的名词“党”。可能当时的中文翻译者认为加上“性”字可以抽象地表达出形容词名词化所代表的那种抽象的观念和意识。在这种翻译思路下，20世纪上半叶的中国形成了一类词源来自俄国的中国式的组词法——“××性”。“人民性”概念的形成同理，俄文名词народ翻译为“人民”，形容词народный翻译为“人民的”，名词化的形容词народность翻译为“人民性”。

俄文政治词汇中的这类名词化的形容词“××性”，在日耳曼语族的德文、英文以及罗曼语族的法语中也有，但大多用于表示普通事物的特征或特性，没有意识形态的背景。例如德文带有tum、keit后缀的名词就是这种结构。如果强调某个概念具有某种性质，是用一个词组而不是一个单词，例如马克思所使用的“人民性”原词是“der volkstümliche Charakter”（马克思对“人民的”volkstümliche这个定语加了着重号），这种表述比抽象的俄文“××性”（例如人民性“народность”）要郑重、具象一些。若一定要给出一个对应的“党性”单词，德文是die Parteilichkeit，英文则是partiality，其内涵均有些贬义。例如英文partiality，1828年的韦氏词典解释如下：

> PARTIALITY, n. Inclination to favor one party or one side of a question more than the other; an undue bias of mind towards one party or side, which is apt to warp the judgment. Partiality springs from the will and affections, rather than from a love of truth and justice. ……a colloquial use.
> 【党性，名词。赞同或支持某一党派或问题的某一方面（相对于另一方面）的倾向；一种容易干扰对某一党派或问题判断的不适当的偏见；党性源于意志和感情，而非对于真相和正义的爱。……一种口语化的使用】

民主德国与苏联政治结盟40多年，那里一度有过一些“××性”的德文新

词用以表达俄文的"××性"，例如群众性"Massenverbundenheit"，但现在这类词汇已经在德国人民的生活中消失了。

（一）马克思、恩格斯谈党报的性质

由于德文、英文等日耳曼语族文字的构词法与斯拉夫语族俄文构词法的差异，马克思和恩格斯在著作中没有使用过列宁和中国意义的"党性"概念，但他们在论证党的出版物时，各使用过一次"党的精神"（Sinne unserer Partei）的概念，要求党的新闻工作者遵循党的精神。

最近有文章说，恩格斯1845年第一次使用了"党性"概念[2]。这是恩格斯批评德国"真正的社会主义"时所说，原文为："这种社会主义由于自己的理论没有党性、'思想绝对平静'而丧失了最后一滴血、最后一点精神和力量。"[3]该卷转译自俄文，经查德文原文，译文中"理论没有党性"原词 theoretische Unparteilichkeit① 应翻译为"理论的中立"。die Unparteilichkeit 是一个独立的名词，意为不偏袒、公正、中立，不是前缀 un（没有、无）与一个名词 die Parteilichkeit（党性，是贬义）的暂时连接组合，不能搭配翻译为"没有党性"；这不是一个谓-宾结构的词组，而是一个单词。

1848—1849年，德国处于民主革命的高涨时期。在马克思担任主编的《新莱茵报》出版地科隆，建立了以共产主义者同盟盟员为骨干的科隆工人联合会，人数迅速从最初的300人增加到5 000人。马克思1848年10月至1849年2月代理联合会主席。这期间，联合会内出现了一股"左"倾势力，他们通过会刊《自由、劳动》报（编辑弗·普林茨与他们的观点相同），对马克思的《新莱茵报》编辑部进行攻击和诽谤。为此，在1849年1月15日的联合会委员会的会议上，马克思和另一位共产主义者同盟盟员卡尔·沙佩尔提议："在委派普林茨任联合会正式机关报的编辑的同时，再成立一个编辑委员会，它应监督使机关报真正代表联合会的利益，并根据我们党的精神进行编辑工作。"② 会后，普林

---

① 德文原文见 Friedrich Engels："Ein Fragment Fouriers über den Handel"，in *Karl Marx-Friedrich Engels Werke*，Band 2，Berlin：Dietz Verlag，1962，S. 604－610，hier 608. ENGELS F. Ein Fragment Fouriers über den Handel [M] //MARX K，ENGELS F. Karl Marx-Friedrich Engels Werke：Band 2，Berlin：Dietz Verlag，1962：S. 604-610，hier 608.

② 马克思恩格斯全集：第6卷 [M]．北京：人民出版社，1961：687. 德文原文见"Komiteesitzung des Arbeitervereines vom 15. Januar 1849"，in *Karl Marx-Friedrich Engels Werke*，Band 6，Berlin：Dietz Verlag，1961，S. 578-579，hier 578.

茨不服从这个编辑委员会的领导，于是，1 月 29 日联合会委员会的会议通过一项决议：不承认《自由、劳动》报是联合会的机关报，出版《自由、博爱、劳动》报作为联合会的机关报，任命克·埃塞尔为编辑。在 1849 年 1 月 15 日科隆联合会委员会的会议记录上，留下了马克思使用的一个概念“我们党的精神”（Sinne unserer Partei）。

1889 年，德国社会民主党领导人威廉·李卜克内西的女婿布鲁诺·盖泽尔主编的“人民丛书”，出版了马克西米利安·施累津格尔的书《社会问题》，该书企图“批判地修改”马克思的学说，书的扉页上印有包括威廉·李卜克内西名字在内的编委会名单。恩格斯为此于 8 月 17 日致信李卜克内西，严厉地批评了他。恩格斯写道：“**在你的名字掩护下**，出现了某个坏蛋胡搞的一本卑鄙的、极其恶劣的作品，真正下流的东西。这个不学无术的坏蛋在里面声称，他有能力纠正马克思。由于在扉页上有**你这位编者的名字**，这本下流东西就被作为根据我们党的精神写出来的著作而推荐给德国工人……这是绝对不能容忍的。”① 他就这件事情对党的理论刊物《新时代》主编卡尔·考茨基说：“如果出版物上没有李卜克内西的名字，那就可以一笑置之。”[4] 果不出恩格斯所料，德国反动报纸《新普鲁士报》就此于 9 月 18 日发表文章《社会民主党的反马克思主义者》。李卜克内西被动地发表声明，说刊印那本书没有得到他的同意。恩格斯使用的概念“我们党的精神”（Sinn unserer Partei）与马克思 40 年前的完全一样，只不过 das Sinn 用的是单数。

这里的“das Sinn”（马克思用的是复数“der Sinn”）指思想、意识、知觉，翻译为“精神”是准确的。从他们强调党的出版物要遵循“党的精神”的背景看，他们极为重视维护党的外部声誉，对于以党的名义出版的报纸、书籍，要求内容必须符合党的纲领和基本理论，与中国共产党使用的党报“党性”的内涵大体是一致的。

马克思和恩格斯为维护党的声誉或正确形象、确保党报遵循党的纲领和正确传播科学社会主义理论，与各种违反这一原则的行为进行过多次毫不让步的斗争。维护党的理论的纯洁性和党的荣誉，是马克思和恩格斯在交往中经常谈

---

① 马克思恩格斯全集：第 37 卷［M］. 北京：人民出版社，1971：251. 德文原文见“Friedrich Engels an Wilhelm Liebknecht · 17. August 1889”, in *Karl Marx-Friedrich Engels Werke*, Band 37, Berlin: Dietz Verlag, 1967, S. 258-259, hier 259.

到的问题。他们都要求党内的人、党的出版物按照“党的精神”讲话。

1846 年，当时的马克思主义工人政党还是共产主义的“幽灵”。这年 1 月，德国新闻工作者海尔曼·克利盖在纽约创办德文周报《人民论坛报》（*Volks Tribun*），发表了多篇文章宣传“爱的共产主义”，并把当时美国平分土地运动的上地纲领说成是实现共产主义的基础。由于克利盖与马克思和恩格斯建立的布鲁塞尔共产主义通讯委员会有联系，美国方面把克利盖视为德国共产主义的代表。为了与克利盖的所谓共产主义划清界限，马克思和恩格斯起草了《反克利盖的通告》，指出克利盖“歪曲共产主义在欧洲各国的真正的历史发展，其实他对于这种发展是一无所知的，他把共产主义的产生和发展归功于这个埃萨伊（一个古代犹太教派。——引者）同盟的荒唐的、神奇的、小说般的阴谋”[5]。他们不能容忍别人误以为这家报纸宣扬的是他们的主义，努力划清科学社会主义与其他形形色色社会主义理论的界限。

在党形成的过程中，恩格斯于 1847 年就指出：“党的出版物是做什么的呢？首先是组织讨论，论证、阐发和捍卫党的要求，驳斥和推翻敌对党的妄想和论断。”① 他多次批评“交往超出了党的政策和党的荣誉所允许的限度”[6]的事情。1859 年，德国工人运动领导人费迪南·拉萨尔没有与马克思和恩格斯商量，便出版了一本关于国际形势的小册子。尽管那时不存在任何形式上的“党”，但外界一向把拉萨尔与马克思、恩格斯等人看作一个“党”，所以马克思向拉萨尔指出（保留下来的文字是向恩格斯转述的）：“今后在这样危急的关头谁要想代表党讲话，只能在下面两者中择其一：要么他事先同别人商量，要么别人（一种婉转的说法，指你和我）就有权撇开他而公开发表自己的意见。”[7]

历史上，马克思和恩格斯因为报纸的办报方针违背科学社会主义的原则而与其断绝关系的事件有几起。例如 1864 年 11 月，全德工人联合会机关报《社会民主党人报》邀请马克思撰稿，马克思和恩格斯看了他们的办报纲领，没有发现明显的错误，于是答应偶尔为该报写稿。12 月《社会民主党人报》出版试刊，发表了马克思的《国际工人协会成立宣言》。1865 年 1 月该报正式出版，马克思和恩格斯各为该报写了一篇文章。后来他们发现该报宣扬对联合会领导人费迪南·拉萨尔的个人迷信，向德国政府首脑俾斯麦献媚。马克思多次致信批评报纸错误的办报方针，该报编辑致信马克思表示不接受批评。在这种情况

① 根据德文原文重新翻译。参见《马克思恩格斯全集》第 4 卷第 300 页，北京：人民出版社，1958。

下，马克思于 2 月 18 日起草了不再为《社会民主党人报》撰稿的声明，恩格斯签字后广泛散发给德国各报。其他原来为该报工作的党内同志也宣布退出编辑部。由于该报编辑发表的文章歪曲马克思和恩格斯的态度，捏造不为报纸撰稿的原因，马克思又于 3 月 15 日写了《关于不给〈社会民主党人报〉撰稿的原因的声明》，广泛发表在德国各报上。

国际工人协会（第一国际）成立后，由于没有自己的机关报，1864 年 11 月 22 日，英国工联的报纸《蜂房报》被宣布为协会的机关报。但该报编辑对不符合他观点的国际文件或会议报道，有时不报或者拖延，甚至加以篡改、伪造。1869 年在对待爱尔兰民族解放运动的问题上，该报公开拒绝刊载国际总委员会为芬尼亚社社员申辩的决议。国际总委员会就这类事件多次对该报提出警告。1869 年底，自由派资产者赛米尔-摩里买下了《蜂房报》的所有权，报纸已经完全失去了工人报纸的性质。1870 年 4 月 26 日，国际总委员会通过了马克思起草的关于《蜂房报》的决议，宣布与该报断绝一切关系，并通过国际的其他报刊将这一决议通知全协会。马克思说："对我们来说，即使完全没有喉舌，也要比利用《蜂房报》更好些。"[8]

这些事件都说明，无论当时的"党"是否成形，若报纸以"党"的名义讲话而又违背科学社会主义理论，马克思和恩格斯必然果断地采取措施，或发表声明划清界限或与其断绝关系，以维护党的荣誉。

在马克思主义工人政党成熟以后，党的报刊是党的外在形象之一，恩格斯说："党本身正是像它在报刊和代表大会上让公众所看到的那样。"[9]谈到德国社会民主党的机关报时，他说："《社会民主党人报》是德国党的旗帜。"[10]正由于这个原因，他和马克思出于维护党的理论的纯洁性和党的荣誉的目的，不惜笔墨地纠正党报不断制造的理论上的灾难，批评报上那些不学无术的市侩幻想、又臭又长的奇谈怪论和最浅薄的胡说八道①。

（二）马克思、恩格斯谈报刊与人民的关系

如上文所说，俄文政治词汇中名词化的形容词"××性"，在日耳曼语族的德文、英文以及罗曼语族的法语中虽然也有，但大多用于表示普通事物的特征或特性，没有意识形态的背景。因此，马克思论著中译本"报刊的人民性"概

① 参见《马克思恩格斯全集》第 34 卷第 281 页和 282～283 页，北京：人民出版社，1973；《马克思恩格斯全集》第 33 卷第 638 页，北京：人民出版社，1972。

念，其词性与我国政治话语中的“××性”是有差别的。

最近有文章说：“1839 年，马克思第一次提到人民性，并把人民性和人民两个概念联系了起来。”[11]没有这个事情。马克思 1839 年正在柏林大学读书，没有发表过任何文章。这篇文章还说，1851 年 10 月，马克思在写给恩格斯的一封信中谈到人民性，原文是：“大多数人从此就联合起来了，于是爱·梅因就可以在《纽约州报》公布一个大秘密：现在已经发现德国未来运动的意义，这就是人民性的原则。”这里的“人民性的原则”德文原文是“das Prinzip des Volkstums”，根据前后文，应译为“民族性的原则”。das Volkstum 这个表示本质的名词，19 世纪初由德国民族主义者在对抗拿破仑军队入侵时提出并使用，指一个民族或者少数派种族的特性，在德国具有一定的普世价值。在这里马克思是批评的口吻，后面紧跟着的是“这个人甚至在他的极盛时期也没有写过像他现在写的这样愚蠢的东西。这些家伙在精神上彻底垮台了”①。把这里的中译文“人民性”作为正面概念论述，作者的理解颠倒了。作者还说，1852 年马克思说：“一切条顿民族最初所共有的古代习俗所以能够作为传统延续到 19 世纪，就是因为它不必承担很大的费用和风险，就能给不列颠的阶级议会披上一件人民性的外衣。”马克思在这里阐释了英国政治文化的传统，原文是英文。与中译文“人民性”对应的英文是“popularity”②（多数人支持的、人气），翻译为“人民性”不够准确，也与本文谈的“人民性”无关。

马克思谈到过“自由报刊的人民性”（der volkstümliche Charakter der freien Presse），是与另一个概念“自由报刊的历史个性”（die hisrorische Individualität der freien Presse）作为一对概念进行论证的，展现了他对自由报刊性质的认识。

马克思的这段论述出自他 1842 年 4—5 月发表在《莱茵报》上的 4 万字长文《第六届莱茵省议会的辩论——关于新闻出版自由和公布省等级会议辩论情况的辩论》。虽然这对概念与后来我们谈到的党性和人民性没有直接的思想联

---

① 马克思恩格斯全集：第 48 卷［M］. 2 版. 北京：人民出版社，2007：424-425. 德文原文见“Karl Marx an Friedrich Engels. 25. Oktober 1851”, in *Karl Marx-Friedrich Engels Werke*, Band 27, Berlin: Dietz Verlag, 1963, hier 366.

② 马克思恩格斯全集：第 11 卷［M］. 2 版. 北京：人民出版社，1995：426. 英文原文见 Karl Marx: “The Chartists”, in *Karl Marx & Frederick Engels Collected Works*, Vol. 11, London: Lawrence and Wishart Electronic Book, 2010, pp. 333-341, p. 337.

系，但他论证的自由报刊人民性的内涵，不仅体现在他主编的《莱茵报》上，也体现在随后不久他主办的共产主义者同盟机关报《新莱茵报》上，可以视为马克思主义新闻观关于党报人民性思想的源头。

马克思的这篇论文评论了一年前普鲁士莱茵省第六届等级议会关于新闻出版自由和公开会议记录的辩论。只有理解了马克思论著的原意，才可能真正理解他所论证的“自由报刊的人民性”的内涵。由于我国1956年出版的马克思的这篇论文是根据俄文版翻译的，而俄文版又是根据德文原版翻译的，转译造成中译文难以理解，原文是：“自由出版物的**人民**性（大家知道，画家也不是用水彩来画巨大的历史画的），它的历史个性以及那种赋予它以特殊性质并使它表现一定的人民精神的东西。”[12] 1995年新版《马克思恩格斯全集》第1卷的译文是：“自由报刊的**人民**性（大家知道，就连艺术家也是不用水彩来画巨大的历史画卷的），以及它所具有的那种使它成为体现它那独特的人民精神的独特报刊的历史个性。”[13]后一段译文把两者关系说清楚了（原文“人民”一词作为定语，马克思用了黑体）。

马克思是在论战中提出自由报刊的历史个性和人民性的。在当时的莱茵省等级议会中，反对新闻出版自由的诸侯等级代表莱茵哈德·佐尔姆斯-劳巴赫伯爵（Reinhardt Graf zu Solms-Laubach，1801—1870）说：“在荷兰，新闻出版自由未能防止沉重的国债，并且在极大的程度上促使了革命的爆发，结果使二分之一的领土沦丧。”这个伯爵要求荷兰的报刊为荷兰和比利时的全部历史承担责任。马克思写道：“在这里我们可以看出他（指佐尔姆斯-劳巴赫伯爵。——引者）对新闻出版自由所持的历史观点的关键问题。自由报刊的**人民**性（大家知道，就连艺术家也是不用水彩来画巨大的历史画卷的），以及它所具有的那种使它成为体现它那独特的人民精神的独特报刊的历史个性——这一切对诸侯等级的辩论人说来都是不合心意的。他甚至要求各民族的报刊成为表现**他的**观点的报刊，成为上流社会的报刊，还要求它们围绕个别人物旋转，而不要围绕精神上的天体——民族旋转。”① 马克思认为不能要求报刊承担全部历史发展的责

---

① 马克思恩格斯全集：第1卷［M］．2版．北京：人民出版社，1995：153. 德文原文见 Marx, Karl：“Die Verhandlungen des 6. rheinischen Landtags. Von einem Rheinländer. Erster Artikel：Debatten über Preβfreiheit und Publikation der Landständischen Verhandlungen”，in *Karl Marx-Friedrich Engels Werke*，Band 1，Berlin：Dietz Verlag，1981，S. 28-77，hier 39。按，这段话原文无括号，括号里面的话为同位语，因为句子太长，中译文为表达清楚起见，使用了括号。

任，但报刊以精神的方式参与历史发展，所以说“就连艺术家也是不用水彩来画巨大的历史画卷的”，意思是：历史画卷是由浓重的笔墨画出来的，报刊只是水彩，它不能画出完整的历史，但参与历史的绘画。笔者1981年的硕士学位论文《马克思〈莱茵报〉时期的报刊思想及其影响》，阐释了马克思这段话的核心原意：自由报刊的历史个性赋予了（或决定了）自由报刊的人民性①。

正是由于他认为人民性是由其历史个性决定的，因而他一方面论述了报刊是人民精神的表达者，另一方面也承认报刊同时也显现了人民的缺陷，只有随着人民精神的成熟，报刊也才会成熟起来。马克思恩格斯后来编辑的一系列无产阶级的报刊，在与人民的关系上是按照马克思早期关于报刊人民性的要求去做的，同时明确了报刊的无产阶级性质。例如《新莱茵报》，马克思说它“是热情维护自己自由的人民精神的千呼万应的喉舌”[14]。恩格斯认为：“没有一家德国报纸——无论在以前或以后——像《新莱茵报》这样有威力和有影响，这样善于鼓舞无产阶级群众。”[15] 1848年法国巴黎工人六月起义失败后，数万起义者遭到屠杀和迫害，马克思曾特别说明：“给这些脸色严峻阴沉的人戴上桂冠，是一种**特权**，是**民主报刊的权利**。”[16]

1890年，经过12年的抗争，德国反社会党人非常法被废除。在国外出版、国内秘密发行的德国社会民主党机关报《社会民主党人报》自动停刊时，恩格斯谈到他几十年来为党的报刊撰稿的体会，指出党的报刊所能有的最有利的条件之一是：“深信你的听众正是你想要同他们说话的人。”[17]也就是说，编者和读者的利益、观点完全一致。这是对党报和人民关系的一种精练、简洁的表述。

（三）列宁谈党报的党性及党报与人民的关系

马克思和恩格斯没有使用过俄文意义的形容词化名词“党性”的概念来谈党报党刊工作，但党的报刊必须遵循科学社会主义的基本理论和党的纲领，是他们所一贯坚持的。列宁详尽地论述党的出版物（党报党刊、印刷所、图书馆、阅览室、书报亭和党员创作的文学作品等等的统称）的党性原则，是在1905年11月26日（俄历13日）发表的《党的组织和党的出版物》一文中。列宁从什么叫“党”或“结社”说起，论证了个人的言论自由、作为党

① 引用马克思这段话的我国学者几乎都不理会马克思是在怎样的情形下提出“自由报刊的人民性”的，只在表面上引用了“人民性”这个概念。详细论述请参见陈力丹《马克思论自由报刊的历史个性和人民性》，《新闻前哨》2014年第7期。

员的自由和责任、衡量是否具有党性的标准等等一系列问题，提出衡量党员和组织是否具备党性的四条标准，即党的纲领、党的章程、党的策略决议和“各国的无产阶级自愿联盟的全部经验”。根据列宁的一系列论证，出版物①的党性原则应当表现在两个方面：第一，在观念上，应把党报党刊视为无产阶级总的事业的一部分；第二，在组织上，党报与其他写作事业和著作家个人，必须参加党的一个组织②。

列宁关于党性的论述，涉及中国共产党中央机关报延安《解放日报》1942年4月1日的改版社论《致读者》中对党性的解释。社论引证了列宁的一段话：党性是“在对事变做任何估计时都必须直率而公开地站在一定的社会集团的立场上”。后来中国关于党性的相关研究，通常把这段话解释为列宁论述的党报党性的内涵。列宁的原话是：“唯物主义本身包含有所谓党性，要求在对事变作任何评价时都必须直率而公开地站到一定社会集团的立场上。”[18] 这段话写于1894年，那时列宁24岁，俄国既没有工人政党也没有党的报刊，谈的是哲学。列宁论述党报（后来扩展到党的出版物）的党性，是从1903年开始的。

列宁没有使用过“党报的人民性”这个概念，但从他编辑的一系列党的报刊的工作实践看，他正是按照恩格斯关于编者和读者一致的思想办报的。早在1899年为计划中的《工人报》撰稿时他就强调：“编辑部和撰稿人之间要保持**密切的**联系”，“编辑部和撰稿人对理论问题、当前的具体任务和怎样编好报纸（或丛书）的基本看法要一致”[19]。他一向反对“读者管读、作者管写”的“资产阶级对合法报纸通常所习惯的那种想法和做法”，多次批评将这种陈旧的认识带到党报工作中。

1904年底，列宁就创办第一张布尔什维克机关报《前进报》致信全党，写道：“希望所有把这个机关报看作自己的机关报并意识到一个社会民主党党员的义务的人，永远抛弃资产阶级对合法报纸通常所习惯的那种想法和做法，如说

---

① 列宁使用的词组“党的出版物”（партийная литература），主要是指党的报刊。参见杨蕴华《列宁的用语“партийная литература”究竟指什么?》，见《马列主义研究资料》第21辑（人民出版社，1982）第75页、79页。

② 关于列宁的党报党性思想，笔者已有专文论述，此处从略。请参见陈力丹《列宁论党报的党性》（《湖南大众传媒职业技术学院学报》2002年第4期）、《列宁关于出版物党性原则的思想》（《新闻前哨》2011年第6期）、《列宁论党性的名著》（《新闻前哨》2012年第11期）、《列宁论出版物的党性》（《东南传播》2014年第2期）等文。

什么写是**他们的**事，读是我们的事。所有社会民主党人都应当为社会民主党的报纸工作。我们请求所有的人，特别是工人，给我们写通信稿。让工人们有更多的机会给我们的报纸写稿，可以写各种各样的问题，尽量多写些自己的日常生活、感兴趣的问题和工作情况，没有这种材料，社会民主党机关报就一文不值，因而也就不配称为社会民主党的机关报。”[20] 1912 年列宁论述《真理报》工作时再次谈到这个问题，他写道：“如果工人的报纸这样轻视工人所关心的事情，它难道还能够存在下去吗？……而且还会极严重地损害报纸本身的业务，即报纸发行以及像办企业那样的办报业务。报纸本来就不是一种读者管读、作家管写的东西。”[21]

列宁在创办《前进报》（1905 年 1—5 月）时，实际上已经提出了后来在党的报刊实践中需要正确处理的一个极为重要的问题，即党报的党性与人民性的关系，他说：“我们对于把工人的（‘大众化的’）机关报与总的（指导性的）知识分子的机关报分开的想法深表怀疑，我们希望社会民主党的报纸能够成为整个运动的机关报，工人的报纸和社会民主党的报纸能够合并为一个机关报。”[22] 1913—1914 年列宁领导《真理报》工作时强调：“对《真理报》来说，现在**最大的**（也是唯一的）危险是失去**广大**读者，失去争取读者的阵地。”“应当努力使《真理之路报》（当时《真理报》为躲避书报检查而改的名称。——引者）的读者按工厂、按地区等等组织起来，并大大超过目前的组织水平，使他们更加积极地参加通讯报道、管理报纸和推销报纸的工作。应当设法使工人们经常参加编辑工作。应当……应当做的事真是太多了！”[23]

1901 年 8 月《火星报》第 7 号“工人运动要闻和工厂来信”栏刊登了一位彼得堡织布工人的来信，信中写道：“我把《火星报》拿给许多工友看过，结果把这份报纸都弄破了，而这号报纸却是很宝贵的……这里讲的都是我们的事情，是关于全俄国的事情。这是无法用金钱来估价，用钟点来计算的。”[24] 这从侧面反映了列宁办的报纸与人民的关系。在《党的组织和党的出版物》中，他把党的出版物与人民的关系概括为“为千千万万劳动人民”服务。

十月革命后，列宁在《苏维埃政权的当前任务》（1918 年）、《论我们报纸的性质》（1918 年）、《伟大的创举》（1919 年）等著作中一再强调：“为苏维埃群众服务的报刊，对于政治领导人员的问题，对于无关紧要的政治措施，即各个政治机关的日常工作和例行公事，要少费一些篇幅。这一点我们必须做到，而且也一定能做到。”他要求社会主义报刊“多深入生活。多注意工农群众怎样在日常工作中**实际地**创造**新事物**”，同时把各种不接受任何号召和要求的企业和村社“登上黑榜”[25]。他谈到报刊关于政治领导人“日常工作和例行公事”的报道与反映人民群众生动实践的报道之间关系的处理，实际上谈的便是我国党领导的媒体如何做到党性与人民性相统一的问题。

苏联历史学博士阿·奥科罗科夫教授将党性、思想性、战斗性、人民性、真实性列为苏联共产党党报理论中关于布尔什维克报刊的基本原则。根据他的阐述，“党性”指报刊坚定不移地体现党的政策，全面深入地宣传党的政策，动员人民群众实现党的口号和指示。实现党性原则的第一个条件，是保证党对报纸的领导，机关报不能脱离党的组织；第二个条件是编辑部和撰稿人观点与信念的一致（这是恩格斯的话）。党性是党报不可分割的素质，是由马克思主义新型革命政党的本质和天性决定的。“人民性”指：“报刊应当成为人民的报刊。不管从什么意义上来说，它都应当是人民的，因为它服务于广大的人民群众，它依赖于广大人民群众的最积极的支持。我们报刊的人民性原则，来源于马克思列宁主义关于人民群众在历史上的决定作用的著名论断。我们的报刊作为一种新型刊物，即与人民休戚与共的刊物，没有，也不可能有违背人民任务和利益的自己的一套任务和利益。我们的报刊在反映人民的根本利益和社会发展的迫切任务的条件下，在不断地得到成长和发展。”“苏联的报刊（包括目前的机关报）与人民群众保持着紧密联系。工人记者和农村记者活动的范围越来越广，它体现了列宁关于报刊人民性的思想，体现了新社会所有的建设者都参与报刊工作的思想。”[26]

苏联时期的党报理论中，党性、人民性是基本概念。1972 年，《莫斯科大学学报》第 3 期发表 E. A. 布拉日诺夫的论文《党报人民性的起源——关于苏维埃报刊发展的规律性》，他写道：“十月革命从根本上改变了人民对国家政权的态度。历史上第一次人民同国家有关系，这个国家负责表达并保护人民的切身利益，着手建立社会主义和共产主义的经济，它开始实现为人民的社会文化措施的广泛计划和着手组织人民军队以防犯资本主义的包围。在十月革命后苏维埃党的报刊中这个新的人民性内容，在组织生产的宣传中得到了反映（这在世界报刊实践中原则上是一种新现象）。”[27] 1981 年，乌切诺娃在她的《马克思列宁主义新闻学说基础》一书中，把党性、人民性、思想性、真实性作为共产主义新闻学的四个原则[28]。

二、中国共产党新闻史上关于党性和人民性的论证

在中国共产党的历史上，党报的党性和人民性（较长时期内更多地使用“群众性”的概念）作为一对概念是逐步形成的，经过不同时期的不同实践，到现在还需要不断丰富和完善。

1941 年 7 月 1 日，中共中央政治局通过《中共中央关于增强党性的决定》，提出了关于党性的权威阐释：“全党党员和党的各个组成部分都在统一意志、统一行动和统一纪律下面，团结起来，成为有组织的整体。”这是“党性”作为一个单独的概念进入中央政治局的决议，成为此后党的建设的重要内容。增强党性的决定是延安整风的开端，对于延安整风的进行起到了重要的作用。毛泽东 1942 年 4 月在中央学习组的讲话，高度评价了《中共中央关于增强党性的决定》，他说，在我们党的历史上，全党范围的、中央领导的对整个干部队伍进行内部教育还很少，从中央关于增强党性的决定开始，我们才全体地从上而下地注意了这个问题。这个意义非常之大，是有全国意义的。[29]

1943 年 6 月，为纪念中国共产党成立 22 周年，任弼时撰写《共产党员应当善于向群众学习》一文，在中央层面较早地提出向人民学习的问题。任弼时写道：“为什么说向群众学习，是有关党的领导是否正确，是否不脱离群众的问题呢？因为党的一切政策和决定之是否正确，要看它是否符合于群众的利益与群众的要求，是否能够得到群众的拥护，并能够动员群众积极起来去奋斗去实行，只有这样做到，才是正确的。而要这样做到便必须使我们的领导经常面向着群众，经常关心群众的生活，善于去倾听群众的呼声和了解他们的迫切需要，善于去总结群众斗争的经验并找出其教训与规律，再去指导群众行动……群众的创造力量是非常伟大的，只要依靠群众，任何困难问题都有办法可以解决。”[30]他提出的共产党员要增强群众观念，在一切工作中都要从照顾群众的利益出发，从照顾群众的经验出发，从依靠群众的力量出发的观点，是党建的重要理论。

从时间维度看，“人民性”的概念从“群众性”的概念而来，“群众性”的使用早于“人民性”。从党的政治话语环境看，“人民性”和“群众性”基本是指同一个意思，“人民群众”这个词组直到现在还常常作为并列语使用。

党报的党性是党报理论的显性标志。群众性或人民性与党性作为一对概念，在微妙的平衡中，成就着党报的政治属性。群众性或人民性的表述和实践越完

善、越平衡，越表明中国共产党党报理论的成熟。中国共产党党报中关于党性原则的确立，有很多文章进行过论述。但党报如何完善和确立起“群众性”或“人民性”的原则，却有些被忽略。这一原则的确立过程更具实践价值，成为党报传播效果的重要指标。也正是由于群众性或人民性原则的实践，党性原则才有了立体而丰满的效果。

（一）中国共产党党报党性和人民性概念的提出和最初论证

较早将党报党性与群众性并提的是毛泽东，他 1942 年 3 月给周恩来的信，概括《解放日报》的改版要点是“增强党性与反映群众”。4 月 1 日，经他修改定稿的改版社论《致读者》，郑重强调报纸不仅要启发群众的觉悟，教导他们，组织他们，“而且要成为他们的反映者、喉舌，与他们共患难的朋友”。“群众性”在“党性”之后居第二位。1948 年 4 月 2 日，毛泽东《对晋绥日报编辑人员的谈话》进一步提出：“报纸工作人员为了教育群众，首先要向群众学习。”[31] 同年 10 月 2 日，刘少奇在西柏坡发表《对华北记者团的谈话》，提出“党依靠你们的工作，指导群众，向群众学习”；“我们要直接向群众学习，也要经过你们向群众学习。”[32]

延安时期党报的“群众性”在实践中有特殊的政治语境。当语境转换到当时的大城市，这一概念自然随着环境的改变而改变，“群众”概念对应地变成了“读者”或“人民”，“群众性”也对应地变成了“人民性”。从与延安《解放日报》同期出版的国统区《新华日报》上，可以找到这样的对应。中国共产党新闻史上的“党性”和“人民性”这对概念，便是在这样的环境中出现在《新华日报》而不是延安《解放日报》上。当时不论是“群众性”还是“人民性”，其内涵除了教育群众、反映群众外，已经涵盖了学习群众的内容①。

最早使用“党性”“人民性”这对概念讲述党报理论的，是 1945 年 8—10 月间随毛泽东到重庆与国民党谈判的中央政治局秘书胡乔木。胡乔木在重庆期间，到《新华日报》对编辑部发表了讲话（后发表于 1945 年 12 月 30 日出版的《新华日报》内刊《新华报人》第 9 期，标题为《人民的报纸》）。胡乔木说：

> 党报是人民大众的报，这点不能怀疑。虽然人民并不都是党员，而且

---

① 关于中国共产党历史上对党报群众性概念的使用与理解，王润泽、余玉的论文清晰地描述了党报把人民群众作为教育对象、反映对象和学习对象的认识轨迹（《群众：从“教育”，“反映”到“学习”的对象——党报群众性原则嬗变轨迹解读》，《国际新闻界》2014 年第 12 期）。

人民中还有其他的党，但因为我们的报纸是完全站在人民的立场上，完全从人民的利益出发，所宣传的也正是人民所需要讲的。因此，这样的党报就是人民大众的报。我们要使人民的东西能在报上反映出来，这样来加强人民报纸的党性，也就是人民性。说报纸党性太重，证明我们的报纸和人民还有距离，就是人民性不够，也就是党性不够。报纸能最高限度地反映人民的呼声，就是报纸有最高的党性。如果表现出来的东西，使人民感不到兴趣了，就是报纸有党性不够的地方。《解放日报》，群众曾对它不大感兴趣，所以才有1942年4月的改版。经过这次改版，一，《解放日报》由“社报”，发展成了“党报”。中国历来的报纸都是“社报”，什么都由社内解决。改版之后，就成了反映全党活动的党报了。二，关系人民生活的事情受到了重视。如吴满有的报导，就放到了显著的地位。人民生活反映多了，人民就有了兴趣，愿意看了。三，建立了人民的通讯网，培养人民通讯员，党员都有责任为党报做通讯员，改变了官僚主义的通讯组织。因此，《解放日报》的面目就为之一新。所以党报应该最大限度地反映人民的生活斗争，也只有这样的报才能是一个党报或人民的报。

胡乔木使用的“人民性”概念，不是直接从俄文翻译过来的，而是已经形成的新的构词法使他从党性、群众性、思想性、组织性等等习惯性的说法，根据大城市的环境自然而然地推导出来的概念。在他的讲话精神影响下，《新华日报》于1945年10月1日发表社论《人民的报纸》。文章开篇写道：“本刊创刊八年来，一贯的就是以人民的报纸为方针，为努力目标。……我们一定要继续不断的进步，真正成为属于人民，为了人民的报纸。”这篇文章明确论证了党报和人民报纸的关系，写道：“《新华日报》既是共产党的机关报，怎么能够成为人民的报纸呢？……共产党所要求于他的全党党员的，不是别的，就是：忠实的为人民服务，虚心的做人民的勤务员。因此，作为共产党机关报的《新华日报》，为了执行党的主张政策，也就是要使他自己真正成为人民的报纸。”“人民的报纸必须以人民的利害为归依。对人民有利的，我们要坚决的主张，对人民不利的，我们要毫不容情的反对。”①

---

① 这篇社论在新中国成立后被收入各种新闻学的学习文集，但均把发表日期错写为1945年10月11日。例如中国人民大学新闻系编《中国报刊工作文集》、解放军报社1979年编《新闻工作文集》、1980年出版的《中国共产党新闻工作文件汇编》下卷。

这篇社论发表以后，《新华日报》又接连发表多篇进一步论证党报与人民报纸关系的文章。1946 年 1 月 11 日，《新华日报》为纪念该报创刊八周年，发表中共中央宣传部部长陆定一的文章《人民的报纸》。陆定一指出：人民是我们的最尊贵的主人，当人民的勤务兵是我们最光荣的职责。“有两种报纸。一种是人民大众的报纸，告诉人民以真实的消息，启发人民民主的思想，叫人民聪明起来。另一种是新专制主义者的报纸，告诉人民以谣言，闭塞人民的思想，使人民变得愚蠢。前者，对于社会，对于国家民族，是有好处的，没有它，所谓文明，是不能设想的。后者，则与此相反，它对于社会，对于人类，对于国家民族，是一种毒药，是杀人不见血的钢刀。”《新华日报》是人民报纸的典型，《新华日报》要成为人民的报纸，两个方面很重要：一是全心全意为人民服务；二是力求真实、丝毫不苟。[33]

同年初，范长江在华中新闻专科学校做报告，主题也是“论人民的报纸”。他指出：党报和人民的报纸是统一的，“共产党的党报，是真正够得上称为人民的报纸的”[34]。

1947 年 1 月 11 日，即《新华日报》创刊九周年纪念日，《新华日报》发表由时任总编辑熊复起草的本报编辑部文章《检讨和勉励——读者意见总结》，把党的报纸和人民的报纸的关系，使用“党性”和“人民性”的概念来加以阐明，全面阐述了中国共产党党报的党性和人民性的关系。社论指出：

> 《新华日报》的立场，就是全民族全人民的立场。用一句话来说，就是“为人民服务”①。为人民服务，是我们的任务，也就是我们的立场。今天，中国人民主要的要求和希望，是争取实现独立和平民主，坚决反对卖国内战独裁。我们认为，团结全民族全人民进行这种反对卖国内战独裁、争取独立和平民主的斗争，就是对全民族全人民最大至高的服务。正是因为这样，《新华日报》的党性和它的人民性是一致的。固然，《新华日报》是中国共产党的机关报，它的言论主张和新闻报导，是不能违反中共的整个路线、纲领和政策的。但是，由于中国共产党是一个人民的政党，它代表的是中国最广大人民的利益，它的一切政策是完全从人民的利益出发的，因此，《新华日报》也是完全站在人民的立场，从人民的利益出发。这就是

① 毛泽东 1945 年在重庆多次会见《大公报》负责人王芸生，并为该报题词“为人民服务”。

说，《新华日报》是一张党报，也就是一张人民的报，《新华日报》的党性，也就是它的人民性。《新华日报》的最高度的党性，就是它应该最大限度地反映人民的生活和斗争，最大限度地反映人民的呼吸和感情、思想和行动，有的读者说：《新华日报》的“党性色彩太浓厚”，这其实正是党性发挥得不够；也就是人民性发挥得不够的表现。简单说来，就是为人民服务还做得不够。

从这段话的论证逻辑和用词特点看，熊复是在深刻理解前述胡乔木讲话基础上写的，其思想源头是胡乔木 1945 年对《新华日报》编辑部的讲话，阐发准确、完善。至此，党报的党性和人民性作为一对党建理论的概念得以成形，并影响到后来党的新闻事业的发展。

胡乔木、熊复等对党报党性和人民性的论证，是对毛泽东 1945 年 4 月党的七大政治报告精神的阐释，胡乔木参与了该报告的起草。毛泽东在该报告里强调的一句话在当时传播很广，即：“全心全意地为人民服务，一刻也不脱离群众；一切从人民的利益出发，而不是从个人或小集团的利益出发；向人民负责和向党的领导机关负责的一致性；这些就是我们的出发点。”[35] 最后一句话“向人民负责和向党的领导机关负责的一致性”，就是关于如何做到党性和人民性一致的最好阐释。而前面对为人民服务的强调，也正是当时的政治背景。

（二）20 世纪 50 年代党中央关于党性和人民性内涵的表达和不多的文章论述

从 20 世纪 40 年代《新华日报》发表的一系列关于党报党性和人民性的论述看，“党的报纸，也是人民的报纸”的说法与“党报的党性，就是它的人民性”“党性不够，就是人民性不够”等说法的内涵是一样的，论证也是混在一起的。这样的思路 1949 年以后集中体现在 1956 年中共中央机关报《人民日报》的改版文件中。这些文件里没有使用党性和人民性的概念，但多次使用了“党的报纸，也是人民的报纸”的表述，与当年论证党报的党性和人民性的内涵几乎是一样的。

由胡乔木写的 1956 年 7 月 1 日《人民日报》改版社论《致读者》，其清样 6 月 30 日夜由毛泽东批示“可以发表”。这篇社论的思路与胡乔木 11 年前口头讲述的记录文章《人民的报纸》一脉相承。文章第二段写道：“《人民日报》是党的报纸，也是人民的报纸，从它创刊到现在，一直是为党和人民的利益服务的。正是因为这样，《人民日报》在创刊八年多来，备受广大读者的令人心感的支持，工作也逐年得到进步。但是我们工作中仍然有很多缺点。在最近，我们将着重从以下三方面改进我们的工作。”文章最后一段总结道：“我们的报纸名字叫做《人民日报》，意思就是说它是人民的公共的武器，公共的财产。人民群众是它的主人。只有靠着人民群众，我们才能把报纸办好。”

一个月后，中共中央发出 124 号文件，批转《人民日报》编辑委员会给中央的改版报告。以党中央名义写的文件批语是胡乔木起草的，行文与改版社论的风格相同。他写道：“为了便于今后在报纸上展开各种不同意见的讨论，《人民日报》应该强调它是党中央的机关报又是人民的报纸。过去有一种论调说：‘《人民日报》的一字一句都必须代表中央’，‘报上发表的言论都必须完全正确，连读者来信也必须完全正确’。这些论调显然是不实际的，因为这不仅在事实上办不到，而且对于我们党的政治影响也不好。今后《人民日报》发表的文章，除了少数的中央负责同志的文章和少数的社论以外，一般地可以不代表党中央的意见，而且可以允许一些作者在《人民日报》上发表同我们共产党人的见解相反的文章。这样做就会使思想界更加活跃，使马克思主义的真理愈辩愈明。各地党委今后也要强调地方党报是地方党委的机关报又是人民的报纸。我们党的各种报纸，都是人民群众的报纸，它们应该发表党的指示，同时尽量反映人民群众的意见；如果片面强调它们是党的机关报，反而容易在宣传上处于被动地位。”[36]

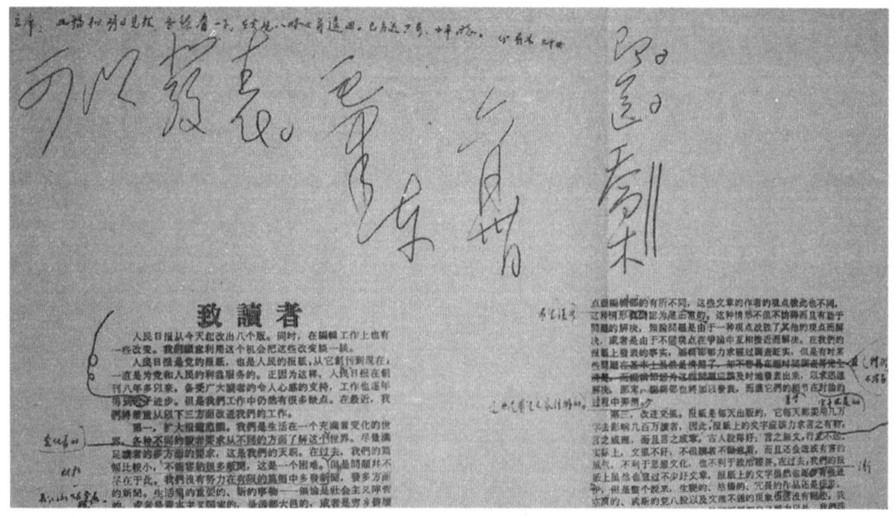

致讀者

人民日报从今天起改出八个版。同时，在编辑工作上也有一些改变。我們愿意利用这个机会把这些改变談一談。

人民日报是党的报紙，也是人民的报紙，从它創刊到現在，一直是为党和人民的利益服务的。正因为这样，人民日报在創刊八年多以来，备受广大讀者的令人心感的支持，工作也逐年得到进步。但是我們工作中仍然有很多缺点。在最近，我們将着重从以下三方面改进我們的工作。

第一，扩大报道范圍。我們是生活在一个充滿着变化的世界。各种不同的讀者要求从不同的方面了解这个世界。尽量滿足讀者的多方面的要求，这是我們的天职。在过去，我們的篇幅比较小，不能容納很多新聞，这是一个困难。但是問題并不完全在于此。我們沒有努力在有限的篇幅中多登新聞，登多方面的新聞。生活里的重要的、新的事物——無論是社会主义陣营的、……

1956 年 6 月 30 日晚毛泽东批示“可以发表”《人民日报》改版社论《致读者》手迹

1957—1958 年，有少量文章谈到党报的党性和人民性。1957 年，人民日报社所属的《新闻战线》杂志发表的创刊号短论《坚持新闻工作的党性原则》写道："报刊的党性原则，首先就是回答为什么人的问题。人是阶级的人，因而当我们在为无产阶级广大群众服务时，我们的报刊就有了无产阶级的党性。"该刊 1957 年第 10 期发表欧远方的文章《社会主义报刊的党性原则》，谈到党性和人民性："我们通常说报刊的'群众性'、'人民性'，指的是报刊必须密切联系群众，充分反映群众的利益，把人民群众的意见、正确的呼声和要求在报刊上反映出来；并运用群众路线的办法来进行工作，广泛地吸收群众参加办报。""党性、阶级性、人民性是统一的，离开了党性来讲人民性，必然堕入资本主义的圈套……党和国家的领导同人民群众之间也存在着某些矛盾，但这种矛盾是非对抗性的，是可以解决的。有人说，报刊应站在群众的立场上说话，否则就会脱离群众，丧失了人民性，这种说法是片面的。报刊，它不仅是党贯彻方针政策的工具，而且也是党联系群众、教育群众的工具，它应当在党和群众之间起纽带作用。报刊要站在党性的立场上，并在党的领导之下，促进、帮助这种矛盾的解决。"

该刊 1958 年第 5 期发表王漠的文章《什么样的"兴趣"和"需要"》，再次谈到党性和人民性："党性和人民性是完全一致的，党性是无产阶级性集中的表现，也是人民性集中的表现。因为只有党才能代表人民群众的最根本的利益。把党性和人民性对立起来，是右派分子所惯用的伎俩，他们的目的，是在挑拨党和人民群众的关系，以便反党反人民和反社会主义。"

根据胡绩伟 1985 年一次学术会议上的发言，1957—1958 年《新闻战线》关于党性和人民性的论证，有 1957 年反右斗争的背景。他说："在反右派斗争时，曾经有人把主张人民的报纸、党报的人民性及党性和人民性一致的观点当成资产阶级新闻观点来批判，但是当时主持新闻界批判会的乔木同志，在当时写的文章里还是强调党报的人民性，提出'党性和人民性一致''党性是人民性的集中表现'的观点。"[37]胡绩伟提到的胡乔木的文章没有找到，但从《新闻战线》发表的文章看，"党性和人民性一致""党性是人民性集中的表现"的说法出现在公开发表的文章里，应该是得到主持新闻界工作的领导首肯的。同时，将"把党性和人民性对立起来"视为"右派分子所惯用的伎俩……是在挑拨党和人民群众的关系"，则反映了当时的背景。

此后，把党性和人民性作为一对概念进行论证的文章或讲话，较长时间没有出现。

三、20世纪七八十年代关于党性和人民性问题的讨论

1979年3月以后，党性和人民性这对概念再次在新闻界被使用，并一度引发新闻界和新闻学界的讨论，以及胡绩伟与胡乔木之间的党内争论。

（一）1979—1981年关于党报党性和人民性的再次提出与讨论

1979年3月8日，中共中央政治局委员、中共中央秘书长兼中宣部部长胡耀邦主持召开1957年以来的首次全国新闻工作座谈会，原计划开8天会，结果开了14天，158人出席会议，包括中央级的各大报、各省级党委机关报和部分省会城市报纸的负责人，新华社总社和各分社的负责人，中央广播事业局和各省级广播局的负责人，以及中国人民大学新闻系、暨南大学新闻系和中国社会科学院新闻研究所的负责人。胡耀邦于3月10日和3月18日两次到会讲话。朱穆之主持日常会务，胡绩伟、曾涛参与主持工作。会议秘书组在14天的会期中印发简报63期，但作为“全国新闻工作座谈会材料”的只有5份，即胡耀邦的两次发言（合一整理）、胡耀邦此次会前关于新闻报道的几个批示、《人民日报》总编辑胡绩伟的发言大纲、《光明日报》副总编辑殷参的发言、中央广播事业局负责人张香山的书面发言[38]。

胡绩伟3月8日在发言中提到了党性和人民性的关系，这也是1958年以后首次使用这对概念。胡绩伟发言的第一句话是：“党报是党的报纸，是党的喉舌，是在党委的领导下工作的。”随后谈到，“粉碎‘四人帮’以后，群众反映，《人民日报》上又有了人民的声音，又真正成为人民的报纸了。人民通过《人民日报》，密切了同党的联系，更加拥护党的路线、方针、政策，我们党在人民群众中的威信大大提高了。可是因此也有人指责说，《人民日报》没有党性。我们认为，党委领导党报来反映人民的声音，反映人民的意愿，成为人民的喉舌，正是党性的表现。离开了人民性就根本谈不到我们党的党性。”

胡耀邦的讲话（3月10日）在胡绩伟发言之后，显然他看到了胡绩伟发言的文字稿和3月10日会议简报第4期关于这个问题的讨论。他对党性和人民性的论证，前后文是：“我们的新闻工作有很高的党性。党性和人民性是一致的。离开了人民性就不叫党性。马列主义、毛主席著作中都讲过这个问题。毛主席曾经用明确的语言说：我们党的唯一宗旨，是为人民谋利益。只有这一个宗旨，没有第二个宗旨。有时，在一件具体事情上，党组织的要求同人民的要求也可

能有矛盾，但那只是个别情况和某一具体问题。从党的根本性质来讲，党性和人民性是融合在一起的。党性就是人民性。有的人这么讲，什么‘官方’、‘民方’。我们不能上这个当。我们是什么官方？是人民的勤务员。至于这个勤务员没有当好，特别是林彪、‘四人帮’有意破坏党和人民的关系，那是另外一个问题嘛！党内有些坏蛋，严重脱离人民，不能把这些坏蛋同党混为一谈。把党和人民分开，说什么‘官方’、‘民方’，要么是思想糊涂，要么是别有用心，他们挑拨党和人民的关系，我们要警惕。”

以上是会上正式发言中关于党性和人民性的全部文字，另有第 4 期和第 26 期会议简报记录了小组会讨论到党性和人民性的关系，均没有展开。从胡绩伟和胡耀邦对党性和人民性的论述看，思路是一致的，尤其是胡耀邦的发言，强调二者的一致性，坚决反对将二者对立起来。

党性和人民性并不是这次会上的主要议题，也不是胡耀邦讲话中的一个独立问题[39]。根据笔者的经历和记忆，党报的党性和人民性引发新闻业界和学界的讨论，是 1979 年 9 月胡绩伟在中央党校做报告，特别是在 1980 年 5 月西北五报新闻学术讨论会以后，而不是 1979 年 3 月的全国新闻工作座谈会。

胡绩伟 1979 年 9 月 13 日、14 日和 17 日接连在中央党校理论班讲了 3 个半天，总结《人民日报》工作的经验和教训。后来印了一本内部散发的 16 开小册子，共印了 3 000 册，总题目叫《谈谈革命的报风》。他的讲话录音也有所传播，因而产生了影响。他在总结经验的时候，局限于当时的情形，谈到党报的党性和人民性是统一的，但有些失衡，强调了党报的人民性，却没有论证党报如何体现党性，如何贯彻党的方针政策。他说：“我们党的党性，主要就是人民性，没有人民性就没有党性。党报如果不千方百计地办成人民的报纸，党报就没有人民性，也就是没有党性，也就不配称为共产党的党报。报纸的党性和人民性是统一的。”“要办成一个充分体现人民性的报纸，要通过党报充分反映广大党员和人民群众的意见，把报纸办成充满群众呼声，集中群众智慧，体现群众监督。党委要把自己的报纸办得深受广大党员和人民群众喜闻乐见，办得普遍叫好，办到人民的心上，真正深得党心民心。这样的报纸就是具有充分的人民性，也就是具有最强的党性。”[40]

胡绩伟所说党报人民性的诸多体现，讲述本身没有问题，但前面的一句“我们党的党性，主要就是人民性”，并不是讲党报的人民性，而是说党的党性主要就是人民性，这在理论上显现了偏差。党是无产阶级的先锋队，党性应是人民中的最革命的部分——无产阶级阶级性的集中体现。没有限定地泛泛讲中国共产党的党性主要就是人民性，容易在实践中造成偏差。胡绩伟的这段话只讲到党报如何体现人民性，强调人民性就是党性，而党性如何就是人民性则没有涉及，加之当时“四人帮”在“文化大革命”期间把党报办成“帮报”的历史教训记忆犹新，这样的表述一经传播，引发了更多的关于这方面的讨论。

1980 年 5 月，全国 100 多位来自各地的新闻学界人士参加了西北五报新闻学术讨论会，讨论的话题有五个，依次为报纸的性质、党性和人民性、批评与自我批评、新闻的真实性、报纸的指导性①。党性和人民性成为全国新闻业界和学界讨论的主要问题，与胡绩伟 1979 年 9 月党校讲话的传播以及他作为北京新闻学会会长的身份明显相关。

笔者 1981 年 11 月以“中国社会科学院新闻研究所辑录”的名义做了一份《关于党报的党性和人民性资料》（油印本 16 开 22 页），供 12 月召开的全国新闻研究工作座谈会使用。新闻业界的观点比较集中地发表在黑龙江省新闻研究所的刊物《新闻学研究资料》1980 年增刊第 1 期和 1981 年第 1 期、陕西《新闻研究》1980 年第 1 期；新闻学界的观点比较集中地发表在复旦大学新闻系的油印刊物《新闻学研究》第 4 期和第 8 期（1979 年 11—12 月）；还有一些文章发表在其他刊物，比较分散。从当时的讨论看，思想是比较混乱的，一些说法也违反关于党的性质的基本认识。

胡绩伟使用“党报的党性和人民性”这对抽象的概念来解释当时党报遇到的问题，带有偶然性，但我国新闻界“文革”结束后会如此集中地重议党报的党性和人民性问题，并非偶然。讨论者们的出发点是为了解决历史带来的困惑，也是为了给以后的新闻实践寻找一个理论支点。不过，这一对俄国式思维的概念使得中国人只能在抽象的概念、词句上推导，一旦人们在理解上出现偏差，便会带来实践上的更大偏差。

（二）党性和人民性关系的两种认识偏差的产生

自 1979 年 3 月中宣部召开全国新闻工作座谈会以来，具有在中央丰富工作经验的胡乔木对党报党性和人民性的各种观点颇为敏感。1981 年 1 月 23 日，

---

① 参见《关于几个新闻理论问题的探讨情况》，载《新闻理论与实践》月报（兰州）第 13 期，1980 年 5 月 30 日出版；参见陈力丹主编《不能忘却的 1978—1985 年我国新闻传播学过刊》（人民日报出版社，2009 年）第 57 页。

时任中央书记处书记、中国社会科学院院长的胡乔木在中国社科院党委扩大会上讲话，批评说："把民主和领导对立起来，以至走到说党性发源于人民性，说党性是人民性的集中表现，没有人民性哪里来党性？这种奇谈怪论居然相当流行，我觉得这是社会科学界的一种羞耻。"[41]胡乔木没有具体谈到这些言论的出处，但他的发言要点通过当时的中宣部（时任部长王任重）传达到学界。

鉴于胡乔木的批评，胡绩伟于 1981 年 2 月 8 日致信胡乔木，说明他只说过"没有人民性就没有党性"，胡乔木所批评的另外两句话他没有说过；同时指出，"奇谈怪论""社会科学界的一种羞耻"这样的批评不利于进一步讨论问题[42]。

1981 年 12 月—1982 年 1 月，胡绩伟为即将召开的全国新闻工作会议写了一篇很长的发言稿，把 1982 年 1 月 7 日的第三稿提前送给胡乔木审议。但不知什么原因，胡绩伟 1981 年 12 月 11 日的第二稿也到了胡乔木的手里。胡绩伟的第二稿里有一句话"党报的党性来源于人民性，又高于人民性"；第三稿这句话改为"党报的党性来源于阶级性和人民性，又高于人民性"。1982 年 3 月 11 日，胡乔木回复胡绩伟，引文删掉了"阶级性"，认为党性来源于人民性又高于人民性的说法难以成立。在这个回复里，胡乔木提出"不要笼统引用'人民性'这个含混不清的概念"[43]。这是见诸文字的胡乔木最早否定党报人民性概念的行文。此前仅在 1981 年 3 月有一篇文章在讨论中提出不要使用"党报人民性"的观点[44]。同时，否定党报人民性概念的文章得到批量发表，至 1983 年 8 月全国新闻工作会议，形成规模化态势。

1983 年 8 月 15 日，全国新闻工作会议散发了两个文件《关于新闻工作的党性和"人民性"问题》《关于加强新闻工作的若干问题》。前一个文件，基本是胡乔木 1982 年 3 月 11 日回复胡绩伟原件的扩展版，内容和结构完全相同，行文有所扩展。扩展的部分将关于党性和人民性讨论中的观点分为四类，第一类是"人民性高于党性"。第二个文件相当于会议决议，共八点，其中第三点"坚持无产阶级党性原则"之下有一段行文："提出一个与党性同等层次的'人民性'的概念，它的内容必然是含混不清的……在新闻工作中引进'人民性'这个概念，必然引起思想上的混乱。如果认为，人民性同党性是完全一致的，人民性的内容已经包含在党性之中，那么单独使用'人民性'的概念就是不必要的。如果认为必须提出人民性作为党性的'补充'或者'制约'，这就意味着，坚持党性，似乎还不能完全代表人民的利益，只是对党负责而不是同时对人民负责，只有在坚持党性的同时提出坚持'人民性'，才是完善的。这样，在宣传报道工作中就容易把对党负责和对人民负责二者分割开来，对立起来。或者自以为党的某些方针政策不符合人民利益而不积极宣传贯彻；或者自以为站在人民一边而实际上符合了群众中某些错误的意见和要求，这样都会不自觉地削弱党的领导，发生和党中央在政治上不一致的情况，违背新闻工作的党性要求。”这是对胡乔木观点的系统化表达。

其时对党性和人民性关系的论述中只倾向于人民性的这种趋势有所警惕，是必要的。“文革”刚结束，“文革”中“四人帮”的“帮性”取代“党性”，横行于党的新闻工作中，这样的记忆太深刻了，于是人们都想总结经验，再提党报的党性和人民性如何统一是可以理解的。但是，新时期刚开始，更需要党报在统一全党认识方面发挥作用，把舆论引导到“以经济建设为中心”的轨道上。这时，特别需要党报具有坚强的党性，强调党报的党性和人民性的一致，努力平衡论证，把全党全国人民的注意力吸引到当下的任务方面。只有这样，才是具有全局意识的表现。但规定党报工作（以后延伸到所有党领导的传媒工作）中摈弃“人民性”的概念，就把党性和人民性关系的问题推到了另一个错误的极端。这种用党性替代人民性的观点，违背党“全心全意为人民服务”这唯一的宗旨。“党报的党性和人民性是统一的、一致的”这一党报工作的光荣传统，至少在理论论述层面就此中断了。

另一方面，从党的性质方面讲，“党性来源于人民性”“人民性高于党性”的说法是错误的。中国共产党来自人民，唯一的宗旨是全心全意为人民服务。但“党性”是指党员、党的各级组织或机构应该具有的党的观念、党的意识，即根据党的纲领、组织章程和一系列决议而形成的对党的性质和奋斗目标的认识，以及党内的一些组织原则。党来自人民，但党性来源于人民性就不对了。党报的党性，则是党性意识在党的新闻工作中的体现。

“人民性”和“人民”的概念也是有差别的。“人民性”应该是最广大人民根本利益的体现，而不宜理解为具体几个人或小群体的私利。由于人民是分散的和有各自利益追求的，这就如马克思谈到他的家乡摩泽尔河地区人民时所说：“个人，甚至数量很多的个人，都不能把自己的呼声说成人民的呼声，相反，他们的陈述总是带有**私人**申诉书的性质。最后，即使进行申诉的私人的信念表达了整个摩泽尔河沿岸地区的信念，作为管理机构属下的个别部分和国家的个别部分的摩泽尔河沿岸地区本身，对于自己所属的省和国家说来也只占有一个私人的地位，而私人的信念和愿望首先应该用普遍的信念和普遍的愿望来加以衡量。”[45] 所以“人民性”需要在人民根本利益的角度（即马克思所说的“应该用普遍的信念和普遍的愿望来加以衡量”）加以理解。党来自人民，但党性来源于人民性在党的理论上是说不通的，在实践中也无法做到。

从党的角度，党性和人民性从来就是统一的、一致的。在党性和人民性的关系问题上，从分析孰高孰低的角度入手，容易导向二者关系的不平衡，甚至把党性和人民性对立起来。1979 年 3 月胡耀邦关于党性和人民性关系的论述相当全面，落脚在二者的统一上。1983 年 10 月 12 日，邓小平在党的十二届二中全会上批评有人“在党性和人民性的问题上提出违反马克思主义的说法”[46]，指的是在党性和人民性问题上的一种错误的认识偏差。邓小平提出批评是正确的，但他并没有否定“人民性”的概念。

鉴于“党性来源于人民性”“人民性高于党性”的错误观点已经受到持续的批评，摈弃“人民性”的观点长期居于主导地位，因而后者在理论上对党的危害，特别是对党群关系的危害，需要加以重视。

四、习近平论党性和人民性是一致的、统一的①

习近平 2012 年 11 月担任党的总书记以来，身体力行在新闻传播界倡导新的文风。他于 2013 年 8 月 19 日在全国宣传思想工作会议上发表长达 1.5 万字的讲话，是他担任总书记以来首次关于宣传思想工作的重要讲话。他引用古语“不日新者必日退”“明者因时而变，知者随事而制”，要求创新宣传思想工作。

被列入该讲话新闻导语的是习近平的这样一句话：“宣传思想工作一定要把围绕中心、服务大局作为基本职责，胸怀大局、把握大势、着眼大事，找准工作切入点和着力点，做到因势而谋、应势而动、顺势而为。”[47] 显然，这句话被视为讲话的核心、要点。领导人强调什么，说明这方面做得不够好。也就是说，此次讲话以前的我国新闻和宣传领域，没有很好地做到“胸怀大局、把握大势、着眼大事”（党性的表现），也没有很好地做到“因势而谋、应势而动、顺势而为”（人民性的表现）。实际上，习近平以另一种表达，论述了新闻和宣传工作如何做到党性和人民性的统一。

---

① 可参阅笔者的《宣传工作要胸怀大局把握大势——读习近平总书记 8·19 宣传思想工作会议讲话》（《编辑之友》2013 年第 10 期）、《习近平的宣传观和新闻观》（《新闻记者》2014 年第 10 期）、《坚持党性原则，尊重新闻规律——学习习近平总书记重要讲话的体会》（《中国记者》2016 年第 3 期）、《解析中国新闻传播学（2014）》（人民日报出版社，2014）等。

习近平对党报的“党性和人民性”最近30多年来被禁止使用的这段复杂而敏感的历史是清楚的。他在“8・19讲话”中重新并提党性、人民性，重申“党性和人民性从来都是一致的、统一的”，破除了我国新闻宣传领域最近30多年来人为制造的一个禁区，无论在党的理论建设上还是现实的宣传实践上，都具有重大意义。

（一）党性和人民性的内涵

习近平对党性、人民性的内涵作了明确的论证。如何才叫坚持党性？他的定义是：“坚持党性，核心就是坚持正确政治方向，站稳政治立场，坚定宣传党的理论和路线方针政策，坚定宣传中央重大工作部署，坚定宣传中央关于形势的重大分析判断，坚决同党中央保持高度一致，坚决维护中央权威。”他强调宣传党中央的精神，接连使用四个“中央”概念，要求宣传中央的部署和形势判断。这说明，党内存在着没有宣传中央的部署和形势判断、没有维护中央权威的情形。习近平虽然没有直接列举事例，但从用词和表达的气势都可以看出，他对党的十八大召开以前和召开后的一段时间内，党领导的新闻和宣传领域出现的没有坚持党性，甚至公开与党中央的方针政策对抗的种种行为进行了反击，提出了严厉的警告。

2016年2月19日习近平在党的新闻舆论工作座谈会的讲话（以下简称“2・19讲话”），进一步论证了新闻和舆论工作的党性，他说：“坚持党性原则，最根本的是坚持党对新闻舆论工作的领导。党和政府主办的媒体是党和政府的宣传阵地，必须姓党。党的新闻舆论媒体的所有工作，都要体现党的意志、反映党的主张，维护党中央权威。”这次讲话的核心观点与“8・19讲话”是相同的，但表达略有侧重，要求在思想上真正体现党的意志、反映党的主张，维护党中央权威。因为新闻宣传领域公开与党中央方针政策对抗的情形减少了，表现为变相的对抗。例如以护党的名义传播谬误，制造社会危机。

关于人民性，习近平说：“坚持人民性，就是要把实现好、维护好、发展好最广大人民根本利益作为出发点和落脚点，坚持以民为本、以人为本。”习近平所以要这样论述，是因为他充分意识到党根基于人民的道理。因而，他在“8・19讲话”中提出“树立以人民为中心的工作导向”；在“2・19讲话”中，再次重申“坚持以人民为中心的工作导向”；在2016年4月19日关于网络工作的讲话中，要求“网信事业要发展，必须贯彻以人民为中心的发展思想”。2016年7月1日，在庆祝中国共产党成立95周年的大会上，习近平以“坚持不忘初心、继续前进”的论证框架，详尽而全面地论证了党与人民的血肉关系，为他在 2013 年重新提出“党性和人民性相统一”提供了丰富的理论。他说：全党同志要“把人民放在心中最高位置”，“把人民拥护不拥护、赞成不赞成、高兴不高兴、答应不答应作为衡量一切工作得失的根本标准”，“使我们党始终拥有不竭的力量源泉”。这使得我国的新闻、宣传、舆论工作有了实在的衡量“人民性”的标准。真止做到这一点，也就是真正坚持了党性。没有做到党性和人民性相统一，都是由于颠倒了党和人民的关系，造成既没有体现党性也没有体现人民性。

（二）纠正党性和人民性关系的两方面偏差认识

党性和人民性的关系，本来是一个有着明确答案的问题。但在一些人那里，却变得“复杂而敏感”。比如，有人问“你是替党讲话，还是替老百姓讲话”，“你是站在党的一边，还是站在群众一边”；有人振振有词地说人民群众人数超过党员，所以人民性大于党性。类似这种似是而非的说法不少，但都是不正确的、错误的，必须加以廓清和纠正。党性和人民性都是整体性的政治概念，党性是从全党而言的，人民性也是从全体人民而言的，不能简单地从某一级党组织、某一部分党员、某一个党员来理解党性，也不能简单地从某一个阶层、某部分群众、某一个具体人来理解人民性。站在全党的立场上、站在全体人民的立场上，才能真正把握好党性和人民性。[48]

习近平非常了解一些地方党群关系的现实。闻名全国的郑州市规划局副局长逯军 2009 年 6 月 17 日问前来采访的记者这样一句话：“你是准备替党说话，还是准备替老百姓说话?”[49]这句话引发了多年没有再使用的“党性和人民性”概念的辨析与讨论，较多地出现在网络言论中，混杂着各种正确和错误的观点。同类的事实接连出现：2011 年 8 月 25 日，某公司安全员对前来采访的记者说，你反对我就是反对党；2012 年 3 月 27 日，某办公室主任回答记者提问时也问：“你是为人民服务还是为党服务的，这个你要明确”；2014 年 1 月 6 日，某乡党委书记在回应群众和记者的采访时说：“威胁我就是威胁党。”[50]这些党员干部均为基层干部，有的就是普通党员，他们处于接触群众的第一线。根据过失心理学的分析，这类脱口而出的话不是口误，言由心生，恰是内心真实想法的自然流露。

习近平十分了解基层情况，所以他在“8・19 讲话”中提出了过去从未提到的“基层工作创新”的要求。基层的党群矛盾激化，是对党的极大威胁。基层是党的事业最薄弱的环节，也最容易被攻破；基层干部的观念和行为，关系到党在群众中的形象，也最容易威胁到党的执政基础。“你是替党说话，还是替老百姓说话”，“你是站在党的一边，还是站在群众一边”，这类将党性和人民性对立的情形，是需要纠正的第一种偏差。

另一种偏差也是存在的，即认为“人民群众人数超过党员，所以人民性大于党性”。少数人在网络上散布过这类观点。2012—2013 年的网上，仍然可以看到诸如“党性来源于人民性和阶级性，党性必须符合人民性，必须和人民性相统一，不可和人民性相分离。党性不可违背人民性；人民性高于党性大于党性。党性不可侵犯人民性，人民性也不可侵犯党性”[51]的说法。

这些说法的基本倾向是错误的。人民的利益高于一切，这是我们的基本认识，中国共产党是为了人民的利益而奋斗的，领导人民实现自己的利益。但人民是以无数分散的个体形式存在的，任何政权形式都不可能由抽象的“人民”来领导，而是通过阶级、党组建国家政权来管理。党性、人民性是抽象的认识和理念，上面的言论把“党”等同于“党性”，把“人民”等同于“人民性”，就把问题搅乱了。如何“用人民性来检验”？人民性怎么高于、大于党性？如何做到和表现？还有“人民性也不可侵犯党性”，更是无法理解在说什么。上面的言论到处用空洞的“人民性”的概念否定党性，但又说不出“人民性”是什么，到哪儿去寻。相对而言，党性多少实在些，有党纲、党章和一系列党的决议来体现。上面的言论，把党与人民、党性与人民性对立起来了，其混乱的思路很像当年列宁批评的“左派幼稚病”[52]。

从某一级党组织，甚至仅某一级党组织的负责人来理解党性，这类情形时有披露。2007 年 5 月，某公路局斥资近 3 000 万元将投入使用仅 3 年的办公楼大楼推倒重来（正常维修只需要 160 万）的事情被揭露，该局党委书记召开全局党员会议，“要求全体党员必须与局长保持一致，一切行动听指挥，谨慎对待媒体，不要对外乱说话，努力用党性、正义战胜‘邪恶’”[53]。这里所说的“党性”竟等同于“正义”，而把揭露他们滥用职权的行为视为“邪恶”，共产党员对党的忠诚，变成了对某一个单位、某一个领导人的忠诚，显然是对中国共产党党性内涵的扭曲。

批评上面的错误观点，除了理论的逻辑力量，更需要现实社会中各级党的干部和普通党员身体力行，用行动体现出党的全心全意为人民服务的宗旨。某种意义上，行动比理论更能说服人。

习近平充分意识到他面临的严峻的党群矛盾，决心恢复党在人民群众中的良好形象，重新并提党性和人民性，纠正在两者关系上的两种错误的认识偏差，强调党性和人民性的一致、统一。一些口口声声强调增强党性的党员干部所说的“党”并不是全党，媒体有时候强调的人民也并不能整体上代表人民，党性是从全党而言的，人民性也是从全体人民而言的，不能简单地从某一级党组织、某一部分党员、某一个党员来理解党性，也不能简单地从某一个阶层、某部分群众、某一个具体人来理解人民性。

（三）在“以人民为中心的工作导向”的基础上把握好党性和人民性的统一

习近平早在1989年5月担任福建省宁德地委书记的时候，就阐释了党性和人民性之间的关系。他说：“我们党历来有一个传统，就是通过运用报纸、广播、电视等宣传工具，宣传党的路线、方针、政策，教育人民，反映人民的呼声，弘扬正气，揭露消极腐败现象，动员组织广大群众投身社会主义建设事业。我们强调的党性，包含着人民性的深刻内涵。我们党是代表人民利益的党，她没有独立于人民利益的自身利益。但我们党既代表人民的眼前利益，也代表人民的长远利益；既代表人民的局部利益，也代表人民的全局利益。”[54]在这里，已经清晰地体现了习近平站在全党的立场上、站在全体人民的立场上对党性和人民性统一的把握。

1. 关于党性和人民性的五个理解层面

习近平的“8·19讲话”明确了党性和人民性的关系。我们党是全心全意为人民服务、代表中国最广大人民根本利益、来自人民为了人民的马克思主义政党。从本质上说，坚持党性就是坚持人民性，坚持人民性就是坚持党性，党性寓于人民性之中，没有脱离人民性的党性，也没有脱离党性的人民性。“党性和人民性从来都是一致的、统一的”，这实际上也是对当年胡绩伟、胡乔木在党性和人民性问题上的不同认识偏差的纠正，重新将偏离的认识拉回正常轨道，定下正确认识、运用这对概念的基调。

1979年以来，谈及党报（定语也可以是媒体、新闻、宣传、舆论工作等）党性和人民性的文章有200多篇，不少文章在基本的认识概念方面是混乱的。需要理清以下几层概念：

第一，党来自人民，在这个意义上，党是人民的儿子，如同邓小平说“我是人民的儿子”。但党是中国工人阶级的先锋队、中国人民和中华民族的先锋队，因而党领导人民实现人民的利益。

第二，“党性”是指党员、党的各级组织和所属机构关于党的观念、意识（诸如对党纲、党章和党的各项决议的认同意识、观念）。这里的“党”是全党，不是某一级党的组织，更不是某一个党员干部或普通党员。所有党员和党的组织都应在全党的层面理解和使用“党性”概念。

第三，党的唯一宗旨是为人民服务，为人民谋利益、谋幸福，因而党的利益与人民的利益根本上是一致的。

第四，“人民性”是指党员、党的各级组织和所属机构对党的唯一宗旨——全心全意为人民服务——的认同意识、观念。根据前文所述，党在历史上使用“群众性”“人民性”的概念论述党领导的新闻工作，经历了把人民群众作为教育对象、反映对象和学习对象的认识轨迹。从“教育”到“反映”再到“学习”的变化过程，不是割裂的，而是相辅相成、各有侧重。在传统的党报理论成熟的当下，党领导的媒体的“人民性”，应包含教育、反映、学习人民群众的全部内涵。这里的“人民”也是整体的概念，从大局、大事着眼人民的根本利益。

第五，党性和人民性是一致的、统一的。没有做到二者的一致、统一，都是由于颠倒了党和人民的关系，造成既没有体现党性也没有体现人民性。

2. 新闻报道背离党性和人民性相统一的几种典型表现

持续过一段时间的媒体“谢党恩”报道主题，就没有做到党性和人民性的统一。

2013 年 11 月 22 日发生青岛输油管道爆炸事件，63 人死亡、9 人失踪，156 人受伤。11 月 24 日下午，正在山东省考察的习近平专程前往青岛大学附属医院黄岛分院，亲切看望事故的受伤人员。他询问伤员中年龄最大的 87 岁老人薛淑美的伤情，叮嘱医护人员精心治疗护理，使老人早日康复。他还看望了部分遇难人员亲属，向他们表示深切慰问。习近平以实际行动体现了对人民生命安危的关注。报道这样重大的突发事故，应该以灾民的安危为中心、快速全面提供相关信息、安抚群众。

然而，11 月 26 日《青岛日报》头版刊出青岛市委领导看望灾民的新闻，其中一段描述，即“56 岁的王振华激动地说：‘不是党和政府，没有今天的幸福生活，我们老百姓非常感激党和政府的关怀’”，即刻引发全国舆论的炮轰。根据马克思的人民政权理论，党和政府的工作人员是人民的公仆，人民是社会的主人，这条新闻的报道导向，颠倒了党和政府与人民的关系，既违背党报的党性，也违背党报的人民性。

有意思的是，有人把“不是党和政府，没有今天的幸福生活，我们老百姓非常感激党和政府的关怀”这句话在网上搜了一下，结果发现了两年多前完全一样的新闻报道版本——四川《遂宁日报》2010 年 2 月 8 日一篇关于市委书记和市长慰问灾民的新闻，报道结构和行文与《青岛日报》眼下的报道一模一样：“79 岁的漆书园非常激动地说：‘不是党和政府，没有今天的幸福生活，我们老百姓非常感激党和政府的关怀，并有信心重建家园！’”

这种报道思路不是个案，我国媒体上类似的新闻报道模式俯拾皆是，甚至一家偏远的地级大众化报纸报道本报一篇评论员文章的阅读效果，也能与“谢党恩”挂钩：主题“没有党和政府，哪来现在的幸福生活！”，副题“《树立正确的是非观》一文在玉树干部群众中引起强烈反响”。中国共产党是中国人民和中华民族的先锋队，“谢党恩”的新闻报道主题违反党性，也扭曲了人民性。2013 年青岛输油管道爆炸事件后，我国媒体“谢党恩”的报道基本消失，这是贯彻习近平“党性人民性相统一”思想的好现象。

官本位新闻违背全心全意为人民服务的党的唯一宗旨。在一段较长的时期内，我国媒体新闻的官本位倾向凸显，明显违背党的全心全意为人民服务的宗旨，这与长期以来媒体只提党性且理解为只对上级机关负责而没有人民主权意识相关。

习近平“8·19 讲话”前两个月，即 2013 年 6 月 7 日，厦门有人在拥挤的公交车上点火，烧死 47 人。第二天《厦门日报》的头版头条新闻报道这一重大的群体性死伤事件的主题是领导如何关注此事，而不是乘客的伤亡和救治信息。因为推敲如何安排领导人对此事件的指示和关怀，版面一直定不下来。报纸出版后舆论哗然：主标题以下（含）共六行标题，依次是：党和国家级领导关怀、副国级领导关怀、省级领导关怀、市级领导关怀（占两行），最后一行才涉及具体事实，行文却是“有关情况正在深入调查”，连死伤情况都没有出现在标题上。

这种新闻报道官本位的现象，并非个案，而是较为普遍。2014 年 12 月 15 日 0 时 20 分，河南省长垣县一家 KTV 发生火灾，11 人死亡。在当地政府网站上，第一条新闻《我县一家 KTV 发生火灾》共 126 个字，74 个字讲领导如何高度重视、亲自到现场指挥。第二条新闻《我县全力做好皇冠 KTV 火灾事故处置工作》共 9 行文字，8 行内容是讲当地县领导如何处置火灾事故的，其中有 4 行是当地县领导的讲话要点。

如何平衡摆正媒体的党性和人民性，考验着各级党委和其宣传部以及领导下的媒体对党性和人民性的忠诚。

为政绩服务的思路阻碍了党性和人民性的统一。遭遇重大灾害或突发事件之时，正是检验各级宣传部门和媒体对党性和人民性把握的典型时期。而一段时期以来，一些地方只要发生了灾害，宣传报道都习惯性地要求突出本地区或本系统党和政府领导的政绩，而不是人民群众急需了解的各方面灾难信息，形成“灾害不是新闻，抗灾才是新闻；群众抗灾不是新闻，领导下指示才是新闻；灾害信息不重要，好人好事宣传才重要”的宣传报道套路。这种官本位“救灾”思路没有把人民的生命安危和生活困难放在第一位，而把政绩、政绩宣传当作了追求的目的本身。这样的思路不是为人民服务，脱离群众，传播效果不好，甚至产生逆反效果。习近平“8・19 讲话”提出的第一个创新要求便是“理念创新”，要求摆正媒体的党性与人民性，坚持二者统一而不是对立。党性的“党”是指全党，站在党中央方针政策的立场，而不是维护某级党组织和领导人的政绩，才是党性的表现。

3. 继承党媒的光荣传统，切实落实党性和人民性的统一

习近平一向关注人民的生命安危，他在 2015 年新年贺词中说：“这一年，我国发生了一些重大自然灾害和安全事故，不少同胞不幸离开了我们，云南鲁甸地震就造成了 600 多人遇难，我们怀念他们，祝愿他们的亲人们都安好。”2015 年 1 月 19 日习近平离京考察，第一站选在云南鲁甸地震灾区。习近平在 2016 年的新年贺词里，仍然密切关注人民生命安危，他说：“‘东方之星’号客轮翻沉、天津港特别重大火灾爆炸、深圳滑坡等事故造成不少同胞失去了生命，还有我们的同胞被恐怖分子残忍杀害，令人深感痛心。我们怀念他们，愿逝者安息、生者安康！群众的生活中还有一些困难和烦恼。党和政府一定会继续努力，切实保障人民生命财产安全、保障人民生活改善、保障人民身体健康。”他以自己的言行践行着他提出的党报人民性的内涵：“把实现好、维护好、发展好最广大人民根本利益作为出发点和落脚点，坚持以民为本、以人为本。”

近年发生了多起危害人民生命的事件，党中央对人民的安危和他们的信息需求极为关注。例如 2015 年 8 月 12 日夜间天津港瑞海公司危险品仓库发生特别重大火灾爆炸事故，死亡 173 人。8 月 20 日，中央政治局常委会专门召开会议，专题听取国务院工作组汇报抢险救援和应急处置情况，就做好下一步工作作出七条部署，其中第六条关于事故的信息传播，就体现了新闻和宣传工作党性和人民性的统一："加强信息发布和舆论工作。要按照及时、准确、公开、透明的原则，主动发布事故及其处置准确权威信息，积极回应群众关切。"

2016 年 2 月 19 日习近平视察中央三媒体，再提"党性和人民性相统一"，再提"树立以人民为中心的工作导向"，言语之间透露了他对人民利益的倾注与关爱。他通过与记者的对话，展示了什么叫"党性和人民性相统一"。他与在河南省兰考县谷营镇爪营四村进行基层干部作风调查的记者视频连线时，这样指出：基层干部作风事关巩固党的执政基础，事关人民群众切身利益。新闻记者要深入调查研究，多掌握一手情况。几位刚参加新春走基层采访的记者向习近平报告了采访见闻，他鼓励大家要接地气，多采写群众喜闻乐见的新闻报道。

2016 年 4 月 19 日，习近平主持召开网络安全和信息化工作座谈会，把"贯彻以人民为中心的发展思想"作为网络事业发展的基本要求。他指出："网信事业要发展，必须贯彻以人民为中心的发展思想。""要适应人民期待和需求，加快信息化服务普及，降低应用成本，为老百姓提供用得上、用得起、用得好的信息服务，让亿万人民在共享互联网发展成果上有更多获得感。"在这里，他再次把党性和人民性统一起来，把我国网信事业的发展落脚到以人民为中心的工作导向上。

习近平谈到宣传思想工作时，强调继承光荣传统。他说："在长期实践中，我们党的宣传思想工作积累了十分丰富的经验。这些经验来之不易、弥足珍贵，是做好今后工作的重要遵循，一定要认真总结、长期坚持，并在实践中不断丰富和发展。"但习近平讲话后的两三年间，关于以往党媒光荣传统的研究和宣传是不够的。

习近平担任党的总书记的当天，发表了只有 10 分钟的演说，总共 1 520 字的发言中，出现了 19 次"人民"的概念，平均每 80 个字就出现一次。他说："人民是历史的创造者，群众是真正的英雄。人民群众是我们力量的源泉。我们深深知道：每个人的力量是有限的，但只要我们万众一心，众志成城，就没有克服不了的困难；每个人的工作时间是有限的，但全心全意为人民服务是无限的。责任重于泰山，事业任重道远。我们一定要始终与人民心心相印、与人民同甘共苦、与人民团结奋斗，夙夜在公，勤勉工作，努力向历史、向人民交一份合格的答卷。”习近平对人民倾注的深切情愫与为人民服务、对人民负责的精神体现出一个真正共产党人的党性，也体现了党性和人民性的统一。

党领导的媒体坚持党性是当然的，如果一个以为人民服务为唯一宗旨的党，却不许说党领导的媒体具有人民性，在理论上是说不通的。“党性和人民性从来都是一致的、统一的”，习近平重申了这一党性和人民性关系的明确答案。

（廖金英参加第四节部分内容的写作，吴璟薇、姚晓鸥提供了德文、俄文考证研究的意见）

引用文献［Reference］

［1］陈力丹．宣传工作要胸怀大局把握大势——读习近平总书记 8·19 宣传思想工作会议讲话［J］．编辑之友，2013（10）．

［2］朱继东．决不允许党性和人民性“被对立”［N］．内蒙古日报，2016-03-01.

［3］马克思恩格斯全集：第 42 卷［M］．北京：人民出版社，1979：357.

［4］马克思恩格斯全集：第 37 卷［M］．北京：人民出版社，1971：210.

［5］马克思恩格斯全集：第 4 卷［M］．北京：人民出版社，1958：19.

［6］马克思恩格斯全集：第 27 卷［M］．北京：人民出版社，1972：306.

［7］马克思恩格斯全集：第 29 卷［M］．北京：人民出版社，1972：494.

［8］马克思恩格斯全集：第 16 卷［M］．北京：人民出版社，1964：701.

［9］马克思恩格斯全集：第 34 卷［M］．北京：人民出版社，1972：263.

［10］马克思恩格斯全集：第 22 卷［M］．北京：人民出版社，1965：90.

［11］朱继东．决不允许党性和人民性“被对立”［N］．内蒙古日报，2016-03-01.

［12］马克思恩格斯全集：第 1 卷［M］．北京：人民出版社，1956：49.

［13］马克思恩格斯全集：第 1 卷［M］．2 版．北京：人民出版社，1995：153.

［14］马克思恩格斯全集：第 6 卷［M］．北京：人民出版社，1961：275.

［15］马克思恩格斯全集：第 21 卷［M］．北京：人民出版社，1965：26.

［16］马克思恩格斯全集：第 5 卷［M］．北京：人民出版社，1958：157.

［17］马克思恩格斯全集：第 22 卷［M］．北京：人民出版社，1965：89.

［18］列宁全集：第 1 卷［M］．2 版．北京：人民出版社，1984：363.

［19］列宁全集：第 4 卷［M］．2 版．北京：人民出版社，1984：157.

［20］列宁全集：第 9 卷［M］. 2 版. 北京：人民出版社，1987：86-87.

［21］列宁全集：第 46 卷［M］. 2 版. 北京：人民出版社，1990：176-177.

［22］列宁全集：第 9 卷［M］. 2 版. 北京：人民出版社，1987：88.

［23］列宁全集：第 46 卷［M］. 2 版. 北京：人民出版社，1990：289. 列宁全集：第 25 卷［M］. 2 版. 北京：人民出版社，1988：109.

［24］列宁全集：第 6 卷［M］. 2 版. 北京：人民出版社，1986：456 注 73.

［25］列宁全集：第 34 卷［M］. 2 版. 北京：人民出版社，1985：136. 列宁全集：第 35 卷［M］. 2 版. 北京：人民出版社，1985：93. 列宁全集：第 34 卷［M］. 2 版. 北京：人民出版社，1985：138.

［26］阿·奥科罗科夫. 列宁论报刊［M］//杨春华，星华，编译. 列宁论报刊与新闻写作. 北京：新华出版社，1983：11-16.

［27］Блажнов Е. А. Истоки народности-партийной печати：К вопросу о закономерностях развития советской печати. Вестн. Моск. ун-та. Сер. 10. Журналистика，1972，№ 3，с. 21-30.

［28］Ученова В. В. Основы марксистско-ленинского учения о журналистике，Москва：Издательство МГУ，1981.

［29］刘智峰. 中央第一个增强党性文件的由来［N］. 学习时报，2016-03-17.

［30］任弼时选集［M］. 北京：人民出版社，1987：302.

［31］毛泽东选集：第 4 卷［M］. 北京：人民出版社，1991：1320.

［32］中国共产党新闻工作文件汇编：下卷［M］. 北京：新华出版社，1980：252.

［33］陆定一新闻文选［M］. 北京：新华出版社，1987：73.

［34］范长江. 论人民的报纸［J］. 新闻研究资料，1982（1）.

［35］毛泽东选集：第 3 卷［M］. 北京：人民出版社，1991：1094-1095.

［36］中国共产党新闻工作文件汇编：中卷［M］. 北京：新华出版社，1980：483-484.

［37］胡绩伟自选集：第 1 卷［M］. 香港：卓越文化出版社，2006：248.

［38］陈力丹. 中国新闻工作改革开放的起点——纪念 1979 年全国新闻工作座谈会 20 周年［J］. 新闻学论集，2000（18）.

[39] 陈力丹．中国新闻工作改革开放的起点——纪念 1979 年全国新闻工作座谈会 20 周年［J］．新闻学论集，2000（18）．

[40] 胡绩伟自选集：第 1 卷［M］．香港：卓越文化出版社，2006：142-143.

[41] 余焕春．胡绩伟在党性与人民性争议中．炎黄春秋，2012（12）．

[42] 胡绩伟自选集：第 1 卷［M］．香港：卓越文化出版社，2006：4-5.

[43] 胡乔木文集：第 2 卷［M］．北京：人民出版社，1993：527-528.

[44] 卢纯田．不能把"人民性"的概念引进党的新闻工作［J］．新闻研究，1981（3）．

[45] 马克思恩格斯全集：第 1 卷［M］．2 版．北京：人民出版社，1995：377-378.

[46] 邓小平文选：第 3 卷［M］．北京：人民出版社，1993：42.

[47] 胸怀大局把握大势着眼大事　努力把宣传思想工作做得更好．人民日报，2013－08－21.

[48]《人民日报》评论员．坚持党性和人民性相统一：四论学习贯彻习近平总书记 8·19 重要讲话精神［N］．人民日报，2013－08－27（1）．

[49]"你是准备替党说话，还是准备替老百姓说话?"［N/OL］．（2009－06－19）［2017－05－25］．http://news.163.com/09/0619/09/5C5M9SJC000120GR.html.

[50] 安徽芜湖国能电力安全员叫嚣记者"你反对我就是反对党"［EB/OL］．（2011－08－26）［2017－05－25］．http://www.ahyouth.com/news/20110811/75881.shtml. 黎国宝．一句"威胁我就是威胁党"被停职，冤不冤［EB/OL］．（2014－01－09）［2017－05－25］．http://cpc.people.com.cn/pinglun/n/2014/0109/c371963－24073287.html.

[51] 赵怨．人民的利益大于党的利益高于党的利益［EB/OL］．（2012－12－31）［2017－05－25］．http://zhaoshu912.blogchina.com/1577294.html.

[52] 列宁全集：第 39 卷［M］．北京：人民出版社，1986：21.

[53] 潘洪其．"与局长保持一致"也是党性要求吗?［N］．北京青年报，2007-05-31.

[54] 习近平．摆脱贫困［M］．福州：福建人民出版社，1992：67.

“把人民放在心中最高位置”

——习近平“7·1讲话”丰富了“党性和人民性相统一”的思想

2012年11月15日习近平担任党的总书记之时，发表了总共1 520字的演说，其中“人民”的概念出现了19次。他说：“人民是历史的创造者，群众是真正的英雄。人民群众是我们力量的源泉。我们深深知道：每个人的力量是有限的，但只要我们万众一心，众志成城，就没有克服不了的困难；每个人的工作时间是有限的，但全心全意为人民服务是无限的。责任重于泰山，事业任重道远。我们一定要始终与人民心心相印、与人民同甘共苦、与人民团结奋斗，夙夜在公，勤勉工作，努力向历史、向人民交一份合格的答卷。”习近平对人民倾注的深切情愫与为人民服务、对人民负责的精神，体现出一个真正共产党人的党性和人民性的统一。而党性和人民性相统一，是中国共产党党建理论的重要内容之一。

2013年8月19日习近平在全国宣传思想政治工作会议的讲话，专设“党性和人民性从来都是一致的、统一的”一节，论述宣传工作如何做到党性和人民性的一致和统一。2016年庆祝中国共产党成立95周年的大会上，习近平在“坚持不忘初心、继续前进”的论证框架内，详尽而全面地论证了党与人民的血肉关系，为他于2013年重新提出的宣传工作坚持“党性和人民性相统一”提供了丰富的理论支持。

一、摈弃“人民性”对党群关系的危害

党性和人民性的关系，本来是一个有着明确答案的问题。但在一些人那里，却变得“复杂而敏感”。习近平重新并提党性和人民性，显然，他对我国宣传领域最近30年来禁止使用的这对概念，是很清楚的。

1983年邓小平批评有人“在党性和人民性的问题上提出违反马克思主义的说法”[1]，他批评的是“党性来自人民性”“人民性高于党性”等认识的偏差。

邓小平的批评是正确的，但他并没有否定“人民性”的概念。然而在贯彻邓小平讲话的过程中，出现了另一种偏差——摈弃使用“人民性”的概念，用党性替代人民性而不是寓于人民性之中，干脆否定了“党性和人民性相统一”这一党建理论。

同年的全国新闻工作会议曾通过《关于加强新闻工作的若干问题》的决议，内容之一是禁止在宣传领域使用“人民性”的概念。该文件指出：“提出一个与党性同等层次的‘人民性’的概念，它的内容必然是含混不清的……在新闻工作中引进‘人民性’这个概念，必然引起思想上的混乱。如果认为，人民性同党性是完全一致的，人民性的内容已经包含在党性之中，那么单独使用‘人民性’的概念就是不必要的。如果认为必须提出人民性作为党性的‘补充’或者‘制约’，这就意味着，坚持党性，似乎还不能完全代表人民的利益，只是对党负责而不是同时对人民负责，只有在坚持党性的同时提出坚持‘人民性’，才是完善的。这样，在宣传报道工作中就容易把对党负责和对人民负责二者分割开来，对立起来。或者自以为党的某些方针政策不符合人民利益而不积极宣传贯彻；或者自以为站在人民一边而实际上符合了群众中某些错误的意见和要求，这样都会不自觉地削弱党的领导，发生和党中央在政治上不一致的情况，违背新闻工作的党性要求。”此后，党性和人民性这对概念在宣传领域消失，在新闻传播学研究中“人民性”只能作为否定的概念，需要打引号，其叙述模式是：人民性已经包含在党性之中，使用“人民性”概念意味着企图……

通过摈弃“人民性”、仅使用“党性”的概念就能消除上面的各种担心吗？显然不行。这方面的问题在新形势下依然时有发生；而且，随着党内腐败的蔓延，党群对立的情形增多了。鉴于邓小平批评的观点已经受到持续批评，而摈弃“人民性”的观点长期居于主导地位，因而后者在理论上对党的危害，特别是对党群关系的危害，需要加以重视。

党领导的媒体坚持党性是当然的，如果一个以为人民服务为唯一宗旨的党，却不许说党领导的媒体具有人民性，在理论上是说不通的。2013 年习近平重新并提党性、人民性，强调两者的一致和统一，并对各自的内涵做了定义，打破了我国新闻宣传领域 30 年来人为制造的一个禁区，无论在党的理论建设上，还是现实的宣传实践上，都具有重大意义。2016 年 2 月 19 日，习近平在他亲自主持的党的新闻舆论工作座谈会上再次提出“坚持党性和人民性相统一”的要求。“7·1 讲话”中，习近平进一步谈道：“人民立场是中国共产党的根本政治立场"，"要坚信党的根基在人民、党的力量在人民"。

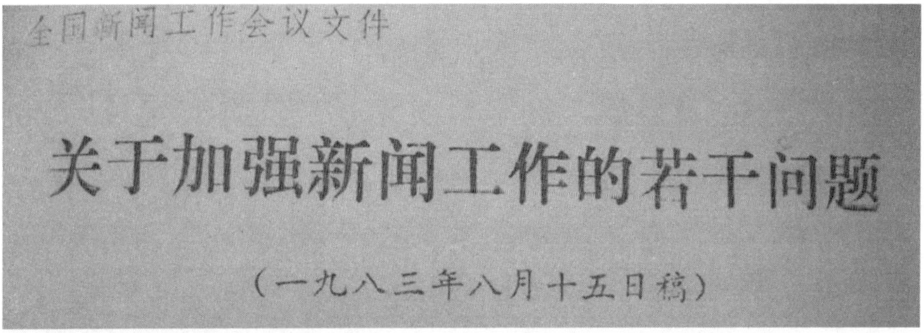

全国新闻工作会议文件

关于加强新闻工作的若干问题

（一九八三年八月十五日稿）

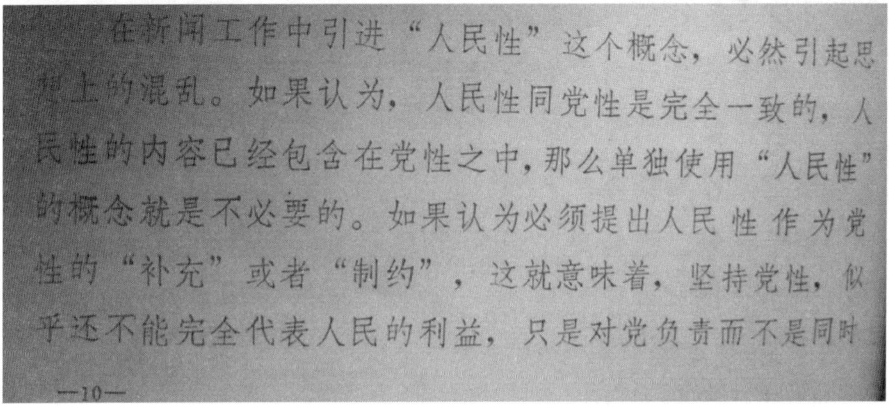

在新闻工作中引进"人民性"这个概念，必然引起思想上的混乱。如果认为，人民性同党性是完全一致的，人民性的内容已经包含在党性之中，那么单独使用"人民性"的概念就是不必要的。如果认为必须提出人民性作为党性的"补充"或者"制约"，这就意味着，坚持党性，似乎还不能完全代表人民的利益，只是对党负责而不是同时

—10—

二、纠正党性和人民性关系上的两种偏差

如何才叫坚持党性？习近平的定义是："坚持党性，核心就是坚持正确政治方向，站稳政治立场，坚定宣传党的理论和路线方针政策，坚定宣传中央重大工作部署，坚定宣传中央关于形势的重大分析判断，坚决同党中央保持高度一致，坚决维护中央权威。"他虽然没有直接列举事例，但从用词和表达的气势，都可以看出，他对党的十八大召开以前和召开后的一段时间内，党领导的宣传领域出现的没有坚持党性，甚至公开与党中央的方针政策对抗的种种行为进行了反击，提出了严厉的警告。

关于人民性，习近平说："坚持人民性，就是要把实现好、维护好、发展好最广大人民根本利益作为出发点和落脚点，坚持以民为本、以人为本。"习近平所以要这样论述，因为他充分意识到党根基于人民的道理。因而，他在"8·19讲话"中提出"树立以人民为中心的工作导向"；在2016年"2·19讲话"中，

再次重申“坚持以人民为中心的工作导向”；在 2016 年 4 月 19 日关于网络工作的讲话中，提出“网信事业要发展，必须贯彻以人民为中心的发展思想”。

习近平点题“党性和人民性”，是因为他非常了解一些地方党群关系的现实。“比如，有人问‘你是替党讲话，还是替老百姓讲话’、‘你是站在党的一边，还是站在群众一边’；有人振振有词地说人民群众人数超过党员，所以人民性大于党性。类似这种似是而非的说法，把党性和人民性割裂开来、对立起来、搞碎片化，在理论上是错误的，在实践上也是有害的，必须加以廓清和纠正。”[2] 可以看出，习近平是要通过搞清楚两方面的偏差，廓清这一党建理论，恢复它对我国宣传、舆论工作的指导地位。

从第一种情形可以看出党群关系严重对立的现实。一些党员干部，甚至普通党员，忘记了党是中国工人阶级先锋队、中国人民和中华民族先锋队的性质和为人民服务的唯一宗旨。2009 年 6 月 17 日，原郑州市规划局副局长逯军问河南广播电视台记者：“你是准备替党说话，还是准备替老百姓说话?”[3] 一句话引发舆论震荡，党群矛盾被推到了前台。同类的事实接连出现，例如 2011 年 8 月 25 日，安徽省芜湖市国能电力第五分公司专职安全员刘来福问前来采访的安徽电视台记者：“你是不是党员？我问你。”记者回答：“采访跟党员不党员有什么关系?”刘接着说：“我跟你讲，你反对党，你反对我。”记者问：“反对你就是反对党是吧?”刘回答：“哎，就是，你对共产党员就这种态度啊。”[4] 2014 年 3 月 28 日，两位记者在江苏省连云港市浦南镇政府大院采访时遭到殴打，该镇党委书记杨汝勇解释施暴者打人的理由竟是：“看不惯记者只帮助老百姓，而不帮助领导干部说话。”[5]

这些党员干部均为基层干部，有的就是普通党员，他们处于接触群众的第一线。根据过失心理学的分析，这类脱口而出的话不是口误，言由心生，恰是内心真实想法的自然流露。基层党群矛盾的激化，是对党的极大威胁。基层是党的事业最薄弱的环节，也最容易被攻破；基层干部的观念和行为，关系到党在群众中的形象，也最容易威胁到党的执政基础。这种党性和人民性对立的情形是第一个需要纠正的偏差。

上面谈到的第二种偏差也是存在的，少数人在网络上散布过这类观点。例如 2012—2013 年的网上，仍然可以看到诸如“人民性高于党性大于党性。党性不可侵犯人民性，人民性也不可侵犯党性”[6] 的说法。这些说法是错误的，将“党”与“党性”、“人民”与“人民性”混为一谈。人民的利益高于一切，这是我们的基本认识，中国共产党是为了人民的利益而奋斗的，领导人民实现自己的利益。但人民是以无数分散的个体形式存在的，任何政权形式都不可能由抽象的“人民”来领导，而是通过阶级、党组建国家政权来管理。上面的言论把党等同于党性，把人民等同于人民性，就把问题搅乱了。

习近平充分意识到他面临的严峻的党群矛盾，决心恢复党在人民群众中的良好形象，强调党性和人民性相统一，纠正在两者关系上的两种认识偏差。他注意到，一些口口声声强调增强党性的党员干部，他所说的“党”并不是全党，媒体有时候强调的人民，也并不能整体上代表人民。“党性是从全党而言的，人民性也是从全体人民而言的，不能简单地从某一级党组织、某一部分党员、某一个党员来理解党性，也不能简单地从某一个阶层、某部分群众、某一个具体人来理解人民性。”[7]

“党性”是指党员、党的各级组织和所属机构关于党的观念、意识（诸如对党纲、党章和党的各项决议的认同意识、观念）。这里的“党”是全党，不是某一级党的组织，更不是某一个党员干部或普通党员。所有党员和党的组织都应在全党的层面理解和使用“党性”的概念。“人民性”是指党员、党的各级组织和所属机构对党的唯一宗旨——全心全意为人民服务——的认同意识、观念。党在历史上使用“群众性”“人民性”的概念论述党领导的新闻工作，经历了把人民群众作为教育对象、反映对象和学习对象的认识轨迹。从“教育”到“反映”再到“学习”的变化过程，是相辅相成的。[8] 党领导的媒体的“人民性”，应包含教育、反映、学习人民群众的全部内涵。这里的“人民”也是整体的概念，从大局、大事着眼人民的根本利益。

三、把人民放在心中最高位置

习近平的“7・1讲话”，重申了他2013年关于“人民性”内涵的那段话：“坚持全心全意为人民服务的根本宗旨，实现好、维护好、发展好最广大人民根本利益。”并进一步提出：“全党同志要把人民放在心中最高位置”，“把人民拥护不拥护、赞成不赞成、高兴不高兴、答应不答应作为衡量一切工作得失的根本标准，使我们党始终拥有不竭的力量源泉”。这使得我国的宣传、舆论工作有了实在的衡量“人民性”的标准。真正做到这一点，也就是真正坚持了党性，因为党的唯一宗旨就是为人民服务。

没有做到党性和人民性的一致、统一，都是由于颠倒了党和人民的关系，造成既没有体现党性，也没有体现人民性。例如，持续过一段时间的媒体“谢党恩”报道主题，就没有做到党性和人民性的统一。“谢党恩”与中国古代皇权统治下的“谢皇恩”一脉相承。中国共产党是中国人民和中华民族的先锋队，在推翻旧制度后绝不走老路和邪路，而要建设民主、富强的主权属于人民的共和国。“谢党恩”的新闻报道主题违反党性，也扭曲了人民性。

在较长的一段时期内，我国新闻的官本位倾向凸显，明显违背习近平所要求的“全党同志要把人民放在心中最高位置”。2012 年 12 月 4 日，党中央通过关于改进工作作风、密切联系群众的八项规定，其中第六项是：要改进新闻报道，中央政治局同志出席会议和活动应根据工作需要、新闻价值、社会效果决定是否报道。但这一条在一些报纸和电视新闻界节目中并没有得到落实，新闻报道排座次而不考虑新闻价值和社会效果成为潜规则。这与长期以来禁止提“人民性”、媒体把党性理解为只对上级机关负责而没有人民主权意识相关。

2013 年 7 月 6 日，韩亚航空的客机在旧金山机场失事，2 名中国女孩死亡。7 月 9 日，《中国青年报》发表缅怀两名遇难女孩的通讯《花谢旧金山》，文中有这样一个自然段，以“设论”的方式写道：“如果她们在世，知道浙江省委组织部部长蔡奇在关注她俩，王琳佳也许会惊喜地睁大了眼睛，笑眯眯的，而叶梦圆也许不敢相信地跳了起来。”这段话引发了全国舆论的批评。相信作者和编者不是故意媚上，问题在于他们对此的毫无感觉，把这样一种思维变成了“习性”和“价值观的无意投射”。抽象的党性和人民性意识在这里变得十分具体了，显现在每日每时由媒体刊播的言语和影像中。媒体人需要在日常的工作中不断地摆正党性和人民性的关系，因为由媒体和媒体人展现的形象，一定意义上会投射为人民心目中的党的形象。

遭遇重大灾害或突发事件之时，各地下达的宣传通知，大多习惯性地要求“充分报道党委政府抗灾救灾保民生的各项部署举措成效”，而不是人民群众急需的各方面灾难信息。这样的思路不是为人民服务，脱离群众，传播效果不好，甚至会产生逆反效果。显然，宣传、舆论工作做到党性和人民性的一致不是一句空话，而是需要以“把人民放在心中最高位置”来校正两者的关系。

习近平一向关注人民的生命安危，他在 2015 年新年致辞中说：“这一年，我国发生了一些重大自然灾害和安全事故，不少同胞不幸离开了我们，云南鲁甸地震就造成了 600 多人遇难，我们怀念他们，祝愿他们的亲人们都安好。”2015 年 1 月 19 日习近平首次离京考察，第一站选在云南鲁甸地震灾区。而

2014 年 8 月 3 日鲁甸地震发生之后，《扬子晚报》2014 年 8 月 4 日头版，把同是前一天发生的郭美美被批捕的新闻做成真头条，采用大号标题并配发两张大照片，鲁甸地震死难数百人的新闻则被安排在角落上，无意中显现出媒体对人民生命安危的冷漠。

习近平的“8・19 讲话”“2・19 讲话”“4・19 讲话”，均是涉及宣传、舆论、网络工作的，他提出“以人民为中心的工作导向”似乎只是对宣传领域的要求。习近平在“7・1 讲话”中则将这一要求扩展到全党，指出：“我们要顺应人民群众对美好生活的向往，坚持以人民为中心的发展思想。”

国际共产主义运动中，关于党与人民群众的关系，以及关于党的媒体与人民群众的关系，一直都有相关的论述。中国共产党历史上的领导人，也一向强调党的媒体与人民群众的关系是统一的。习近平的“7・1 讲话”，在这方面做了集中论证，发展了马克思主义关于党与人民关系的理论。

引用文献［Reference］

［1］邓小平文选：第 3 卷［M］. 北京：人民出版社，1993：42.

［2］《人民日报》评论员. 坚持党性和人民性相统一：四论学习贯彻习近平总书记 8・19 重要讲话精神［N］. 人民日报，2013－08－27（1）.

［3］“你是准备替党说话，还是准备替老百姓说话?”［N/OL］.（2009－06－19）［2017－05－25］. http://news. 163. com/09/0619/09/5C5M9SJC000120GR. html.

［4］安徽芜湖国能电力安全员叫嚣记者“你反对我就是反对党”［EB/OL］.（2011－08－26）［2017－05－25］. http://www. ahyouth. com/news/20110811/75881. shtml.

［5］未帮领导说话　记者采访连云港浦南镇遭殴打［EB/OL］.（2014－03－28）［2017－06－01］. http://js. people. com. cn/html/2014/03/27/298149. html.

［6］赵恕. 人民的利益大于党的利益高于党的利益［EB/OL］.（2012－12－31）［2017－05－25］. http://zhaoshu912. blogchina. com/1577294. html.

［7］《人民日报》评论员. 坚持党性和人民性相统一：四论学习贯彻习近平总书记 8・19 重要讲话精神［N］. 人民日报，2013－08－27（1）.

［8］王润泽，余玉. 群众：从“教育”，“反映”到“学习”的对象——党报群众性原则嬗变轨迹解读［J］. 国际新闻界，2014（12）.

“舆论监督和正面宣传是统一的”

——学习习近平“2·19讲话”

1989年11月，“坚持正面宣传为主”被正式提出，但在实际的贯彻执行中，通常被理解为只能报道正面的事实，报道负面事实会被认为违背了这个方针。2016年2月19日在党的新闻舆论座谈会上，习近平澄清了这样一种对“坚持正面宣传为主”的误读，要求媒体激浊扬清、针砭时弊，直面问题和丑恶现象。本文意在厘清习近平关于“舆论监督和正面宣传是统一的”的思想。

一、“坚持以正面宣传为主”的提出和实际贯彻中的误读

“坚持以正面宣传为主”作为新闻宣传方针被正式提出，是在1989年11月25日中共中央宣传部举办的全国省、市、自治区党报总编辑新闻工作研讨班上。当时，中共中央政治局常委李瑞环发表题为《坚持正面宣传为主的方针》的长篇讲话。讲话中他说：“改进新闻工作需要研究和解决的问题很多。无论是从新闻工作的一般意义上讲，还是从当前各方面的实际情况来讲，或是从稳定压倒一切这个大局来讲，关键的问题是新闻报道必须坚持以正面宣传为主的方针，这是社会主义新闻事业必须遵循的一条极其重要的指导方针。坚持这个方针，就是要准确、及时地宣传党的路线、方针、政策，实事求是地反映社会现实生活的主流，让人民群众用创造新生活的业绩教育自己，形成鼓舞人们前进的巨大精神力量，在当前就是要造成一个有利于稳定局面的舆论环境。”他的讲话有当时的特殊背景，那时的社会情绪比较低落，而社会需要稳定，所以李瑞环强调“让人民群众用创造新生活的业绩教育自己，形成鼓舞人们前进的巨大精神力量”。

什么是正面？他强调了七个方面的“鼓舞和启迪”，指出：“我们所说的‘正面’，所说的‘为主’，就是要着力去宣传报道鼓舞和启迪人们发展社会生产力的东西，鼓舞和启迪人们坚持四项基本原则、坚持改革开放的东西，鼓舞和

启迪人们加强社会主义民主和法制建设的东西，鼓舞和启迪人们推进社会主义精神文明建设的东西，鼓舞和启迪人们热爱伟大祖国和弘扬民族文化的东西，鼓舞和启迪人们维护国家统一和民族团结的东西，鼓舞和启迪人们为推动世界和平与发展而斗争的东西。总之，一切鼓舞和启迪人们为国家的富强、人民的幸福和社会的进步而奋斗的新闻舆论，都是我们所说的正面，都应当努力加以报道。”

李瑞环的讲话分为 12 个方面，前面论证了正面宣传为主，后面论证了批评报道和舆论监督，他又强调：“坚持正面宣传为主的方针，不是不要批评报道。重视和改进批评报道，同样是新闻事业的社会主义性质和党性原则决定的。批评与自我批评，包括新闻批评，是我们党的建设的重要法宝之一，是我们党克服消极思想侵袭、保持健康肌体的有力武器。正因为如此，我们党历来重视在报刊上开展批评。”“坚持正面宣传为主的方针与正确地实行舆论监督是一致的。”同时，他还谈到“要使正面宣传为主的方针取得良好效果，必须努力提高宣传艺术”[1]。但正面宣传和舆论监督如何做到一致，他没有进行论述。

从此，“以正面宣传为主”作为我国新闻和宣传工作的一项方针被确定下来。但在执行中，“报喜不报忧”实际上成为工作常态，“正面为主”长期以来被理解为以报道好事、正面的事情为主，舆论监督、批评报道被视为涉及坏事和负面的事情，自然不能“为主”。

在 2013 年 8 月 19 日的全国宣传思想工作会议上，习近平要求“坚持团结稳定鼓劲、正面宣传为主，是宣传思想工作必须遵循的重要方针”[2]。但随后的贯彻执行，大体仍在 20 多年前的理解层面上。

二、习近平对“正面宣传为主”的全面论证

在 2016 年 2 月 19 日的全国新闻舆论工作会议上，习近平再次提出：“团结稳定鼓劲、正面宣传为主，是党的新闻舆论工作必须遵循的基本方针”，他同时对正面宣传与舆论监督的关系做了十分精辟的论证，从而阐述清楚了“正面宣传”的内涵，把“正面宣传”与“舆论监督”的关系梳理清楚了。

习近平关于正面宣传与舆论监督的关系，论述了以下几个层面的认识。

第一，正面报道为主，不是说只能讲正面，不能讲负面，关键要处理好主流和支流、全局和局部、成绩和问题的关系，搞清楚个别真实和总体真实的关系，把握好平衡，在宣传的整体上呈现主流、成绩和全局的正能量，从宏观上

把握和反映事物的全貌。

显然，总体上把握好正面与负面的平衡，宏观上体现正能量，是理解正面宣传为主的钥匙，理解为只能讲正面而不许讲负面是错误的。一件负面的事实发生了，不应回避不报，但若连篇累牍地集中报道，忽略了主流、全局正面的情形，这样的报道不能说贯彻了正面报道为主的方针。要做好“正面宣传”，还要注意引导群众多看主流，不被支流和表面现象支配，不把点上的问题说成面上的问题，不把个别问题说成整体问题，不把局部问题说成全局问题。

第二，对人民群众关心的问题、意见大反映多的问题，要积极关注报道，及时解惑释疑，引导心理期待，要善于批评和报道，通过新闻报道推动改进工作。

习近平一向关注人民群众，他为《之江新语》这一党报栏目写了 232 篇小言论，编书成集后的第一篇言论的标题就是“做人民群众的贴心人”。群众关心的、意见大的、反映多的事实，大多是我们工作中的问题，不应回避，而要通过解疑释惑，协助党政机关解决问题，推动改进工作。以这样的思路来报道，虽然涉及的大多为负面事实，但报道的形式和目的是正面的。

第三，对重大原则问题、明显的大是大非问题，不能当绅士和做“看风派”。有的问题本来就是党和政府坚决反对的，不能闪烁其词，让群众产生误解，好像在包庇这些事和人似的。

习近平谈到的这种情形正是媒体经常发生的问题。面对一些明显违反党的政策的事实，媒体报道和评论闪烁其词，甚至以各种正面的理由为其辩护，这样的“正面报道”实为负面报道，造成很坏的影响。例如各种关于政绩工程的“正面”报道。

第四，要保障所报道的事实的真实可靠，不论是好事还是坏事，新闻真实容不得一丁点马虎，否则最真实的部分也会让人觉得不真实。要防止简单的一因一果判断，注意一因多果、一果多因、互为因果、因果转换等复杂情形。对问题的分析要客观，不要把自己放在“裁判官”的位置上。

一件事实发生了，不论它是正面的还是负面的，一旦报道失实，其传播效果均是负面的。因而习近平容不得新闻的不真实。新闻是关于事实的叙述，需要根据事实来描述事实，以裁判官的身份把复杂的因果关系主观化地描述为一因一果，不仅说不清楚事实本身，还会引发新的事端，传播效果是负面的。例如一些关于医患冲突的新闻。揭示新闻事实与事实、事实与语境之间的复杂联系和语境，才能引导群众理解事实，不会以偏概全。

再如，2016 年 2 月 6 日 19 时 28 分，有网友在篱笆网发了一篇名为《有点想分手了……》的网帖，网帖称自己是“上海女孩”，春节前去“男朋友”家乡江西过年，被第一顿饭“吓一跳”而逃离江西。该网帖春节期间转发不断，从中国农村问题、地域歧视到青年婚恋观，引发话题不断。由该帖衍生的话题、文章在各媒体平台的点击量达到 1.1 亿次。2 月 14 日《人民日报》为此发表题为《农村，想说爱你不容易》的评论。2 月 21 日，这个故事被证实为假。《人民日报》“姑妄听之，姑妄信之”，一本正经地传播了谣言，扩大了事态的后果，把一个社会话题强行放大为全国性的矛盾，不利于营造网络的健康舆论环境。

第五，一些没有什么特别意义的事情，不报道不会产生社会影响，而一旦经过媒体报道，特别是连篇累牍、不厌其烦地报道，就会被放大，造成社会缺乏精气神，散掉人心。这样的报道就没有贯彻正面报道为主的方针。

这类新闻在网络上较多，例如 2016 年 6 月 10 日打开电脑时跳出某网站“十大新闻排行榜”，依次是：女子怀孕 4 月仍月经肚子会乱动（新!）、大爷种 600 株罂粟抹酱当凉菜吃、孩子嗜睡父母疑保姆喂晕车药、男童被老太喂自己血次日高烧、男子偷价值 3 万锦鲤煮火锅吃（新!）、赵薇穿红裙吸雪茄霸气十足（新!）……难道全中国、全世界最重要的新闻就是这些？这类新闻充斥媒体，导向错误，哪里谈得上正面宣传为主。

第六，一些领导机关、领导干部对舆论监督要有承受力，不能一遇到敏感复杂的问题，就习惯性地采取“捂盖子”和通过宣传部门“灭火”来应对舆论监督，不能怕自己的“形象”和“利益”受损而限制媒体的采访报道。关键时刻，各级党委和政府要承担起新闻信息的发布者和权威定调者的角色。出现负面事实，早说比晚说好，自己说比别人说好。

媒体的舆论监督经常会遭遇这样的情形。一些地方和部门压制舆论监督，还往往打着正面宣传为主的旗号。习近平对此十分清楚，批评也是严厉的。这种情形在信息社会造成的是掩耳盗铃的传播效果，明显是负面的。这也是一种对正面宣传为主的曲解。习近平 2011 年 3 月 1 日在中央党校春季学期开学典礼上谈到，没有矛盾，就没有世界和发展。矛盾和问题是普遍存在的，他要求各级领导干部不要怕遇到矛盾和问题，而要敢于正视矛盾和问题；不要绕开矛盾和问题走，而要同群众一道千方百计地去求得矛盾和问题的及时正确解决。新闻舆论工作也应该如此。

第七，正面宣传要用心用情做，让群众爱看爱听。那种堆砌一堆政治套话、假大空式的宣传达不到正面宣传的目的。一套话语满足不了所有人，一个腔调难以唱遍天下。用一种模式应对各种不同的接受群体，宣传也可能适得其反。

这是一类“以正面宣传为主”理由下的负面表现，习近平对此路数十分熟悉，给予了严厉的批评。正面宣传绝不等于说一堆正确的政治套话，不能剪刀加糨糊，简单拼凑和形式主义地表达。他要求提高正面宣传的质量和水平，增强吸引力和感染力。例如 2016 年各电视台的春节晚会，辽宁电视台和北京电视台的节目就符合习近平所要求的“融思想性、艺术性于一体”，宣传效果是正面的。有的电视台的春晚节目，用很多政治套话与华丽但质量不高的内容拼接，自然受到群众的批评。

三、“以正面宣传为主”应理解为“以正面宣传效果为主”

习近平的以上思想，在关于他讲话的新闻报道中被概括为这样一句：“要增强吸引力和感染力。真实性是新闻的生命。要根据事实来描述事实，既准确报道个别事实，又从宏观上把握和反映事件或事物的全貌。舆论监督和正面宣传是统一的。新闻媒体要直面工作中存在的问题，直面社会丑恶现象，激浊扬清、针砭时弊，同时发表批评性报道要事实准确、分析客观。”[3]

这段话涉及三方面的内容。第一，正面宣传不是形式主义地堆积政治套话，而要具有感染力。第二，要求所报道的事实必须真实，把握好具体事实的真实和宏观上反映事物全貌的关系。第三，在前面论证的基础上，他最后谈到舆论监督和正面宣传的统一，要求新闻报道必须做到两个“直面”，即不能回避工作中存在的问题、不能回避社会丑恶现象，从而否定了正面宣传就是只能报道正面事实不能报道负面事实的认识。但是，报道的落脚点要对头，做到“激浊扬清、针砭时弊”。不能仅仅通过报道向群众报告负面事实，还要通过对负面事实的报道，达到正面宣传的目的，即立场正确，是非分明。习近平这一思想，早在 2006 年他主持浙江省工作时就有所阐发，他为省新闻舆论工作提出了十二字要求：“为党为民、激浊扬清、贵耳重目”。他在这里所强调的，是正面的宣传效果。

把握正面宣传与舆论监督的统一，关键在于要做到“激浊扬清、针砭时弊”，以获得正面宣传效果。对负面事实正面解释和引导，不仅能起到扶正祛邪、激浊扬清的作用，而且还能增强党的公信力和权威性。坏事发生了，批评得有理、有利、有节，这就是一种正面宣传，因为它所取得的传播效果是正面的。自 2003 年“非典”事件之后，党中央强调及时总结经验，政府信息公开条例实施，“公开”成为常态。那以后，我国媒体对一些负面问题及时回应或报道，产生了积极的社会影响。

1989 年 5 月，习近平在福建宁德地区工作时就说过：“舆论监督的出发点应该是积极的、建设性的。监督的重点应该针对那些严重违反党和国家重大政策以及社会生活中存在的重大问题，要抓典型事件。揭发的事实，务求准确。涉及党的一级组织和政府的批评，要持慎重态度，不能先入为主。要深入调查，多方听取意见，得出合乎事实的结论。特别要注意不应把批评的矛头对准那些群众有意见而我们工作中因限于目前条件、一时难以解决的问题上。要让人民知道，党和政府正在采取措施，克服困难，解决问题。”[4] 习近平关于舆论监督的论述，考虑的是宣传的正面效果，并很好地把握了正面宣传与舆论监督的关系。

如何辨别什么是正面，什么是负面？中国人民大学新闻学院院长赵启正提出，要以效果导向来理解“以正面宣传为主”。不要过度追求文本层面的正面报道，而要看重于自己、于大局、于群众皆有“正面效果”的整体性传播语境。说我们的不好就是负面消息吗？不是。判定这个报道的正面负面问题，应该从是否有利于我国人民的根本利益方面来考虑。比如对 SARS 的报道，我们就不能简单地把它理解为负面报道。中国的新闻报道应当追求正面效果，正面效果就可以推动社会进步。报道要追求正面效果，而实事求是是必不可少的因素。[5]

这方面的一个典型案例是关于 2015 年深圳“12・20”重大滑坡事故的报道。由于深圳方面积极协助境内外媒体对此开展采访，结果增信释疑，为事件救援处置营造了平衡有序的舆论环境，实现了建设性的监督。问题不在于要不要批评，而在于怎样批评。对存在的问题，要讲准、讲透、讲充分，群众就能给予理解，调动起正视问题、不惧困难、共克时艰的积极性和自信心。从目的、效果上看，正面宣传与舆论监督是有机的、统一的。

引用文献［**Reference**］

［1］李瑞环．坚持正面宣传为主的方针［J］．求是，1990（5）．

［2］习近平在全国宣传思想工作会议上强调：胸怀大局把握大势着眼大事　努力把宣传思想工作做得更好［N/OL］．（2013－8－21）［2017－06－01］．http：//

politics. people. com. cn/n/2013/0821/c1024 - 22635998. html.

［3］习近平在党的新闻舆论座谈会上强调：坚持正确方向创新方法手段提高新闻舆论传播力引导力［N/OL］.（2016 - 02 - 19）［2017 - 08 - 15］. http：//politics. people. com. cn/n1/2016/0219/c1024 - 28136159. html.

［4］习近平．摆脱贫困［M］．福建：福建人民出版社，1992.

［5］赵启正．表达中国的时候应当注意效果［J/OL］.（2010 - 08 - 02）［2017 - 06 - 01］. http：//news. sina. com. cn/c/sd/2010 - 08 - 02/094620806300. shtml.

第三章　新闻传播学理论研究

传播学面临的危机与出路

新媒体技术的快速发展，打破了既有的传播秩序与格局，以往的传播学理论在研究新传播现象之时，已经明显不适用。现在研究某一网络传播现象的论文，常见的对理论基础的交代是：本研究以“使用-满足理论”作为理论基础。其实这个“理论”仅是不同时期的一些报纸、电视传播效果的量化分析报告，后来有学者就此出来说了几句受众对大众传媒会有所要求和制约的话，够不上“理论”，也无法解释非线性、圈层、超链接的互联网传播现象。

近期新闻传播学界展开了诸多关于学科发展与重建的探讨。从现在的形势看，仅从修补的角度谈传播学的发展，恐怕是没有出路的。因为传播学的架构仅是大众传播的产物，随着互联网对观念的重构、对消息传递的重构、对内容生产的重构、对人们日常生活消费的重构，以及新一代人对互联网用途的重构，“媒体”可能是任何一种想象不到的形态，原有的传播学理论已经无法说明新的传播现象。传播学只有与其他学科结盟、开展跨学科研究，才能勉强解释各种互联网传播现象。那么，传播学如何实现自身的发展与重建?

一、既往：传播学主要解释大众传播现象

19 世纪的工业革命和 20 世纪迅速推进的城市化进程，使大众传播获得了发展的极大空间。继报刊之后，广播、电视的诞生和普及，实现了传播手段和传播对象的社会性结合。大众传播成为一种独立的社会系统，并由此改变了现代社会信息传播的形态、内容和方式，甚至影响了社会结构、社会心理和创新模式。两次世界大战期间的宣传战使大众传播的作用得以凸显，这一领域得到越来越多人的关注，在这种社会背景下传播学应运而生。

来自社会学领域的约翰·杜威、罗伯特·帕克，来自社会心理学领域的乔治·米德、查尔斯·库利、赫伯特·布鲁默等，都在 20 世纪 20 年代将研究目光投向了大众传播，并从不同角度阐释了大众传播媒介对现代社会的影响，由

此为传播学奠定了早期的学科基础。经验-功能学派的兴起，直接服务于对大众传播的掌控和发展，建立在经验和功利研究基础上的系列模式、理论一时统领传播学的潮流。被视为传播学奠基人的哈罗德·拉斯韦尔的博士论文《世界大战中的宣传技巧》，另一位奠基人保罗·拉扎斯菲尔德的论文《社会传播的结构与功能》皆立足于大众传播领域。后者的研究始于洛克菲勒基金会的"普林斯顿广播研究项目"，着重考察广播这一新兴大众传播媒介对美国社会的影响，随后研究总统大选中媒体对选民的影响，出版《人民的选择》一书，提出"意见领袖""二级传播"等概念，都与大众传播的传播效果紧密相连。

在控制论基础上讨论各种传播技术的一派人，所讨论的传播技术，其主体是大众传播媒介。该学派关注媒介（机器）对人与社会的影响，马歇尔·麦克卢汉的"媒介是人的延伸""媒介即讯息"等观点所说的"媒介"是大众传播媒介，约书亚·梅罗维茨论证的"媒介本身成为一种环境"，也是从对电视这一大众媒介的研究而来的。

以批评经验-功能学派为己任的结构主义-符号权力学派，因为研究对象的牵涉，也是以批判大众传播领域里的各种现象为起点，继而形成各种理论体系的。这派的学者们专注于揭示传播中符号背后的政治、经济、文化等权力背景，均基于大众传播现象。例如早期法兰克福学派的"文化工业"理论以及后来尤尔根·哈贝马斯的传媒"再封建化"，均以大众传播媒介为背景。英国文化学派则侧重解释大众传媒的利益、意识形态和受众符号解读的多样性和相对的主动性。例如斯图亚特·霍尔在《编码/解码》一书中分析的就是大众传播产品制作、发行、传播（消费）和再生产的四个阶段。英国政治经济学派的纲领《呼唤大众传播的政治经济学》，主要研究大众传播媒介的所有权及控制问题。皮埃尔·布尔迪厄"媒介场"的概念，分析的是电视的传播行为；梵·迪克的文本和语境分析，研究的是"新闻"这一大众传播的产物。

综上所述，传播学主要是大众传播的产物。经验-功能学派关注大众传播的效果研究；技术控制论学派研究大众化传播技术的作用；结构主义符号权力学派侧重批判大众传播行为与社会的关系。大众传播先入为主，占据传播学研究的主导地位。现在传播学内对其他人类传播现象的研究逐渐受到重视，但总体而言，以往传播学研究的重点始终是大众传播，就像我国大多数高校的传播学课程的内容几乎等同于大众传播学一样，尽管理论上传播学≠大众传播学。

二、危机：现有的传播学理论不足以解释互联网传播现象

（一）互联网影响下社会传播环境发生改变

美国传播学者约瑟夫·图罗（Joseph Turow）早在1992年就指出，由于计算机和信息技术的发展，大众传播的架构被动摇。随着新媒体对社会影响的增强，大众传播中“大众”的说法应被“媒介”所替代。[1] 2001年，两位学者史蒂芬·查菲（Steven H. Chaffee）和米里亚姆·梅兹格（Miriam J. Metzger）提出了“大众传播终结”的命题，对大众传播（mass communication）与媒介传播（media communication）的差异做了归纳。[2]

	大众传播	媒介传播
渠道	少量	大量
受众	统一的	多样的
控制	信息发送者	信息接收者
信息传输	单向的、特定时间的	互动的、在任何方便时间的
研究范式	内容分析、受众效果研究	界面设计（interface design）、信息检索（information research）
典型代表	电视	视频游戏、网站
动机	自我觉醒（arousal）	需求满足（need satisfaction）
自我概念	身份认同（identification）	自我实现（self-actualization）
社会控制力量	法律、专业伦理、公众教育	技术设备、监测
学习方式	社会模仿（social modeling）	经验

这里的“媒介”不再是报刊、广播、电视等，而是互联网传播形态了。这种“媒介”掌握了传输和检索规模庞大信息的能力，内容的生产和选择权被下放到用户手中，用户个体都有机会成为内容供应者，展现出其去中心化的趋势。由于网络带宽的提高和接收端的便携，用户得以用更低的成本生产传播内容。这些传播的状况不断破坏着原有大众传播的根基，具体表现如：

（1）信息的传播渗透到社会的所有层面和人的思维，包括虚拟世界。在新的传播环境下，空间条件变得不大重要了，交往速度越来越快，新媒体将身处不同物理空间的人整合进共同的虚拟场景，人们的交往处于即时在线的状态。

（2）传播渠道更加精细，用户自主性大大提高。在新传播环境下，传播对象由模糊而统一的大众市场，向目标用户转变，传统意义的“被动、未分化”的受众已不存在，逐渐演变为主动选择媒体的理性用户，从前的“媒体对受众做什么”向“受众利用媒体做什么”转变。

（3）原来的大众传播与人际传播已经没有了区分的边界。查菲和梅兹格认为，人们处在“分子社会”（molecular society）中，每个个体都被嵌入人际传播的网络里，而新技术的革新使得这种人际交往网络在世界范围内被大大拓宽，大众传播与人际传播的边界变得模糊了。

（4）新媒体为网民提供了话语表达的空间，成为媒体内容生产者。以往对媒体内容同质化的担忧逐渐消散，人们开始重新建构小而分散的“趣味文化”（taste cultures）群。由于大量言论的涌入，许多草根得以形成虚拟群体。

（5）非线性、圈层、超链接的传播和连接方式，改变了以往大众传播的线性传播格局。在新传播形态的传导和转译下，人们头脑中的社会图景被肢解，“强力浏览”和秒杀式阅读，替代了逻辑化、有条理的信息接收。各种新信息中介商的经验策略，改变了信息传播的格局，在随时变动的传者和受者之间，加入了智能化的信息过滤系统，大大方便并控制了使用者。

（二）原有的传播理论或不适用于新的传播环境或必须转换话题

新媒体的冲击，催生了新的传播形态和传播环境，旧的中心化的大众传播体系开始瓦解，那些在旧传播体系土壤下培育出的传播理论、假设，需要重新审视。

例如议程设置论，它的一个基本假设是：受众从一定数量的有限渠道获取信息，某些信息最终在主流渠道上聚集成相对一致的媒介和公众共同议程。但在新媒体环境下，传播形态已经不是原来关于“渠道”的认识了，呈现立体、多维空间的状态，在信息分发方面目前社交媒体已经占据绝对垄断地位，报刊和广电的分发渠道信息只占3%。这种情况下，媒介（已经多样化、多维度和立体交叉了）和公众共同议程的设置很容易了，取而代之的则是碎片化的、竞争性的、局部共享的议程。

尼古拉斯·尼葛洛庞帝1995年提出“Daily Me”的设想，即利用编程手段将新闻自动选择出来，以满足个性化不同的需求，现在这已经变成了现实。互联网赋予了普通网民设置自我议程的权利，原来议程设置的研究要点是“媒体告诉受众去想什么”，现在是“网民想要什么就会推送什么”了。例如现在的

“今日头条”实现了个性化新闻推送。“今日头条”根据网民关注的内容进行分类推荐，通过阅读的文章模式包括阅读停留时间等一系列信息数据，使推送的信息最大限度地适合网民的需求。

又如培养理论，它的基本假设是：电视媒体构建了一个连贯的内容系统，出于经济因素的考量，媒介有选择地在一个较长的时间段里将话题限制在某一领域，可以培养出公众对某方面的兴趣。在新的媒体环境下，传播内容更加多样、多维，网民的选择权越来越大，诸如培养理论的传播效果也随之减弱。但在用户自主选择某些特定话题的条件下，无形的培养效果甚至会更强，更偏向于选择与既有观点或偏见相似的信息，把自己置于一种自我强化观念框架内。

再如关于传播权力的讨论。形式上，新的多样、多维的传播形态造成传播权力的下移，精英阶层的传播权似乎被瓦解，传播者和接受者身份可以自由转换。那么果真如此吗？分析这些新的传播现象，给予了传播学批判理论新的讨论空间。例如关于技术的发展逐渐被当权者控制的历史再度引发关注，因为互联网领域同样存在兼并问题，大公司会吞并小公司，58 同城网和赶集网、美团网和大众点评网的合并便是如此。对于任何内容供应商来说，真正的问题在于如何吸引受众的注意力资源。拥有资本、技术和经验的大公司在这一点上仍和以前一样占有绝对优势。一些批判学者还指出，虽然理论上，新媒体的产生带来了可能的网上民主，但现实远非如此。数字鸿沟的概念近来引起广泛关注[3]，精英阶层在获取新技术的能力上仍高于普通阶层。

三、前景：跨学科研究，构建大传播团队

传播学的许多理论先驱都是其他学科的学者，在研究本学科的传播现象时无形中发展了传播学，因而传播学本来就是社会科学不同学科相互交融的结果。传播学在互联网传播形态下发展，作为一个独立学科的进一步发展已经不大可能了，相当程度上需要与心理学、社会学、社会心理学等相邻学科融合，综合运用这些学科的某些理论阐释各种互联网传播现象。

心理学，特别是社会心理学与传播学的融合起源于 20 世纪 30 年代前后，从那时起，学术研究心理学化已经成为传播学发展的一个重要方向。人参与社会实践的过程离不开心理活动，特别是信息传播现象，总能在心理学、社会心理学方面得到合理的解释，所以罗伯特·帕克将传播限定为“一个社会心理的过程，凭借这个过程，在某种意义和某种程度上，个人能够假设其他人的态度

和观点”[4]。互联网时代，传播行为趋向于个性化，从人的心理活动出发解释个人的传播行为更重要也更有效。因此，传播学与心理学、社会心理学的融合是互联网时代传播学获得进一步发展的一个方向。

传播学与社会学具有天然的理论可通性：一方面，传播学的研究对象构成了社会学考察社会变迁深层原因的基本要素；另一方面，社会学本来也是传播学形成过程中的理论来源之一。现在的互联网传播，已经“重构”（re-imaging，玛丽·米克尔语①）了几乎整个社会，例如重构了即时通信应用、内容和分发渠道、日常活动、数字钱币、垂直产业，还有观念的重构、消息传递的重构、内容生产的重构、新一代（12～24 岁）对互联网用途的重构、人们日常生活中消费支出的重构等等，互联网已经全面颠覆人们的工作环境、工作方式、消费方式、连接方式、商业模式等等。这些眼下正在发生的剧烈社会变迁，本身也是对社会学的冲击，迫使社会学的研究课题必须面对互联网带来的种种社会现象，诸如数字鸿沟、网络成瘾综合征、信息无序和信息过载等。传播学无法有说服力地诠释这些新的社会问题，而社会学则可以对这些问题进行社会化的分析并提供解决方法。新的传播现象需要理论支撑，传播学与社会学的融合，既拓展了传播学研究的理论空间，也为社会学注入了新的内容。

面对互联网的一些新现象，传播学借助其他学科的研究成果将成为平常现象。例如经济学的长尾理论（the long tail effect）。2004 年美国《连线》杂志主编克里斯·安德森提出长尾理论用来描述诸如亚马逊、Netflix 之类网站的商业和经济模式。他认为，如果把足够多的非热门产品组合到一起，实际上就可以形成一个与热门市场相匹敌的大市场。非热门商品可以在网上被聚合起来，同样的道理，社会中不被重视的微小群体到了网上，也可以聚合起来做大，于是长尾理论给予了网上小群体传播的研究以有力的理论支持。[5]长尾理论在互联网中应用最显著的例子，便是奥巴马在 2008 年和 2012 年两次竞选美国总统时对网络的借助，其成功因素除了奥巴马个人素质和大财阀的支持外，也与其竞选团队巧妙应用长尾理论密切相关。两次竞选中奥巴马的团队都通过社交网站建立支持奥巴马的网络长尾，借助互联网传播的特点尽可能增大“尾巴”的力量，成功获得了扩大传播的效果。

---

① 参见玛丽·米克尔（Mary Meeker）2012、2013、2014、2015 年连续 4 年的《互联网发展趋势》报告。

现在传播学的论文论证，越来越多地采用各个学科的理论来丰富自己，就像传播学诞生之初涉猎各个学科知识那样如饥似渴。

例如中国人民大学新闻学院 2016 年的一篇硕士论文讨论新闻生产中的记者情感因素，在新媒体的背景下，更多地运用了心理学和社会心理学的各种理论。该文借助各种不同的社会心理学方面的“情感劳动理论”来分析各种新闻活动中记者情感的卷入、对工作的影响和自我控制。另一篇硕士论文专题讨论网络的“虚拟恋人”服务，同样运用到“情感劳动理论”。当然不同的情景讨论的结论是不同的，但支撑论文的理论基础，已与原来意义上的传播学相去甚远了。

另一篇硕士论文讨论“区域政府的舆情脆弱性评估”，选题很有现实意义。各级党政部门对所谓“舆情”的过度敏感，是人人都能够感觉到的互联网传播条件下的一种负面传播效应，运用什么理论才能充分阐释这个问题，给人以有说服力的结论呢？任何所谓“舆情”事件，它的产生和传播不可能摆脱发生地点的政治、经济、社会发展中诸多因素的影响与调节。因此，研究“舆情”问题不能仅从信息扩散、传播能力、媒体受众等方面去研究（这是既往传播学研究的老套路），而要联系相关社会、政治、经济、文化等方面的学术理论来研究，从多个层面找寻答案。在传播学的现有框架内没有现成的理论可供支持。作者注意到从自然科学（地理学、气象学、工程学等）发展到社会科学（人类学、社会学、心理学、管理学），再进一步发展到融合两大科学的流行病学、环境科学的各种“脆弱性理论”，进而提出“舆情脆弱性”的论证问题。作者运用风险与灾害（RH）模型、积累与释放（PAR）模型以及其他学科的研究者根据这些模型得出的“公共危机事件网络舆情风险管理 HHM 框架”“周期的突发事件网络舆情风险评价指标体系”“脆弱性评估函数模型”“脆弱性贫困干预过程”“适应性灾害管理结构”等已有的论证，提出自己的一系列评估指标和“开放应对网络”的结论。这篇论文的理论支撑属于不同学科的知识体系，但研究的是传播学话题。

传统的新闻学研究，原来较多地依据传播学的原理，现在也不得不多样化了，因为新闻传播的分发已经基本不在传统媒体的渠道内，而是社交媒体了。于是，2016 年的硕士论文选题，诸如“新闻期待”“新闻误读”的讨论背景，都转移到了“互联网传播形态下”，因而依据的学术理论，就必须到心理学、社会学理论中去找寻。

从目前情形看，传播学走出目前危机状态的方向有两个。一是更多地运用社会学、心理学、社会心理学和其他相关学科的理论来说明各种新传播现象，通过更多的对互联网传播形态的研究，形成新的适应新传播环境的新的理论假设。而在这种情形下，传播学不大可能再作为独立的学科创新理论假设，而需要与相邻学科合作，甚至融合，才可能取得较为公认的理论研究成果。也就是说，跨学科研究，才能建构起能够解释适应各种互联网传播形态的理论假设和模式公理。二是传播学中应引入更多的方法研究，才可能处理互联网传播的各种数据。例如各种大数据新闻的得出，需要运用一定的计算模型来处理、鉴别大数据，因此传播学研究者就必须拥有高等数学知识。对网络数据的统计，目前还没有有效的从样本推论整体的可靠研究方法，而创新互联网条件下的科学方法论，需要传播学与统计学的结盟才有可能。

四、回到本来意义的传播学，同样需要学科的融合

传播学是研究人类传播现象的学科，不是仅研究大众传播，但由于传播学的形成和发展与大众传播的发展紧密相关，因而关于其他人类传播现象的研究处于这个学科的边缘位置。2014 年中国人民大学出版社出版了陈力丹、陈俊妮《传播学纲要》第二版，试图努力把传播学回归到对人类传播各方面的研究，依次讲述自身传播、人际传播、组织传播、文艺传播、大众传播、跨文化传播、传播控制、传播批判。虽然篇幅上把大众传播压缩到了十分之一，但传播控制、传播批判，基本上还是在大众传播的圈内转，因为没有其他的材料，而自身传播，因为传播学本身没有雄厚的研究积淀，不得不从思维学借用了较多的理论，人际传播主要借用社会学和心理学的研究成果，组织传播主要借助企业管理学的材料，文艺传播不得不借助各种文艺理论（包括绘画、音乐、视知觉思维等），跨文化传播借助的更多是社会学、人类学、国际关系、文化学的研究成果。显然，传播学自身太缺乏对人类各种传播现象的系统研究了。

这种现状能通过传播学自身得到完善吗？各种传播现象的研究可以只凭不多的传播学专业内的人得出有体系的研究成果吗？即使从这个角度看，传播学的发展也得通过与相邻学科的融合才可能有出路。

目前对互联网传播的研究是否需要形成专门的一个研究类别，就像当初对大众传播的研究那样？互联网的各种传播形态的变动不可能终止，描述一下某种传播形态的特征未尝不可，可以用于即时的政治、经济需要，但不宜作为传播学研究的学术对象。传播学对互联网传播现象的研究需要较为宏观的研究视

角，非线性、圈层、超链接、“智能一切”和未来光子计算机条件下的传播，人类在思维上对此的把握和得出某些有说服力的理论假设，没有人文社会科学各学科的合作研究，几乎是不可能的。所以，从这个角度看传播学的未来，跨学科研究也是必不可少的。

（本文与宋晓雯、邵楠合作）

引用文献［Reference］

［1］TUROW J. On reconceptualizing “mass communication”［J］. Journal of Broadcasting & Electronic Media，1992（36）：105-110.

［2］CHAFFE S H，METZGER M J. The end of mass communication?［J］. Mass Communication and Society，2001（4）：365-379.

［3］陈力丹，金灿．论互联网时代的数字鸿沟［J］．新闻爱好者，2015（7）．

［4］罗杰斯．传播学史［M］．殷晓蓉，译．上海：上海译文出版社，2001：197.

［5］陈力丹，霍仟．互联网中的长尾理论与小众传播［J］．西南民族大学学报，2013（4）．

“你建好了，他就会来”[①]

——李蓉《全球化媒介社会背景下的新闻生产研究》序

青年学者李蓉博士的新著《全球化媒介社会背景下的新闻生产研究》付梓之际，我想到800多年前预告新世纪到来的第一位诗人但丁，他那时意识到了“世界”的存在，他说：我的国家是世界。这种认识成了现代世界被发现的时代标志。“世界”取得真正现代的意义，开始于18世纪，它的标志是法国的《百科全书》和瑞典学者林耐的动植物种属分类法。到了19世纪，“世界”在广度和深度上得到了巨大发展。这个时代的特点是人类社会结束了相互隔绝的状态，开始意识到一切民族无不以某种方式同其他所有民族相联系。马克思和恩格斯就此写道：“各个相互影响的活动范围在这个发展进程中越是扩大，各民族的原始封闭状态由于日益完善的生产方式、交往以及因交往而自然形成的不同民族之间的分工消灭得越是彻底，历史也就越是成为世界历史。”

在今天，尽管世界范围内以新闻传播连接的政治、经济与文化的交流还存在这样那样的鸿沟与壁垒，但爆炸式扩张发展的各种媒介，特别是互联网上的社交媒体，已经将世界编织成一个息息相通的网络整体。它不仅是虚拟的，也是现实的网络世界。当代新传播技术催生了“无人机”新闻、众包新闻、付费墙新闻等新闻传播和产制的全新形式，广泛地影响着全球新闻传播的路径和版图，新闻价值和叙事范式的转型也在引发业界和学界的思考。如李蓉在她的书中所说：“席卷世界的新媒体革命，已经成为全球化的一个结构性因素。新媒体以其无孔不入的技术优势，全面植入全球政治、经济、文化的交流与冲突之中。新媒体在成为全球化的助力器的同时，也日益重塑着全球社会形态。”在这样的境遇中，新闻的产制也因媒介变革而发生了前所未有的颠覆性改变。

---

① 电影《梦幻球场》台词。

2012—2015年玛丽·米克尔（Mary Meeker）的互联网发展趋势报告，其主题一直是互联网对社会的“重塑”（re-imaging）。当我们真正拥有了如千里眼、顺风耳一样的现代网络通信技术，当我们每一个人依托移动终端而成为随时随地的信息生产者或者消费者之时，是否意味着我们将更加了解身处的世界？在思考新媒体的发展趋势时，我们会觉察到一些悖论，这也是新媒体时代必须面对的新问题：

其一是精准信息推送与信息窄化。新媒体基于用户兴趣而提供精准信息推送，长此以往将造成用户信息无形中的“窄化”，即只接收自己选择的信息和愉悦自我的信息。网络传播带来的在更大空间中的个体相遇以及随之而来的个人信息窄化，使得形成信任或达成共识的基础变得薄弱了。

其二是精准定位与用户的信息安全。精准定位所依托的对用户信息的收集，需要以精细的个人信息存储为前提，那么，用户的信息安全将成为新的社会问题。

其三是传播的“去专业化”与治理的专业化。新媒体时代人人都是传播者，信息的传播正在“去专业化”，然而不规范的信息传播造成传闻充斥。净化网络空间，需要运营商、制造商和专业传播工作者合作，但实现协同合作就必须解决诸如利益的再分配、技术的突破等难题。

其四是表达渠道的扩展和技术的发展与对人的深度控制。互联网赋予了每个人更多的自我表达和社会参与的权利，人人都可以借助互联网发言。但新的问题出现了：虽然每个人都可以自由地发出信息，但发出的声音绝大部分没有接受者。

其五是技术的发展并不一定带来人的权利的真正延伸。现在传播技术对人的控制，本质上远远大于传统时代。

总之，新媒体给人们的生活带来了越来越多的方便，但在享受技术红利时也要防止人的异化。人创造了新的传播技术，但不该被自己创造的东西所控制，要防止为物所役。渠道的多元与内容的短缺、信息相对过剩与优质资源的稀缺，是凸显出的新问题。新媒体造就的趋向无限快节奏的生活方式，也可能会给人们的精神世界带来新的困扰。这些矛盾和问题，需要我们深入探究和妥善处理。

在网络化世界的现实中，或者如李蓉所言的全球网络社会中，这些问题是中国的，也是世界的。因此，我们就要有充分的自觉意识和强烈的好奇心，去探究与我们所走的路径不大相同的西方新闻世界——他们有哪些最新的收获与困惑？又有哪些应对与反思？关于这些问题，李蓉颇为认真地展开了探索，因而她的书值得一读。

新媒体技术的快速发展，打破了既有的传播秩序与格局，以往的传播学理论已明显不适用于研究新的传播现象。近期新闻传播学界展开了诸多关于学科发展与重建的探讨。我认为从修补角度谈传播学的发展，恐怕是没有出路的。传播学的架构仅是工业革命和大众传播的产物，随着互联网对观念的重构、对消息传递的重构、对内容生产的重构、对人们日常生活消费的重构，以及新一代人对互联网用途的重构，“媒体”可能是任何一种想象不到的形态，原有的传播学理论已经无法说明新的传播现象。传播学只有与其他相邻学科结盟、开展跨学科研究，才能解释各种互联网传播现象。

传播学若要实现自身的发展与重建，走出目前危机状态的方向有两个：

一是传播学中应引入更多的方法研究，这样才可能处理互联网传播的各种数据。例如各种大数据新闻的得出，需要运用一定的计算模型来处理、鉴别大数据，为此，传播学研究者也必须拥有高等数学知识。对网络数据的统计，目前还没有有效的从样本推论整体的可靠研究方法，而创新互联网条件下的科学方法论，需要传播学与统计学的结盟才有可能。数据方法研究，在李蓉这本著作中有所呈现。她吸纳了西方学者的一些既有相关成果，用以支撑自己的描述或推论。

二是更多地运用社会学、心理学、社会心理学和其他相关学科的理论来说明各种新传播现象，通过更多的对互联网传播形态的研究，形成新的适应新传播环境的理论假设。在这种情形下，传播学不大可能再作为独立的学科创新理论假设，而需要与相邻学科合作，甚至融合，才可能取得较为公认的理论研究成果。也就是说，只有通过跨学科研究，才能建构起适应各种互联网传播形态的理论假设和模式。

从跨学科融合的角度看，李蓉的这本著作做出了具有一定深度的尝试。她的新闻生产研究是以媒介传播如何参与社会重构为基点展开的。“移动共生与人际关系的拆聚”“新媒介与人际传播”“移动媒介与移民身份认同”“新媒体与社会内聚力”等诸多前沿思考，以及新媒介新闻生产所带来的人种学问题、性别问题、代际问题、大众心理问题等案例的分析，是在传播社会学、传播心理学的视野中展开的。

这本书研究的是新传播技术引发的全球新闻生产的转型、嬗变，这是一个颇具前沿性的学术领域。我一向主张新闻学、传播学的研究要具有“放眼世界”的自觉意识和开阔视界，我一直试图描绘一幅完整的世界新闻传播地图，李蓉的这部新著相当于就此目标做了一篇绪章。而如何应对互联网发展带来的机遇与挑战，需要在以下三方面多加思考：公众需要的新闻价值和其他信息价值的回归、叙事范式的创新、传播技术的探索性变革。有一句电影台词很有寓意："你建好了，他就会来"。我们需要投身建设，不断尝试，最终会感动上帝的。如毛泽东在《愚公移山》里说的，这个上帝就是人民。而人民是永远需要新闻的。

（2016 年 12 月 5 日）

要切实研究马克思主义新闻观

各高校马克思主义新闻观的教学，面临的主要问题是教师们对马克思主义新闻观的熟悉程度有限，还有就是方式方法问题，如何把这门课讲得生动活泼。

熟悉马克思主义新闻观，需要学术研究的积累，读原著是必须要做的，没有捷径可走。我编的《马克思恩格斯列宁论新闻》（人民日报出版社 2009 年版）收录 179 篇，都是他们这方面的经典论述。若不知道马恩列的这些基本论述，没有资格讲这门课。为了方便学习；我对每篇都写了题注，题头图 81 张，注释 365 个；推荐大家看看。对一些关键概念，要查对原文，不要只看中译文，弄懂了才能说话。

不管论证什么观点，运用的事实必须准确。假如事实不准确，最后丢脸的是我们。

对于中国化的马克思主义新闻观，当然现在首先要熟悉习近平的有关论述。除了他的“8·19”“8·18”“2·19”“4·19”等关于新闻-宣传-舆论-网络的讲话外，为了深刻理解他这方面的思想发展，还要熟悉他在宁德地委工作时的论著《摆脱贫困》（15 篇文章）和他在浙江省委工作时的论著《之江新语》（232 篇为《浙江日报》写的小言论）。例如他在宁德工作时的文章《把握好新闻工作的基点》讲了这样一段话，就很经典：

> 新闻学作为一门科学，与政治的关系很密切。但不是说新闻可以等同于政治，不是说为了政治需要可以不要它的真实性，所以既要强调新闻工作的党性，又不可忽视新闻工作自身的规律性。

这段话的思想有三个层次：第一句“新闻学作为一门科学，与政治的关系很密切”，这是一个人人都承认的现实。第二句“不是说新闻可以等同于政治，不是说为了政治需要可以不要它的真实性”，划清了马克思主义新闻观和法西斯主义新闻观的界限。可以联系 1943 年陆定一的文章《我们对于新闻学的基本观点》对法西斯主义新闻观的批判，说明不能为了政治需要就讲假话，否则就有从马克思主义新闻观走向法西斯主义新闻观的危险。第三句“既要强调新闻工作的党性，又不可忽视新闻工作自身的规律性”则是结论，得出了马克思主义新闻观的两个要点：坚持党性、遵循新闻规律。这两者是统一的，缺一不可。

如何落实马克思主义新闻观的两个要点呢？《之江新语》（老版）第一篇言论的标题“做人民群众的贴心人”，就表明了习近平的马克思主义新闻观的落脚点：为人民服务。

我们可以研究一下习近平“2·19 讲话”新闻报道的导语中的一段话：“适应国内外形势发展，从党的工作全局出发把握定位，坚持党的领导，坚持正确政治方向，坚持以人民为中心的工作导向，尊重新闻传播规律，创新方法手段，切实提高党的新闻舆论传播力、引导力、影响力、公信力”。这段话不就是 27 年前习近平关于马克思主义新闻观两个要点的进一步论证吗？前四句话“适应国内外形势发展，从党的工作全局出发把握定位，坚持党的领导，坚持正确政治方向”即坚持党性。后三句话“尊重新闻传播规律，创新方法手段，切实提高党的新闻舆论传播力、引导力、影响力、公信力”，即遵循新闻规律。使二者统一的行动原则就是习近平一再强调的“以人民为中心的工作导向”。

习近平的“2·19 讲话”把一个经常被误读的新闻工作基本方针“正面宣传为主”梳理清楚了。他说：“舆论监督和正面宣传是统一的。新闻媒体要直面工作中存在的问题，直面社会丑恶现象，激浊扬清、针砭时弊，同时发表批评性报道要事实准确、分析客观。”显然，以往把正面宣传理解为“报喜不报忧”是错误的。他要求我们两个“直面”，而不是回避或拐弯抹角地报道存在的问题和社会丑恶现象，但要求“激浊扬清、针砭时弊”，即媒体对此类新闻的报道要是非分明，这样的报道就是正面报道，强调的是取得正面效果。

习近平关于新闻-宣传-舆论-网络的论证，要逐句琢磨，不要只看报纸上别人的学习文章和听宣传官员的解释，相当多的这类文章和讲话基本是用套话空话编织的，没有真东西。例如我研究习近平论党性和人民性是一致的、统一的思想时，就发现一篇文章（《决不允许党性和人民性“被对立”》，《内蒙古日报》2016 年 3 月 1 日）在不理解的情况下胡乱使用马克思、毛泽东的论述，把不相干的毛泽东的很多论著都归为论证了党性和人民性的问题，还编造了不存在的马克思、毛泽东的话。学术研究不能这样做。

要让学生爱听马克思主义新闻观的课，做教师的就要不断找寻最新的材料，引导学生去分析什么是正确的，什么是有问题的。这样的实例很多，教师必须掌握很多这样的材料（且最好是新近的材料），才可能令学生有兴趣学习。不能把抽象的概念念一遍就完了。例如习近平说的“不是说为了政治需要可以不要它的真实性”，有多少实例可以讲啊？再如习近平说的要做“看不见的宣传”，有多少反面的实例可以说啊？“以人民为中心的工作导向”更有无数的案例，正面的反面的都可以讲述。

还有就是采用翻转式课堂的方式，教师出题目，让学生自己去找案例，或提供案例让学生分析。这方面需要教师上心，出题目和提供案例，需要教师平日积累材料。不上心，别指望学生会有兴趣。

关于《精神交往论》的两个学术问题的回复

我的《精神交往论》出新版了，即中国人民大学出版社 2016 年 5 月的新版，这次将我在《新闻爱好者》2012 年第 9 期发表的文章《怀念“板凳十年冷”的研究环境——〈精神交往论：马克思恩格斯的传播观〉获奖感言》作为代序言，书后附有时统宇 1995 年发表的文章《陈力丹和他的〈精神交往论〉》、马少华 2008 年发表的文章《陈力丹〈精神交往论〉的第三个版本》，英文标题“on the mental intercourse”。书刚一出版，我接到一位老师对英文标题“on the mental intercourse”的批评，认为严重不妥，两个实词都不合适。

此前的 2016 年 4 月中旬，在上海大学的一次新闻理论研讨会上，有老师提出马克思是否论证过“精神交往”的问题。

关于第一个问题

新版书的英文标题“on the mental intercourse”采用的是马克思和恩格斯“精神交往”德文原词组（der geistige Verkehr）的标准英译文，没有错误。

我国第一版《马克思恩格斯全集》是从俄译文转译的，于是有人对中译文把 der geistige Verkehr 翻译为“精神交往”提出质疑。但我国 1988 年以后已经有了直接根据德文翻译的《德意志意识形态》版本，仍然将 der geistige Verkehr 译为“精神交往”。

那么英文应该如何翻译？原德意志民主共和国马克思主义研究院编纂的英文版《马克思恩格斯全集》根据马克思和恩格斯使用英文写文章（他们三分之一的论著是用英文写的）时与德文概念的对应，翻译为 mental intercourse。为了给出清晰的对照，下面是各个版本的截图。

（1）从俄文版转译的这段话（《马克思恩格斯全集》第 1 版 3 卷 29 页，人民出版社 1960 年版）的译文如下：

而是現实中的个人，也就是說，这些个人是从事活动的，进行物质生产的，因而是在一定的物质的、不受他們任意支配的界限、前提和条件下能动地表現自己的①。

思想、观念、意識的生产最初是直接与人們的物质活动，与人們的物质交往，与現实生活的語言交織在一起的。观念、思維、人們的精神交往在这里还是人們物质关系的直接产物。表现在某一民族的政治、法律、道德、宗教、形而上学等的語言中的精神生产也是这样。人們是自己的观念、思想等等的生产者，但这里所說的人們是現实的，从事活动的人們，他們受着自己的生产力的一定发展以及与这种发展相适应的交往（直到它的最遙远的形式）的制約。意識在任何时候都只能是被意識到了的存在，而人們的存在就是他們的实际生活过程。如果在全部意識形态中人們和他們的关系就像在照像机中一样是倒現着的，那末这种現象也是从人們生活

（2）从德文原著直接翻译的这段话的中译文（马克思和恩格斯《费尔巴哈》单行本第 15 页，人民出版社 1988 年版）做了一些语句表达的调整，但基本意思完全没有变化，der geistige Verkehr 一词仍然译为“精神交往”：

是说，这些个人是从事活动的，进行物质生产的，因而是在一定的物质的、不受他们任意支配的界限、前提和条件下活动着的③。

思想、观念、意识的生产最初是直接与人们的物质活动，与人们的物质交往，与现实生活的语言交织在一起的。人们的想象、思维、精神交往在这里还是人们物质活动的直接产物。表现在某一民族的政治、法律、道德、宗教、形而上学等的语言中的精神生产也是这样。人们是自己的观念、思想等等的生产者，④但这里所说的人们是现实的、从事活动的人们，他们受自己的生产力和与之相适应的交往的一定发展（直到交往的最遥远的形式）所制约。意识〔das Bewußtsein〕在任何时候都只能是被意识到了的存在〔das bewußte Sein〕，而人们的存在就是他们的现实生活过程。如果在全部

① 手稿的最初方案：在一定的生产关系下的一定的个人。——编者注

② 手稿中删去以下半句话：单单坚持真正的事实的观察。——编者注

（3）德文版《马克思恩格斯全集》第 3 卷 26 页（柏林迪茨出版社 1978 年版）提供了这段话的原文：

26 Karl Marx und Friedrich Engels

Die Produktion der Ideen, Vorstellungen, des Bewußtseins ist zunächst unmittelbar verflochten in die materielle Tätigkeit und den materiellen Verkehr der Menschen, Sprache des wirklichen Lebens. Das Vorstellen, Denken, der geistige Verkehr der Menschen erscheinen hier noch als direkter Ausfluß ihres materiellen Verhaltens. Von der geistigen Produktion, wie sie in der Sprache der Politik, der Gesetze, der Moral, der Religion, Metaphysik usw. eines Volkes sich darstellt, gilt dasselbe. Die Menschen sind die Produzenten ihrer Vorstellungen, Ideen pp., aber die wirklichen, wirkenden Menschen, wie sie bedingt sind durch eine bestimmte Entwicklung ihrer Produktivkräfte und des denselben entsprechenden Verkehrs bis zu seinen weitesten Formationen hinauf. Das Bewußtsein kann nie etwas Andres sein als das bewußte Sein, und das Sein der Menschen ist ihr wirklicher Lebensprozeß. Wenn in der ganzen

（4）这段话的英译文出自英文版《马克思恩格斯全集》第 5 卷 36 页，莫斯科进步出版社 1976 版，把 der geistige Verkehr 译为 the mental intercourse 符合他们词句的使用习惯：

36 Karl Marx and Frederick Engels

materially, and hence as they work under definite material limits, presuppositions and conditions independent of their will.*

The production of ideas, of conceptions, of consciousness, is at first directly interwoven with the material activity and the material intercourse of men—the language of real life. Conceiving, thinking, the mental intercourse of men at this stage still appear as the direct efflux of their material behaviour. The same applies to mental production as expressed in the language of the politics, laws, morality, religion, metaphysics, etc., of a people. Men are the producers of their conceptions, ideas, etc., that is, real, active men, as they are conditioned by a definite development of their productive forces and of the intercourse corresponding to these, up to its furthest forms.** Consciousness [*das Bewusstsein*] can never be anything else than conscious being [*das bewusste Sein*], and the being of men is their actual life-process. If in all ideology men and their relations appear upside d...

在中文学术书上冠以英文书名，是这次再版学术专著时中国人民大学出版社的统一要求。由于是对马克思和恩格斯思想的研究，讨论的又是他们使用的基本概念，故采用了与他们习惯使用概念的对应英文，这样做是坚持回到当时的语境来理解马克思和恩格斯。也许现在的英国人看中文“精神交往”，会笑话把其翻译为 mental intercourse，因为不符合现在英国人的表达习惯；但在 19 世纪的语境里，这样的表达可能理解上没有问题。就在昨天，我爱人给我看了一段微信：问当街的一个青年人什么叫“文革”，他反问：这是不是古代一个什么东西？因为“文革”这个概念存在的语境最近几十年被人为地屏蔽了，老一代人记忆犹新，但青年一代知之甚少。

具体的话语都有存在的语境，只能在原有的语境里才可以理解。假如现在写一本名为《论子曰》的书，若把书名改为当下的话语，只能是《论孔子说》，看是看懂了，但还有意思吗？我国 20 世纪 20 年代就有关于传播的研究了，但那时管传播叫“交通”，若讨论当时对传播的研究，可以写一篇诸如《“交通”考》的文章，因为那时没有“传播”的说法；如果一定得符合现在人们的习惯用语，那就得叫《“传播”考》，因为现在的“交通”主要指运输业，与“传播”似乎不搭界了。如若这样，《“传播”考》会被人们理解为讨论当下的事情。为了尊重历史，穿越到不久前的历史语境里，使用那时的词汇概念讨论问题，才可能给人以真正的学术启示。

关于第二个问题

马克思和恩格斯论证了“精神交往”，而且这是他们使用的基本概念。“精神交往”的原话出自他们的德文著作《德意志意识形态》第一卷第一章《费尔巴哈——唯物主义观点和唯心主义观点的对立》。他们写道：

> 思想、观念、意识的生产最初是直接与人们的物质活动，与人们的物质交往，与现实生活的语言交织在一起的。人们的想象、思维、精神交往在这里还是人们物质活动的直接产物。表现在某一民族的政治、法律、道德、宗教、形而上学等的语言中的精神生产也是这样。人们是自己的观念、思想等等的生产者，但这里所说的人们是现实的、从事活动的人们，他们受自己的生产力和与之相适应的交往的一定发展（直到交往的最遥远的形式）所制约。

我的《精神交往论》根据的正是他们的论述，除了宣传、新闻、报刊等明显的传播现象外，还把马克思和恩格斯关于思维、语言、文字、宗教和其他一些涉及人们精神交往的论述，都作为他们的传播思想来研究。我在书的绪章里就此写道：

> 我们不妨从他们创立历史唯物主义的第一部著作《德意志意识形态》中，寻找一下线索。在这部著作以及后来的著作、笔记、书信中，有一个使用频率很高、含义很广的德文词“der Verkehr”（交往）。1846年马克思在使用法文写信时，特别对这个词作了说明，写道：“我在这里使用‘commerce’一词是就它的最广泛的意义而言，就像在德文中使用‘Verkehr’一词那样。”马克思和恩格斯在英文著作中均使用 intercourse 一词作为 Verkehr 的对应词。例如马克思在《不列颠在印度统治的未来结果》中所讲的“世界交往”、恩格斯在《致大不列颠工人阶级》中所讲的“和普通工人交往”，所使用的“交往”一词，即是 intercourse。德文、法文、英文中的三个词意思是一样的，既指物质意义上的商业贸易、交通运输，也指精神意义上的信息传通，还指男女间的性爱。从马克思和恩格斯使用“交往”这个概念论证的问题看，它包含了这个词的全部含义，指个人、社会团体、民族、国家间的物质交往和精神传通。因而，这是一个宏观的社会性概念。例如恩格斯晚年讲的这样一句话：“……依靠了现代的交往方法，即依靠铁路、电报、巨大的工业城市、报刊和有组织的人民集会。”其中“交往方法”（das Verkehrsmittel）这个带有“交往”词根的概念，就包含了后面讲的五项内容。

2016年5月21日

改革开放以来的中国舆论学研究

我国报纸设置“调查”专栏，定期发表有关社会调查稿件，是从辛亥革命时期留日学生创办的报刊开始的，第一家是《湖北学生》。高等院校出现舆论调查，开始于 1922 年 11 月 14 日在北京高等师范学校（今北京师范大学）做的一项民意测验，主持人是留美心理学硕士张耀翔。1936—1937 年之交，上海民治新闻专科学校进行的“上海报纸和上海读者”调查，是第一次关于报纸读者的实证调查。

毛泽东 1930 年 5 月写的《反对本本主义》，提出了“没有调查就没有发言权”的论断。1938 年创刊的《新华日报》，每年 1 月 11 日报庆之际均做一次读者调查。1947 年 1 月 11 日，该报编辑部文章首次公开论证了党报的党性和人民性是一致的这一观点。1942 年延安《解放日报》改版前，开展读者调查，广泛听取读者对报纸改版的意见。以科学方法开展受众调研，开始于 1955 年 6 月的《台湾新生报》的民意测验部。

改革开放以后，舆论的重要性逐渐被新闻传播学界意识到。新闻学界分别在舆论理论研究和实际的舆论调查两方面都取得了突破性进展。

一、舆论学的理论研究

1980 年复旦大学新闻系郑北渭编辑的《世界新闻事业》第 3 期摘编了美国学者伯纳德·亨奈西《舆论》一书的内容。

1981 年 8 月出版的《报纸工作研究参考资料》第 2 期，发表了我的文章《驴和它背上的袋子——马克思谈报刊和舆论的关系》，这是改革开放后第一篇涉及舆论的文章。但就着手研究的时间和研究的深度看，最早研究舆论的是我的 1978 级中国社会科学院研究生院新闻系同宿舍同学李祖兴，他的毕业论文是《重视舆论的调节作用》。那时研究的材料极少，他在努力找寻各种材料的同时，经常与我们讨论舆论学的问题。

1982 年中国社科院新闻所组织写作《新闻学基本知识讲座》（1983 年 7 月出版），其中第四讲“新闻事业与舆论”（1.5 万字）的作者即李祖兴。这篇文章的写作基础是他的硕士论文，早于我写的那篇小文章。现在很多关于舆论的认识，例如舆论的三要素（公众、问题、意见）、舆论的评价性和公开性、舆论的流动性和稳定性等，该文都提到了，在中国舆论学研究的历史中，这篇文章应该被给予充分的肯定。

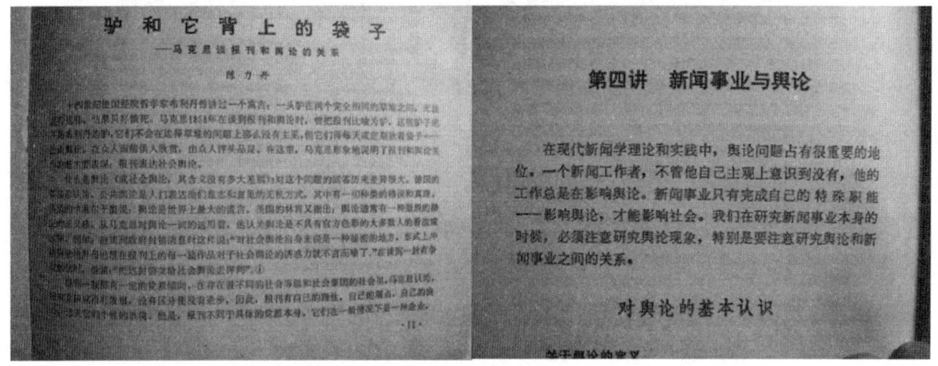

驴和它背上的袋子

——马克思谈报刊和舆论的关系

陈力丹

第四讲　新闻事业与舆论

在现代新闻学理论和实践中，舆论问题占有很重要的地位。一个新闻工作者，不管他自己主观上意识到没有，他的工作总是在影响舆论。新闻事业只有完成自己的特殊职能——影响舆论，才能影响社会。我们在研究新闻事业本身的时候，必须注意研究舆论现象，特别是要注意研究舆论和新闻事业之间的关系。

对舆论的基本认识

陈力丹《驴和它背上的袋子——马克思谈报刊和舆论的关系》　李祖兴《新闻事业与舆论》

1984 年，林珊老师翻译的沃尔特·李普曼《舆论学》一书由中国人民大学新闻系印刷出版。该书 1989 年由华夏出版社正式出版。后来又有多种翻译版本，对我国新闻传播学界影响比较大。

1988 年刘建明出版的《基础舆论学》是改革开放以后第一本舆论学论著，具有填补理论空白的意义，对我的影响很大。后来刘建明出版了一系列关于舆论学的著作，相继有《当代中国社会舆论形态》（1989）、《当代舆论学》（1990）、《天理民心》（1998）、《穿越舆论隧道》（2000）、《舆论传播》（2001）、《社会舆论原理》（2002）。1993 年他主编了《宣传舆论学大辞典》（我是副主编）。在社会上影响最大的是他的《天理民心》，这是一部关于中国当代舆论史的论著，本来是国家社科基金项目的成果，已经通过评审，但被人为地推翻结论，重新挑选专家评为不合格。刘教授自己联系出版后，该成果获得了社会的认可，证实了他给该书确定的书名“天理民心”。他的集大成论著我认为是精装本的《社会舆论原理》（2002）。

刘建明的《基础舆论学》《天理民心》

这里我特别要提到改革开放后第二本舆论学的论著，即孟小平 1989 年出版的《揭示公共关系的奥秘——舆论学》。由于当时出版书很困难，他不得不把他的舆论学理论研究纳入中国新闻出版社的一套关于公共关系的丛书。孟小平是 1982 年北京媒体受众调查的参与者，他对舆论的研究直接影响到我，他是“舆

孟小平（1950—2003）和他的《揭示公共关系的奥秘——舆论学》

论八要素”的最早提出者。

我 1994 年承担了一项关于舆论导向研究的国家社科基金项目。我想研究的是舆论学原理，不是舆论导向，但连续两次申报舆论学原理的选题均得不到批准，只好沿着舆论导向的思路申报，才得到这样一个课题。那时出版书是比较困难的，直到 1999 年课题的成果才得以出版，即我的《舆论学——舆论导向研究》，3 万元的课题费，1 万给了出版社，还没有稿费。该书很成功，连续 6 次印刷后责编退休，后来不知道又印了多少次。2000 年底，在我不知道的情况下，潘忠党写了 2 万字的学术性书评，让我很感动。2012 年该书由上海交通大学出版社再版。2012 年 1 月 11 日，中国社会科学出版社与南京大学信息管理学院在京联合召开“《中国人文社会科学图书学术影响力报告》出版座谈会暨图书与出版社学术影响力数据发布会”。我的这本《舆论学——舆论导向研究》被列为“新闻传播学论文引用国内学术著作前 10 名”之第九。

我本意是研究舆论学，但又不得不用较大的篇幅讨论舆论导向，很无奈。前面论述的舆论学原理，与后面如何引导舆论，其实理论上是矛盾的。当时只有单波看出了我这本书前后逻辑矛盾，我叮嘱他不要说，因为还得通过课题评审。我故意选择了比较难懂的第六章（文艺传播的导向）作为课题评审的代表章节，担心某些官员评委提出政治上的问题。很多年后郑兴东老师同我说，他当时是组长，折中给了个“良”。因为其中的官员评委看不懂而给了很低的分，看懂的学者评委给了较高的分。

中国人民大学舆论所成立后，1993 年喻国明、刘夏阳的《中国民意研究》给了我不少启示，在社会上也有一定的影响，缺憾是这本书不是系统论述的著作。2001 年喻国明的《解构民意》一书，全面研究了民意测验的理论与方法。21 世纪后的十多年里，我国新闻传播学界出版了多部舆论学论著和教材，给我留下印象的是北京大学新闻传播学院许静 2009 年出版的《舆论学概论》。

我国舆论学理论的研究目前只有不多的人在做，多数人专注于眼下的各种实用性的舆论调查，而对什么是舆论（特别是对舆论数量的把握），如何在面对舆论、舆情之时划清马克思主义舆论观和法西斯主义舆论观的界限认识不清。例如“官方舆论场”和“民间舆论场”的说法，显然不知道舆论的主体是公众这一关于舆论的基本认识。如何对待公众的意见，还涉及如何贯彻党的“群众路线”和做到“党性人民性相一致”。

舆论的不一律应该是舆论的常态，也是社会精神生态平衡所必需的。毛泽东说：“要想使‘舆论一律’是不可能的，也是不应该的。”“我们的舆论，是一律，又是不一律。在人民内部，允许先进的人们和落后的人们自由利用我们的报纸、刊物、讲坛等等去竞赛，以期由先进的人们以民主和说服的方法去教育落后的人们，克服落后的思想和制度。”

二、舆论调查的展开

在对舆论学理论进行研究的同时，舆论调查也在中国逐渐得到了普及。改革开放后最早的舆论调查，是在 1981 年 1 月。当时复旦大学新闻系郑北渭、陈韵昭老师组织学生在上海随机发放问卷，调查人们通过什么渠道得知“四人帮”受审的消息。1981 年，《天津日报》发放了 2 万份读者调查问卷，以弄清报纸读者的结构。

1981 年 5 月 12 日，北京新闻学会（1984 年改名为首都新闻学会）举行首次读者研究学术研讨会。《人民日报》副总编、中国社会科学院新闻研究所所长安岗做了题为“研究我们的读者”的发言。他说：“读者问题是无产阶级新闻学中党性最强的一个问题，所以应该放在第一位。无产阶级新闻学的第一章就应当写读者”。从而为随后的中国受众研究确定了基调。

陈崇山

1982 年 4 月 9 日，北京新闻学会成立了读者、听众、观众调查组，由中国社会科学院新闻研究所陈崇山任组长，《中国青年报》新闻研究部副部长张焕章任副组长，成员有《人民日报》的李长群（已毕业的 1978 级研究生）、《工人日报》的司秀英、北京广播学院的宋小卫，以及中国社会科学院研究生院新闻系 1980 级研究生孟小平、曹焕荣等。他们决定采用国际通用的社会统计分析方法研究读者、听众和观众，实行随机抽样入户问卷调查，得到了北京市委宣传部和北京市统计局的支持。调查在 6—8 月展开，样本 1 966份。这是改革开放后首次用电子计算机统计分析受众调查数据的调查。1985 年，纽约 Sharpe 出版社出版的《中国社会学和人类学》丛书夏季号，将北京调查的全部报告译成英文发表。

当时新闻所所长安岗曾给陈崇山打电话告知：“有人打电话告你们的状，让我给挡回去了。”原来有人问安岗所长：“你们新闻研究所有人要搞资产阶级民意调查，您当所长的知道吗？”安岗回复说：“知道。你们可以用你们的办法研究读者，新闻所可以用他们的办法研究读者，我们可以试验用各种方法来研究我们的服务对象，不要一件事情还没有做，就先分什么是资产阶级的，什么是无产阶级的。戴帽子、打棍子的做法带给我们的苦头，难道还没有吃够吗?”

调查报告写好后，陈崇山拿着打印稿拜访北京各主要媒体，没有一家敢发表。新闻所新闻史研究室主任方蒙（原老《大公报》记者）建议陈崇山先发新闻稿。于是她写了新闻稿交给在《中国日报》实习的1981级新闻研究生王幸村，请他翻译成英文后交《中国日报》。同一篇稿子由方蒙交给他的夫人、香港《文汇报》的驻京记者刘诚。1983年1月29日，英文《中国日报》国内新闻版以头条位置报道了北京新闻学会的读者调查情况，标题为“首次运用电子计算机进行民意测验表明——读者相信报纸”（First Computerized Opinion Poll Show Readers Support for Press）。1月30日，香港《文汇报》在第一版报道“北京采用电脑首次民意测验——八成认为中国报纸可信”。“美国之音”这天也发了消息。新华社新闻稿英文版发了消息，但没有中文版消息。

随后，1983年《新闻学会通讯》第5～6期合辑专集刊登了全部调查报告和讨论会发言，印了1万份。安岗为这期合刊写了开头的话《我们要有向读者、听众、观众调查的浓厚空气》。由新闻所编辑的《中国新闻年鉴》1983年版开设“读者、听众、观众调查”专栏，刊登了全部调查报告。时任中共中央宣传部新闻局局长的钟沛璋著文，称赞北京调查“是在新闻界大兴调查研究之风的创举”，并向各新闻单位负责人推荐。

1983年7月7日，陈崇山和曹焕荣拜访北京新闻学会会长、《人民日报》社长胡绩伟和《人民日报》总编辑秦川。秦川后来在中宣部的一次会上，说读者调查是改进报纸工作的好办法。尤其是对党和国家领导人活动的报道，读的人这么多，说明我们的人民群众对国家大事是关心的。这确实反映了人民和领导关系的政治动向，反映了一种极好的政治情绪。邓力群、郁文等对调查结果很感兴趣，不时地插话。随后郁文把安岗、钟沛璋找去，说他把调查报告专辑（指《新闻学会通讯》1983年第5～6期）从头到尾都看了。安岗问：“恐怕那么多表格没有看吧?!”郁文说都看了。郁文对他们说：“要开创新闻工作的新局面，就要从调查研究着手。北京新闻学会调查组采用比较科学的调查方法，同我们党一贯提倡的传统的典型调查结合起来，这很好。”他希望北京新闻界开个会，大家谈谈体会。给中央写个报告，请中央领导同志看一看。“如果大家都认为可行的话，今后我们可以开展宣传战线各方面问题的调查。”陈崇山没有给中央写报告，担心弄不好这个事情被扼杀。

1983 年初，胡绩伟提出“新闻所最好再调查一个省”的建议。副所长钱辛波找《浙江日报》总编辑郑梦熊商量敲定此事，陈崇山组织首都 12 家新闻机构的人去了杭州，与当地 6 家新闻单位合作，完成了浙江省首次受众抽样调查。这次调查因有新华社摄影部的张胜恩参加，拍了不少照片，有多张刊登在《中国新闻年鉴》1984 年版上。陈崇山再次写了消息给《中国日报》。

有一家西方通讯社引述《中国日报》的报道发了一条消息，说“最近中国东部一个省开展民意测验，许多读者不相信报纸”。新华社《参考资料》（俗称“大参考”）和国际《参考清样》转载了。胡乔木获知后深夜给《中国日报》总编辑刘尊祺打电话，批评道：“中央三令五申不许搞民意测验，你们《中国日报》为什么还搞?”刘尊祺第二天开会追查，原来是社科院新闻所搞的读者调查，是新华社翻译造成的传播效果，“民意测验”“舆论调查”和“受众调查”是同一个英文词（opinion poll）。于是，把陈崇山写的原稿、王幸村的翻译稿和刊发消息的报纸统统上报中宣部，后来就没有下文了。

1957 年，社会统计分析方法在中国被批判为“资产阶级盖洛普民意测验”，中国社科院新闻所 1982 年和 1983 年的两次媒体受众调查实际上突破了这个禁区。

1986 年 5 月，第一次全国受众研究研讨会由中国人民大学新闻系王泰玄老师帮助安排在新闻系的黄山培训中心召开。同月，中央电视台联合 27 个地方台开展全国观众抽样调查，样本为 24 893 个，并对观众的收视心理做了创造性的研究。这次调查培养了我国首批观众调研人才，建立起一支专业调查队伍，撰写出一批较高质量的调研报告和论文。调查发现全国电视观众达 6 亿，为世界各国之冠。1988 年 2 月，中央人民广播电台首次进行全国听众抽样调查，发现全国居民中同时接触报纸、广播、电视三大传媒的人占 72.5%。

1986 年，值《人民日报》1956 年改版 30 周年之际，该报总编辑谭文瑞委托中国社会科学院新闻研究所开展全国读者抽样调查，采取多级抽样法以确保抽到的样本必定是《人民日报》读者，回收有效问卷 5 061 份，回收率为 99.2%，有 55%的读者在问卷上写了书面意见。调查组写了 28 份简报。这次调查在很大程度上削减了对社会统计方法的疑虑，促进了受众调研的开展。

1986 年 10 月，中国人民大学舆论研究所成立，甘惜分教授为首任所长，他在第二年提出了“关于社会主义中国的新闻改革”的建议。1988 年春节，中国人民大学舆论所进行了“首都知名人士对龙年的展望”的调查，影响很大。这是我国首次高层次舆论调查，采用控制选样、函询及不计名方式进行。接受调查的有全国人大常委会副委员长、全国政协副主席、中共中央委员或候补委员、中央顾问委员会委员、全国人大常委、全国政协常委、民主党派领导成员、全国人大代表、全国政协常委等 115 人。刘夏阳发表了《改革进程中的两大难点与对策——首都知名人士对龙年的展望与分析》一文。

与此同时，中国社科院新闻所的舆论调查继续展开。1987 年陈崇山参加统战部座谈会时见到统战部秘书长胡德平，试探性地问了一下有没有可能对十三大的党代表做一次中央党报的读者调查。胡德平第二天回话说：“昨天吃晚饭时，我把您的要求跟我父亲说了，他问‘调查什么?’我说‘就是对办好《人民日报》有什么意见、建议呗!’他说‘可以，让《人民日报》给分管宣传的胡启立、芮杏文同志写个报告。’”于是陈崇山告诉《人民日报》副总编余焕春和记者曹焕荣（此时他已经在《人民日报》工作），起草了一份报告送中共中央办公厅。办公厅批下来说会议议程很紧无法安排。

这件事没有办成，但成为 1988 年开展第七届全国人民代表和政协委员“对新闻改革态度”调查的动因；这也与当时的全国舆论调查的热潮相关。1988 年版《中国新闻年鉴》“读者、听众、观众调查”专栏，刊登的全国各地、各种媒体 1987 年的受众调查报告多达 17 篇。其中涉及面比较大、持续时间长的是 1987 年由中央宣传部新闻局与国务院发展研究中心社会研究部牵头，组织全国高等院校和科研单位共同进行的“新闻事业与中国现代化”的调查研究。课题组的组长是我的 1978 级研究生同学岳颂东，副组长是范东升。这项调查包括多方面的多项调查，涉及中国新闻事业的总体发展方针、政策、法规；多种传媒的均衡发展；高素质人才培养；以及新闻传播与受众观念现代化的关联性调查研究。

1989 年 3 月，中央宣传部在西山培训中心举办“新闻传播调查方法培训班”，请美国传播学教授戴维·韦弗（David Weaver）和厦门大学新闻传播学院美籍客座女教授英健（Anice Engsberg，1948—2014）授课，仅中国社科院新闻所就去了 5 个人。这次学习班上最早讨论到对女新闻工作者的调查，几经周折，最终由全国记协返聘干部陈秀霞向联合国教科文组织申请到 3.5 万美元的调查经费。调查于 1994 年得到实施，由陈崇山和陈秀霞主持这项工作。

1989 年 4 月，胡耀邦突然离世引发学潮，孟小平提议能否结合对《人民日报》内容的看法，组织一次持续的舆论调查，研究舆论引导的作用和特点。由于形势变化很快，只在 5 月 1—3 日做了第一次调查，随机抽取工人、居民各 100 人，新闻记者 50 人。在 5 月 13 日中央政治局常委胡启立、书记处书记阎明复与新闻学者对话的座谈会上（我是参加对话的 6 位新闻学者之一），陈崇山汇报了这次调查的数据。

1990 年，陈崇山组织了第十一届亚运会调查、1990 年“新闻传播在精神文明中的作用”的系列调查，出版《媒介·人·现代化》一书。以后的系列舆论调查已经成为常态，不再赘述。

1992 年 5 月，第二次全国受众研究研讨会在浙江萧山召开，安岗、甘惜分和钱辛波到会；2001 年 9 月，第三次全国受众研究研讨会由我组织，与河北大学新闻传播学院合作，在保定河北大学召开，出版了论文集《解读受众：观点、方法与市场》。

随着陈崇山 1993 年离休，从 90 年代中期以后，中国人民大学舆论研究所替代了中国社科院新闻研究所在舆论调查中的全国领军地位。21 世纪以来，中国人民大学舆论研究所紧跟传播网络化的发展进程，进行了一系列深化的舆论调查，在调查手段和理论深度上多有创新，喻国明成为又一代我国舆论调查和研究的学科带头人。

舆论是公众一定程度的集合意见，含有理性和非理性的成分。习近平强调宣传工作要“因势而谋、应势而动、顺势而为”。这个“势”，即包括舆论在内的各种社会力量。显然，正视和尊重舆论是把握、引导舆论的前提。忽略了这个前提，对舆情的研究和运用就可能走偏，因为如习近平所说：“人民立场是中国共产党的根本政治立场，是马克思主义政党区别于其他政党的显著标志。”

（本文为 2016 年 11 月 19 日在纪念中国人民大学舆论研究所成立 30 周年学术会议上的发言）

准确估量舆论、舆情的数量和范围

现在“舆情”这个词在舆论控制者那里和新闻传播学界使用的频率很高，各高校的新闻传播专业纷纷成立舆情研究中心，检测和分析网络“舆情”，出版各种内部的舆情刊物。

舆情，即关于舆论的情况或情报。这是一种复杂的状态建构，体现了多重主体、利益和文化关系，包括对话、斗争、介入和适应。然而，相当多的关于舆情的文章，所分析的“舆情”并不是关于舆论的情况，而是少数人的网上意见。在分析和研究“舆情”的时候，首先要对舆论有科学而明确的认识，在这个认识的基础上把握舆论，才可能得出符合实际情况的研究结论，相应的措施才会得当和稳妥。

舆论是公众的意见，这是一般人的认识。我国自三国时代以来，基本是在这种认识的基础上使用“舆论”概念的。这是一种含糊、泛化的说法，没有关于舆论数量的考量，舆论的存在范围，则需要根据上下文来判断。日常生活中这样使用“舆论”的概念，虽然比较模糊，但不会造成多大的问题。若领导者依据这样含糊、泛化的认识来分析舆论，无法准确估量外部意见气候，很容易造成决策差误。

并非网上有几个人发表了意见，这种意见就是舆论。舆论的数量即舆论的一致性程度。围绕一个舆论客体产生的各种意见，如果处于众说纷纭的境地，意见呈现几乎无限的多样性，那么这些意见不能视为“舆论”，因为这时尚不存在关于这个客体的舆论。

舆论的数量是辨别舆论存在与否、存在程度的一个客观标准。小范围内的或较为简单的舆论客体，围绕它产生的各种意见，无论是凭直觉还是进行调查，其多样性是有限的。可以通过随机访问一些人，凭直觉得出“相当数量”“超过半数”“较多”或“很多”等模糊性的概念，表达关于某个舆论客体的某种意见的一致性程度。例如访问一个学校的班级或只有几十个用户的微信群。如果客体本身十分复杂，关心的公众不仅众多，而且差异性强，各种意见通过碰撞和磨合，往往会形成相对集中的几种意见。这时，估量舆论的数量就显得十分重要。对于较为复杂、涉及面广泛的客体的意见，需要凭借科学方法论来估量舆论的数量。

运筹学（系统工程方面的应用数学）已经为这种许多人的模糊感觉作出了说明。在研究信息搜索、宏观的“排队问题”、具体的“顺序问题”方面，运筹学用“优选法”解决了不少难题。解决这些问题需要回答：掌握了整体中的多少，能够对整体产生决定性影响，或者可以使整体感觉到一种重要影响的存在。这个在整体中的“点”显然是个临界点。应用数学根据系统工程理论得出的计算结果，便是被称为黄金比例的“0.618”。一般地说，当在整体“1”中达到0.618，就能够产生对整体的决定性的、全面的影响；而达到临界点的那一段，即达到0.382，则可以使整体感觉到一种重要影响的存在。

依据这个临界点来考察舆论的数量（一致性），则可以说，在一定范围内，有38.2%的人持某种意见，这种意见便在这一范围内具有了相当的（但尚不能影响全局）影响力；而若有61.8%的人持某种意见，则这种意见在这一范围内已成为主导性舆论。

对于人文现象，进而人的社会来说，没有必要这样较真，但系统工程如此的精确衡量，给予了一个大概的关于舆论的数量起点，即在一定范围内持某种意见的人数如果超过总体的三分之一，这时，这种意见可称为“舆论”，因为它开始影响整体。若在一定范围内持某种意见的人数达到六成以上，这种意见已经成为主导性舆论。

把握舆论的数量，目的在于了解关于某一舆论客体的不同舆论的力量对比，以便做出科学的应对。对于“舆论导向”来说，这也是估量舆论、以便采取相应措施进行引导的依据之一。

某种意见或倾向如果不够正确，但持有人数在一定范围内远远低于总体的三分之一，只要在这个范围内有超出三分之一的人持有另外的较为正确的意见，这种不够正确的意见不会对全局产生影响，且网络本身有自净化功能，自然会随时抵消这些不够正确的意见。如果较为正确的意见在整体中居于主导地位，则没有必要对这些不同意见做专门的引导。

在保证总体舆论导向正确的前提下，舆论的不一律本来就是正常的，也是社会精神生态平衡所必需的。毛泽东说：“要想使‘舆论一律’是不可能的，也是不应该的。”“我们的舆论，是一律，又是不一律。在人民内部，允许先进的人们和落后的人们自由利用我们的报纸、刊物、讲坛等等去竞赛，以期由先进的人们以民主和说服的方法去教育落后的人们，克服落后的思想和制度。”[1]

当然，根据经验，当某种不够正确的意见达到四分之一到三分之一时，则可以将这种意见列为观察对象，做好及时引导的准备。

一般情况下，如果某种比较正确的意见在一定范围内超过六成，这是可以控制全局的量，不要追求九成以上，甚至百分之百的人都说所谓正确的话，那是不可能的；即使出现了，也是一种自我欺骗的假象。我们可以回顾一下世界各国竞选的新闻，那些获得六成选票的当选人是多么兴高采烈，因为他们知道这样的结果已经是最好的了；有个别国家的当选人获得几乎百分之百选票的情形，大家都清楚，那是暴力威胁下的假民主。

从另一方面看，如果某种被认为不够正确的观点在一定范围内没有达到总体的三分之一，这种意见的存在对于想主导舆论的人来说是可控的，没有必要非得剿灭它。只是在超过三分之一的时候，才需要予以注意。一些事情做得形式上异口同声，显得颇为成功，其实已经把事情办得非常糟糕了。因为多数情况下这是不可能的，不同意见的存在是正常的现象，高度一致反而不大正常。

弄清楚舆论发生或存在的范围，也是极为重要的事情。现在的网络意见大多存在于社交媒体中，社交媒体具有较强的圈层性质。虽然某种意见在特殊情形下通过网络的非线性、超链接，可以迅速形成网上舆论，但圈层本身也会限制意见越出圈层。社交媒体内的少数人意见迅速转变为网络舆论的情形是极少的。因而，在考察“舆情”的时候，如果某种不够正确的意见只存在于某一社交媒体的某一圈层而没有进一步传播，即使这种意见达到了构成这一圈层内舆论的程度，也不必过度紧张，只在这个圈层内进行舆论引导就够了，不宜扩大范围，搞全国动员和口诛笔伐。

若经常把社交媒体上少数人的意见当作“舆情”上报，很容易造成领导层对网络舆论形势判断的偏差，做出错误的决策，既侵犯公民的合法权益，也给党和国家的利益带来损害。这类关于“舆情”的信息长此以往地上报，也造成了各级领导层对“舆情”的过度敏感，学术上叫作“舆情脆弱性”。

脆弱性（vulnerability）分布于地理学、气象学、工程学、人类学、经济学、社会学、心理学、流行病学、环境科学等诸学科，脆弱性理论的研究对象不同，从物、现象到人，但都与研究对象的过度敏感和不能承受相关。关于脆弱性的定义，比较公认的是：它是系统的内部属性，产生原因是事物或人、人的组织具有敏感性以及缺乏应对能力。[2]脆弱性的特征是不稳定和对外界干扰的敏感，而且这种不稳定和敏感往往使系统在面对外界干扰时朝着不利于自身和人的开放利益的方向发展。现在已有新闻传播学的论文讨论“舆情脆弱性”了。[3]

事实上，网络上的意见通常众说纷纭，这些意见在数量上构成“舆论”的并不多。在一定圈层内形成舆论的情形相对多些，也要注意就在一定的圈层范围内进行舆论引导。放大到更大的层面进行引导，无形中反而扩大了不够正确的意见传播。在这个意义上，准确地估量舆论、舆情的数量和发生范围，是涉及对舆论形势的判断、政策和策略是否正确的重大问题。而关于政策或策略的重要性，毛泽东很早就指出：“政策和策略是党的生命，各级领导同志务必充分注意，万万不可粗心大意。”[4]

我国网民好几亿，但真正经常在网上发表意见的网民很少。即使是在网络的一个较高圈层内形成的舆论，亦要认真考察一下是否在社会整体具有意见的代表性。至于具体的较低和较小圈层内的舆论，也有进一步分析积极发言者与附和者比例的必要，以便掌握舆论的真实分布。不要轻易使用“网络舆论”的概念，目前尚没有科学手段判断某种意见在“网络”这个巨大层面转变为“网络舆论”，只能在较小的圈层内统计舆论的数量。

下面简单说几句舆论的定义。

我关于舆论的定义是：舆论是公众关于现实社会以及社会中的各种现象、问题所表达的信念、态度、意见和情绪表现的总和，具有相对的一致性、强烈程度和持续性，对社会发展及有关事态的进程产生影响。其中混杂着理智和非理智的成分。

这里涉及舆论的 8 个要素（舆论主体、舆论客体、舆论自身、舆论数量即一致性程度、舆论强度、舆论韧性即存在时间、舆论对客体的影响、舆论质量）。舆论的主体只能是公众，因而“官方舆论场”和“公众舆论场”的说法违反“舆论的主体是公众”的定义，只能说官方意见和公众舆论场。舆论是自然产生的、自在的意见形态，有组织的意见不是舆论。

一定范围内持某种意见的人数低于整体的三分之一，由于无法对整体形成精神压力（影响），这些意见不能视为舆论。是否舆论，不可以随便说，必须拿出证据证明那个“舆论”是舆论。

某种意见的表达强度几乎使人感觉不到，或者通过舆论调查的强度接近“中立”或“无所谓”，这样的意见不能视为舆论。舆论若对舆论客体的当事人没有造成丝毫的精神压力，这样的“舆论”不是舆论，属于“今天天气哈哈哈”式的闲谈。

舆论不等同于意识形态。意识形态是掌握国家政权的阶级、政党的主导思想，舆论会受到意识形态的强烈影响，但两者并不完全等同。

公众是舆论的主体，但公众并不是舆论本身，当公众尚没有对客体有所感知或尚未发表意见之时，说“引导舆论”是不通的，可以说“引导公众”。

领导人、人民代表、著名社会活动家等的意见，不能随意替换为“舆论”，要有确切的材料证明这些意见已经转变为舆论。

我只在宏观论述时使用“网络舆论”的表述，在具体问题上通常使用“网络意见”的表述。这样谨慎表述是必要的，否则会由此错误地判断舆论形势或造成习惯性的“舆情脆弱性”。因为现在的网上调查，不论那些网上调查公司如何保证，均做不到真正科学地推及整体。至于那些在文后设置赞成、反对、中立的小框，请网民画勾表态的事情，这是让阅读文章后的网民在非常有限的范围内估量一下意见气候，游戏而已，在学术上没有任何意义。

（本文为 2016 年 10 月 29 日在首届中国国际舆论学年会上的主题发言）

引用文献［Reference］

［1］毛泽东．驳“舆论一律”［M］．人民日报，1955-05-24.

［2］李鹤，张平宇，程叶青．脆弱性的概念及其评价方法［J］．地理科学进展，2008（2）．

［3］张晨．区域政府的舆情脆弱性评估研究［D］．北京：中国人民大学，2016.

［4］毛泽东选集：第 4 卷［M］．北京：人民出版社，1991：1298.

“每个问题都有两面，缺一不可”

——克劳福德《新闻伦理》中译本序

新闻学是一门应用学科，必须建立在丰厚的新闻实践基础之上。1690 年第一篇新闻学博士论文，现在看起来可能还不如现在本科论文的水平，但那毕竟是 300 多年前对新闻实践理性思考的结果，那时只在欧洲几个国家总共有二三十家发行量很小的周报。直到 19 世纪中叶，大众报刊兴起，才奠定新闻学得以形成的基础。19 世纪末，瑞士和德国的大学出现了新闻学的课程，20 世纪初美国的大学建立了新闻学的院系。

既然新闻学在美国形成体系，那就必须得有代表作，1922 年报刊专栏作家沃尔特·李普曼（Walter Lippmann）的《舆论学》（*Public Opinion*）、1924 年新闻学者卡斯柏·约斯特（Casper Salathiel Yost，1863—1941）的《新闻学原理》（*Principles of Journalism*）和美国记者、教育家尼尔森·克劳福德（Nelson Antrim Crawford，1888—1963）1924 年的《新闻伦理》（*The Ethics of Journalism*）成为较早的学科代表作。

由于历史的原因，约斯特的《新闻学原理》早在 20 世纪 60 年代就在中国人民大学新闻系作为批判材料被翻译出来了，有油印本，但人们只能通过批判文章了解这本书的某些被歪曲的观点。改革开放以后，人们直接接触到较新的传播学，反而遗忘了这本书，其中译本直到 2013 年才出版。“文革”后期，中国人民大学新闻系教师林珊翻译了李普曼的《舆论学》，她赶上了改革开放的春天，译稿 1980 年由人民大学新闻系铅印，传播很广，估计印了上万册，以致 1989 年华夏出版社正式出版时，反而卖不动了。而克劳福德的《新闻伦理》遭到冷遇，是因为 1949 年以后的几十年内，中国的新闻业不再是一个行业，而是党政机关的一个部门，因而也就谈不上新闻职业道德，只需要宣传纪律就够了。直到改革开放后，该书才在一些教材里被提及。这本书的意义在于，它是确认新闻传播业是一个社会行业的最早的职业道德基础之作。

改革开放后的中国新闻传播业，经历了从计划经济体制向市场经济体制的漫长过渡，我们没有及时总结世界新闻传播业的历史的经验，结果几乎重走了美国百年前媒体从职业道德无序到比较有序的历史进程。20 世纪 90 年代我多次提到我国的媒体在重复美国百年前黄色新闻潮的做法，但苦于没有像这本书那样用系统的论据来说服媒体遵循职业道德。2003 年起至今，我国新闻传播业界持续开展“三项学习教育”，三项学习的内容之一，便是新闻职业道德，因为落实得很不够，至今一再被强调。这个形势下江作苏、王敏翻译的克劳福德《新闻伦理》中译本便有了现实意义。而我觉得其学术意义应该更大些，因为我国缺乏现代新闻职业道德的传统根基。

克劳福德做过记者，还是多个杂志的主编，一生出版了多本社会科学的论著，并为大英百科全书、社会科学百科全书、美国传记词典撰稿。由他来评述美国新闻业的德行和恶行，论证新闻伦理，较为客观并具有学术深度。阅读这本近百年前的书，我感觉好像在讨论今天发生在中国的事情，因为那时的许多违反新闻职业道德和规范的事情，在中国差不多都有，甚至为非道德行为辩护的理由都差不多。在这个意义上，我推荐我国的新闻工作者读一读此书，汲取那时的教训，不要重走美国同行曾经走过的老路。

这本书的附录 A 是美国当时不同层次和地区的 16 个新闻职业准则文件，包括 1923 年制定的美国编辑人协会《新闻业信条》（全国性的），以及 5 个州、9 家报纸、一位学者制定的新闻职业准则文件。附录 B 是“参考文献选辑”共 83 本（篇），还有各章（共 12 章）篇尾提供的“补充阅读”（共 106 篇或本）。这些历史文献囊括了当时并不多的从不同方面和角度涉及新闻职业道德与规范的文献（论著、相关论著的某些章节、论文、道德自律文件、各种公告和通知）。各章的“补充阅读”＋书后的“参考文献选辑”，排除重复，近 100 本（篇），基本集中在作者写这本书之前的 10 年内，包括李普曼的《自由与新闻》《舆论学》和帕克的《移民报刊及其控制》，均是 1920—1923 年的论著。这些都是当时人们对这个问题认识的宝贵历史资料，由此可以研究为什么新闻职业道德问题那时会被提上日程，以及当时人们是怎样思考这个问题的。那时美国的新闻传播学界和业界，以及相关的社会领域，共同为新闻传播业形成职业道德和规范而努力的印记，清晰可见。

我在这里拣一则新闻职业准则谈谈体会，它是克劳福德提供的 9 家报纸新闻职业准则文件中最短的，只有 11 句话，作者是 1921—1923 年在任的美国总统沃伦·哈定。哈定 12～14 岁时，在一家摇摇欲坠的印刷所做过学徒。1881 年，他随父亲定居俄亥俄州的马里恩小镇。1884 年，19 岁的哈定与两位朋友筹资 300 美元买下了当地的《马里恩星报》（*the Marion Star*）。这是一份很小的日报，恐怕不比一张传单大多少，报社的主要财产是一架凑合能用手工操作的印刷机。年内，他从朋友手中买下了该报的所有股份。后来该报成为俄亥俄州出类拔萃的城镇小报之一。俄亥俄州的人不仅喜欢读哈定办的报纸，也开始注意起报纸的老板哈定。尽管哈定曾被评为最差的美国总统，但他办的乡镇小日报《马里恩星报》严格遵循新闻职业道德准则，他办报的成功之道是以公信力换取影响力，这点值得我们认真研究。

该文件前五句和最后一句依次是：

> 记住：每个问题都有两面，缺一不可（Remember there are two sides to every question. Get them both）。
>
> 确保真实（Be truthful）。
>
> 获取事实。错误在所难免，但务必尽力追求准确。我宁愿要 1 个完全准确的故事，也不要 100 个一半差错的故事（Get the facts. Mistakes are inevitable, but strive for accuracy. I would rather have one story exactly right than a hundred half wrong ）。
>
> 正直、公正、宽容（Be decent. Be fair. Be generous）。
>
> 以鼓励代替批评。每个人都有好的一面，发掘其善而不要对任何人的感情造成不必要的伤害（Boost, don't knock. There's good in everybody. Bring out the good and never needlessly hurt the feelings of anybody）。
>
> …… ……
>
> 我希望这份报纸进入每个家庭，而不会破坏任何一个孩子的纯真（I want this paper to be so conducted that it can go into any home without destroying the innocence of any child）。

哈定确定的职业道德的第一句话用现在的说法即“全面”，同类的表述如当时《堪萨斯城市邮报》职业规范的第一句“每个故事都有两面，报道时缺一不可”（There are two sides to every story. Get both）。这个道理不言而喻，但做到全面看问题却不容易。它们都抓住了记者采写时最容易发生的情形：只写自己想到（上级要求）的或只想讲述的一面，这是最为普遍且被人们忽视的不真实。

第二句“确保真实”，这种强调性的说法对正处于美国黄色新闻潮时期（19世纪80—90年代）的报纸主持者来说，没有道德定力是不敢确保的。

第三句用现在的话概括即“准确”。这是从另一个角度对新闻真实的追求，哈定知道做到准确不容易，但仍然坚持要求尽可能做到。同类的话还有当时《萨克拉曼多蜜蜂报》的准则第一句话：“宁可失去一篇报道，也不要浪费第二天的时间去更正它。”

第四句话是对正直、公正、宽容的要求，这些主要基于人的良心（相当于中国的俗话“人心均有一杆秤”），前两者我们至少字面上熟悉，但“宽容”似乎现在被忽略了，对新闻工作者来说即不要追求用同一个标准看人视物，容忍多样与多元。

第五句似乎有些像我们常说的以正面报道为主，其实不然，这主要是针对法警新闻的。同类的法警报道案例在中国几乎每天都在发生，因而这一句对我们的借鉴意义很现实。

最后一句（第十一句）话，实际上主要谈的是媒体的涉性涉暴问题，如同当时《西雅图时报》准则文件的第一句“记住，年轻女孩也读《西雅图时报》”。媒体的近半受众是女性、三分之一受众是未成年人，这个受众比例在新闻媒体的运作中和媒体人的实际工作中，其实是常被忽视的。

鉴于中国新闻传播业的起步与美国存在发展阶段的差异，克劳福德的这本书一定程度上反而更适合现在的中国新闻传播界借鉴。读这本书给我一种强烈的感觉：近百年过去了，关于新闻职业道德和规范的基本原则没有发生根本变化，仍然还是真实（准确）、客观、公正、全面，以及体现人性的维护公民隐私权、保护妇女儿童和拒绝广告商对报纸的控制（包括不得把广告冒充新闻）等内容，只是现在表现的花样更多或更隐蔽了。有鉴于此，这本书提供了认识新闻职业道德的基础。

克劳福德的《新闻伦理》把美国新闻学形成时期的思想活动，完整、真实地留给了后人。中国最早的学术新闻学论著是1919年出版的徐宝璜的《新闻学》，他是在密苏里新闻学院学过新闻学的中国留学生之一；邵飘萍的《实际应用新闻学》（1923年）的基本原理直接来自日本，而日本早期新闻学也来自美、英（后来德国新闻学一度居主导）。两相对照，他们很好地将美国新闻学的基本原理与中国新闻实践相结合，写得颇为中国化。他们的论著在中国最早确定新闻学理论的基本框架，新闻职业道德的思想自然地融入其中，但没有作为论证主题。这次克劳福德《新闻伦理》中文版的出版，集中展现新闻职业道德理念如何形成、发展的脉络，对新闻理论的框架中补充职业道德这一部分，具有重要的学术意义。

如果梳理我国实行市场经济以来新闻传播界遵循职业道德的情形，恐怕基本是一部他律不断加强、自律形同虚设的历史。不要说一些基本的职业理念被做了相反的认识（例如隐形采访被认为是媒体竞争的秘密武器、记者写软文成为基本工作），就是新闻要真实这样的要求，大多是通过相关党政部门下达文件或行政规章来约束的，自我纠正的情形只有两家报纸（《南方都市报》和《新京报》）坚持下来，多数媒体没有主动纠错的机制。为什么以自律为特征的新闻职业道德在中国却必须通过他律来约束?

从克劳福德的论述和他提供的近百本（篇）文献看，美国新闻职业道德形成的根基是协商精神，这个传统可以追溯到 17 世纪的“五月花号公约”，这种协商精神存在于美国文化形成的全过程，潜意识地发挥着作用。协商意味着存在各种意见，几乎所有美国的新闻职业规范均从具象问题出发，以娓娓道来的叙事方式呈现，没有强行的定论和先验的理念。其中舆论也起到了重要作用，克劳福德各章提供的“补充阅读”重复率最高的参考文献是李普曼的《舆论学》，李氏就观察到这一点并很重视。

具象地讨论新闻职业道德，不可避免地会纠缠于具体实务和缺少超越，因而协商需要引领。美国新闻职业道德的超越来源于新教伦理，《新闻伦理》附录 A 提供的《华盛顿州伦理道德规范》一共 15 行，听起来像是基督教自律的转述。

I Will Be 我将（做到）

Truthful in News 新闻真实

Truthful in Editorials 社论真实

Truthful in Advertising 广告真实

True to all My Obligations 切实履行我的所有责任

Honest with My Competitors 与我的对手诚实竞争

True to the Ideals of Journalism 切实践行新闻理念

Mindful to the Value of Sincerity 铭记诚信的价值

Faithful to Community，State，Nation 忠于社区、国家、民族

Firm in Publication of Clean News 确保发表的新闻透明

Honorable in all of My Dealings 确保我所有交易的信誉
Thorough in all of My Studies 一切经过我的调查
Unselfish in all My Services 无私奉献于我的事业
Faithful to all My Friends 忠于我的所有朋友
Fair to all My Critics 公正对待所有批评我的人

这样的自律传统，在同样被新教伦理笼罩的 19 世纪 40 年代的德国亦然。那时德国报纸刊登不真实新闻的情况时有发生，即使反对专制制度的报纸也会由于素材符合自己的观点而匆忙刊登各种传闻。马克思曾就《莱比锡总汇报》被普鲁士当局查禁一事写道："我们承认《莱比锡总汇报》被指摘的那些缺点并不是纯粹捏造的。但我们认为，这是由**人民报刊的实质**本身所产生的一些缺点，因此，如果人们还打算容许报刊有一个发展过程，那就应该容许它在发展过程中产生这些缺点。""报刊的本质总是真实的和纯洁的，这种毒素会在报刊的永不停息的滚滚激流中变成真理和强身健体的药剂。""自由报刊是人民在自己面前的毫无顾虑的忏悔，大家知道，坦白的力量是可以使人得救的。自由报刊是人民用来观察自己的一面精神上的镜子，而自我审视是智慧的首要条件。"显然，他将报纸职业道德意识的形成，寄托于德国新教伦理式的自律，后来欧美新闻传播业的自律也确实是在这种文化氛围中形成的。

美国与中国的文化传统，精神气质差异较大。中国没有美国那样的协商精神传统，加上后来的革命传统，中国的新闻传播业出现与美国百年前那些新闻职业道德相同的病症，其解决路径会有不同吗？就新闻职业道德意识的形成而言，中国尚缺少美国的那种文化氛围，美国不是他山之石。但是，既然现在世界新闻传播业已经有了基本认可的职业道德要求，中国新闻传播界只能由各种他律来督促着遵守职业道德吗？

韩国 1987 年"6・29"民主化以后，其新闻传播业一下子获得了新闻自由，但同时也发生了记者普遍受贿的现象，红包新闻几乎人人难免。那时我认为，韩国历史上属于中国的文化圈，新闻传播行业可能就得依靠各种他律来管束，才能遵守规则，内化的自律式道德很难实现。我多次询问到韩国访学归来的学者，初期确实如我所想象的那样，韩国的新闻红包现象与中国的差不多，很普遍。但最近十多年，得到的答复逐渐相反了，韩国新闻传播业界的新闻红包现象已基本消除。因为韩国社会整体上完善了民主与法治，当社会整体处于民主与法治状态的时候，新闻传播业作为社会的一部分，而且是比较彰显的一部分，新闻自律水到渠成，没有谁一再强调，步入了自律的状态。

现在中国的情景，尚处于推进民主与法治的进程中，当整体性问题没有得到解决的时候，要求新闻传播业一个行业自觉地遵循职业道德，是比较困难的事情。

谈以上问题，并非说我们无所作为，干等美好未来，而是说要认识到问题的复杂性，从眼下能做的工作做起。例如，翻译出版克劳福德《新闻伦理》一书便是一项学术研究方面的基础工作。还要不遗余力地反复讲述新闻职业道德的基本要求，从辨清是非做起。不要小看那几个价值判断，现在相当多的新闻传播从业者不知道怎样做是对的，怎样做是错的。我们要做的，如毛泽东所说，是"经常讲，反复讲"。

可能在未来某个阶段，随着中国社会整体民主与法治的完善，新闻传播业的职业道德自律会成为常态，那时我们将体会到一种"她在丛中笑"的幸福感，因为我们为此努力过。

（2016 年 4 月 2 日）

第四章　新媒体研究

- 互联网重构了我们的社会生活
- 互联网重新定义了媒体
- 从4G、5G到未来的光子计算机
  ——传播科技对社会结构的影响
- 互联网条件下“新闻”的延展
- 互联网语境下的新闻误读
- 从“嗡嗡喂”看新闻聚合网站的新闻价值运作路径
- 互联网原生广告对传统广告的挑战

互联网重构了我们的社会生活

一、互联网的简短历史与正在发生的突破性进展

自工业革命以来，我们经历了和正在经历着三个传播的发展阶段：

前 Web：“机器网络”；

Web1.0：“内容网络”；

Web2.0：“关系网络”……

10 年内，我们将进入“智能一切”的时代，人们不需要手机了。那时将逼近 Web3.0，即物物相连的“终端网络”时代。

2015 年联合国下属的国际电信联盟（ITU）在圣迭戈举行的工作会议上公布了 5G 技术标准化的时间表，5G 技术正式名称为 IMT－2020，标准将在 2020 年制定完成，未来 5G 网络将至少有 20Gbps 的速度，这比坊间预测的 10Gbps 整整快了一倍。ITU 称：“5G 网络同时具备在 1 平方公里范围内向超过 100 万台物联网设备提供平均每秒 100MB 传输速度的能力。”5G 会满足多样化场景和及时的新闻挑战，5G 将渗透到物联网等领域，与工业设施、医疗器械、医疗仪器、交通工具等深度融合。

当然，传播技术不会朝着单一追求速度的方向无限迈进。在一个拥有相对极值的阶段将保持一定时间的稳定。

人类社会虽然迈入了计算机时代，人们享受着计算机带来的开放与互动，但也忍受着诸多烦恼：电脑处理速度慢、经常卡住甚至死机；散热不良，需定时清理电脑垃圾；将笨重的笔记本电脑背来背去，劳累异常。

“光脑”就要来了，比超级计算机还快 1 万倍的“光脑”，即光子计算机。由光信号进行数字运算、逻辑操作、信息存储和处理的新型计算机，运行依靠激光器、光学反射镜、透镜、滤波器等光学元件和设备对光子的控制完成光运算。电子的传播速度是 593km/s，而光子的传播速度却达 3×10^5km/s。光子计

算机将会比现在的超级计算机快 1 000～10 000 倍。2016 年 12 月，有初光电脑开始销售。

Facebook 推行的太阳能无人机、谷歌正在实验的平流层热气球和低轨道通信卫星等，将把互联网信号带到世界各地。不久的将来，电信服务、通信塔公司和有线电视等行业会被“天空飘来的 Wi-Fi 信号”部分取代甚至彻底颠覆，传统通信行业已经失去了短信业务，现在正逐渐失去联网业务，未来甚至会失去通话业务。

华为总裁任正非说：“未来二三十年人类社会将演变成一个智能社会，其深度和广度我们还想象不到。越是前途不确定，越需要创造。”“智能社会不是以一般劳动力为中心的社会，没有文化不能驾驭。若这个时期同时发生资本大规模雇佣‘智能机器人’，两极分化会更严重。这时，有可能西方制造业重回低成本，产业将转移回西方，我们将空心化，即使我们实现生产、服务过程智能化，需要的也是高级技师、专家、现代农民……”

2016 年 11 月 17 日凌晨从美国传来消息，中国的华为公司以绝对优势击败欧美列强，主推的 PolarCode 成为 5G 短码的最终方案。这意味着 5G 的半壁江山被中国拿下；3G、4G 被法国 Turbo 统治十多年的日子宣告结束；未来的全球通信技术标准，将由中国企业参与制定。

从时间坐标看，每隔 10 年，移动通信领域就会发生巨大变化；每隔 10 年，新的移动通信技术就会普及：20 世纪 80 年代末第一代移动通信网络诞生，然后是 90 年末的 GSM 网络（2G），随后到新世纪的 3G 网络，紧接着是 2010 年的 LTE 4G 网络。

2G 时代中国在通信领域没有话语权。3G 时代中国才意识到危机，开始跟上世界的脚步。4G 时代中国撒手大干，但其核心代码还是引用自他国的，国产手机采用的是高通、三星芯片，因而接连遭到商业侵权起诉。不能怪别人不厚道，而是中国的企业还处于追随状态，赚国人的钱却不搞研发，只玩概念，只玩炒作。

二、互联网重构了社会各个领域

2012 年以来玛丽·米克尔关于互联网发展趋势报告的主题一直是“重构”（Re-Imaging），亦可翻译为“重塑”。

2012 年的报告，她以 48 个案例展示了互联网的“重构”对社会生活的全维度影响，并提出了一个公式：新的移动设备＋互联＋用户界面＋沟通方式＋

美观……重新定义了人类生活和习惯。

2013年的报告，她通过教育、金融等传统行业的被重构，揭示了数字化、移动化、大数据发展大潮。

2014年的报告，她重点阐述了“重构”的五大领域：即时通信应用、内容和分发渠道、日常活动、数字钱币、垂直产业。这种移动设备与众多传感器带来的数据井喷，则推进了大数据崛起、计算成本的下降与“云”的兴起。

2015年的报告，她通过观念的重构、消息传递的重构、内容生产的重构、新一代（12～24岁）对互联网用途的重构、人们日常生活中消费支出的重构、美国无人机产业的重构，全面阐述了互联网的颠覆力，人们的工作环境、工作方式、消费方式、连接方式、商业模式、监管重点都在发生剧烈变化。

关于中国传统媒体与新媒体的融合，习近平在2016年2月19日党的新闻舆论工作座谈会上做了阐发。从总体上看，中国传统媒体与新媒体融合的情形还很不平衡，有的是“＋互联网”，而不是“互联网＋”，只是将传统媒体和新媒体做简单嫁接，“左手一只鸡，右手一只鸭”，没有实现融合。融合发展关键在融为一体、合而为一。要尽快从相“加”阶段迈向“融”阶段，从“你是你、我是我”变成“你中有我、我中有你”，进而变成“你就是我，我就是你”，着力打造一批新型主流媒体。

三、互联网对社会结构的影响趋势

互联网是一种颠覆性的传播技术，在憧憬着技术带来的便捷的时候，互联网对生活、对社会的巨大影响，还没有被广泛认知。我们需要看清将要发生的变化，尽早做出战略调整。互联网正在呈现的对生活和社会结构的影响趋势在于：

（1）空间极度压缩，交往速度越来越快。每个人身体的存在位置已经不是决定群体是否有共同经历的前提。新媒体将身处不同物理空间的人整合进共同的虚拟场景，人们的交往向即时在线转变。低头族现象说明，只有当“注意力在场”时，身体在场才变得对时空、交往和传播具有意义。

（2）人的真实社会角色与身份被剥离。在各种新的传播形态中，每个参与者都可以成为不依附于社会现实地位的存在，扮演想扮演的角色，承担与现实生活中截然不同的作用，表现出多重人格，甚至借助于网络的匿名表现出极端的、反常的人格特质。但同时，虚拟社会网络越来越成为现实世界的延伸，与现实世界的关系变得更为密切。现实社会和虚拟社会相交叠。

（3）互联网构建的虚拟世界在提供娱乐方面超越了传统娱乐（如电影、电视、赌场），带来更多的娱乐刺激；在信息服务方面，大数据分析将代替一般的咨询、商业分析和广告业。如果对此趋势认识不清，第一个消失的行业就是传统传媒产业。

（4）传统的传播顺序与格局被改变。新传播形态下的信息，呈现非线性、圈层、超链接的连接方式，改变了以往的线性顺序。在新传播形态的传导和转译下，人们头脑中的社会图景被肢解，“强力浏览”和秒杀式的跳跃阅读，替代了逻辑化、有条理的信息接收。各种新信息中介商的经验策略，则改变了信息传播的格局，在随时变动的传者和受者之间，加入了智能化的信息过滤系统，大大方便并控制了使用者。

（5）人的记忆方式和内容偏向发生变化。更多的选择性记忆在于重要的信息点和信息的获取路径。并非记忆力不重要了，但记忆的侧重点发生变化。在信息搜索极为便捷和快速的条件下，基于知识积累的理解力显得更为重要。与此同时，面对丰富的材料和精确的数据堆而没有思想的愚人多了起来。

（6）传统构词法被解构。其实，新网络语言的形成仍然是在语言学的范畴内：语言符号形成的任意、语言符号形成的约定。网络新词的传播和发展依赖使用者的约定俗成，内涵丰富独特，表达方式十分贴合网络语境的氛围，在社会心理需求作用下有规律地自我更新。

语文专家们以传统的认识将部分他们认可的网络词语纳入“正统”。教育部曾经持续数年发布新词语以示某种程度的承认。这些词汇一旦汇入正统，由于脱离了已有的网络环境，多数反而被原来的使用者摒弃。于是出现了一种令教育部尴尬的情形，之前发布的网络新词 90%死亡了，因为它们不再被使用。网络新词是一种来自草根网民的语言文化形态，专家们对于网络新词的处置，显露出权威标准后面的精英心态和与草根文化的矛盾。

四、目前社交媒体对中国人的影响

就中国目前的互联网使用情况看，社交媒体已经居于主导地位。根据中国人民大学新闻与社会发展研究中心对搜狗大数据（2012 年 6 月 30 日—2016 年 6 月 30 日）的分析，社交媒体的普遍使用，对中国网民的信息生产、情感价值结构造成了很大影响：

（1）社交虚拟化、熟人网络与陌生人网络整合成为一种发展趋势。

（2）微信群呈现出“茧房化”的现象。

（3）代际、群际之间存在的刻板印象和不通约的现象越发常见。例如，戴着面具、以先设的刻板印象隔空喊话，互相质疑、互相辱骂乃至相互怨恨，各种键盘侠、地域炮横行。

（4）群体性孤独（together lone）普遍存在。虚拟社交让用户的联系越来越多，但对孤独的焦虑却没有因此减少。一旦独处，人们就会变得焦虑、恐慌，然后拿出手机，打开社交媒体，尝试用联系他人的方式解决孤独带来的恐慌。

（5）私人领域叠加到公共领域，公共领域越来越呈现出私人属性。网络围观是中国人使用互联网后经常采用的行为模式，“吃着地沟油的命，操着美国总统的心”。同时，购物、娱乐等私人事项越来越多地被放在公共领域讨论，情感在公共传播中越来越重要，也越来越具有私人属性。

五、互联网更是一种重新构造世界的结构性力量

我们现在谈到互联网，多以传统媒体作为参照系，因而有“新兴媒体”“自媒体”等说法，这样的认识是有误的。其实，互联网完全不是传统媒体意义上的“媒体”。我们习惯于从自身的逻辑出发，把互联网视为延伸价值观和影响力的平台或工具。事实上，互联网更是一种重新构造世界的结构性力量，它正在重新聚合社会资源、市场资源（包括整个社会传播形态和路径）。在互联网不断发展的形势之下，我们的社会不知不觉中呈现着与传统社会不同的局面。

互联网不仅是一类渠道、手段，它还发现、激活了分散在每个人身上的各种有价值的资源，包括认知资源、体验资源、掌握的时间、做事的能力等等，重新配置和加以整合。在互联网环境中，可以看到三维、四维（立体＋时间）甚至五维（再加时空隧道）的交流与展示。

若以传统媒体的思维方式来观察互联网，以平面和线性的方式对互联网实行控制，实际效果甚微。在2016年2月19日党的新闻舆论工作座谈会上，习近平特别谈到抓网络。党若过不了互联网这个关，就过不了长期执政这一关。党管媒体，不能说只管党直接掌管的媒体，党管媒体是把各级各类媒体都置于党的领导之下。管的方式可以有区别，但不能让党管媒体的原则被架空。

这个“方式”是什么？目前还在探索。有矛就有盾，但盾的产生总会落后于矛，这个时间差，便是新的扩大了的表达空间。

（本文为2016年12月12日在“新媒体的社会影响与挑战”国际学术研讨会上的发言）

互联网重新定义了媒体

被称为“互联网女皇”的美国金融分析师玛丽·米克尔每年发布的《互联网发展趋势报告》越来越受到世人的关注，因为她逐年颇为正确而真实地展示着世界互联网发展的态势。如果概括一下近年玛丽·米克尔的报告所展示的互联网发展的新现象、新趋势，可以使用四个词组：一个核心、两种现象、三大趋势、四个挑战。

一、玛丽·米克尔提出的四个认识互联网趋势的词组

一个核心即“重构”，这是她 2012 年以来报告的主题，亦可翻译为“重塑”。2012 年的报告，她以 48 个案例展示了互联网的“重构”对社会生活的全维度影响，并提出了一个公式：新的移动设备＋互联＋用户界面＋沟通方式＋美观……重新定义了人类的生活和习惯。

2013 年的报告，她通过教育、金融等传统行业的被重构，揭示数字化、移动化、大数据发展大潮。从这一年报告开始，米克尔大篇幅介绍中国的互联网发展状况，并提出“向中国学习”：庞大的市场容量和充满活力的创新产品。

2014 年的报告，她重点阐述了“重构”的五大领域：即时通信应用、内容和分发渠道、日常活动、数字钱币、垂直产业。这种移动设备与众多传感器带来的数据井喷，则推进大数据崛起、计算成本的下降与“云”的兴起。

2015 年的报告，她通过观念的重构、消息传递的重构、内容生产的重构、新一代（12～24 岁）对互联网用途的重构、人们日常生活中消费支出的重构、美国无人机产业的重构，全面阐述了互联网的颠覆力，人们的工作环境、工作方式、消费方式、连接方式、商业模式、监管重点都在发生剧烈变化。

两种现象是指：互联网快速发展，但势头有所放缓，而发展中的市场将是未来的爆发点；想要什么就能得到什么，按需支付。

米克尔用翔实的数据阐释了 20 年来互联网对社会生活的全面渗透。广度

上，1995—2014 年，互联网用户数在全球人口中的渗透率从不到 1%升至 39%；手机用户数的渗透率从 1%上升至 73%；前 15 大互联网上市公司市值从 170 亿美元升至 2.4 万亿美元。但同时，互联网用户、智能手机用户的增长率从 2013 年以来放缓，主要原因是普及周期的高峰期已过以及发展中市场基础设施、消费能力较弱。未来，新兴市场可能是爆发点。中国是最大的市场，通过微信、小米可看到中国市场空间巨大且创新活力充沛；而印度则是新增用户量第一，有可能是下一个爆发点。

深度上：全球互联网用户量增长强劲，美国用户平均每天在移动设备上花费的时间为 3 小时，而 5 年前不到 1 小时；用户对内容的掌控力明显提升；广告商继续加大在移动端的投放力度，移动广告同比增长 34%，美国用户在手机端屏幕所花时间占比提升至 29%，高于 5 年前的 5%；同时，各类新兴互联网创业公司大量涌现。

第二个现象是，只要支付，想要什么就能得到什么。互联网浪潮推动的创新使用户的需求能得到及时满足，提高了生产效率和幸福感。比如，即时信息的发送，美国人日常消费支出的变化以及在企业通信、线上支付、客户管理、商业分析、文件签名等方面的巨大变化。米克尔列举了诸多案例。

三大趋势是指移动化、社交化、视觉化。关于移动化，米克尔用翔实的数据和大量的案例说明了用户、企业的互联网实践在向移动化转移。

社交化方面，互联网影响在深度方面的拓展就是对人类连接方式的一种革新，联系更加紧密，共享经济成为一种商业模式。“20 年巨变＝人们用各种移动设备实现了全天候联系。”

现代传媒业的内容产品涵盖内容、形式、渠道三个层次，互联网发展的移动化、社交化、视觉化特点，使得有一些方面直接或间接地对应。移动化，解决的是传统媒体渠道失灵问题，整个内容生产、传播都要面向移动互联网；社交化，解决的是媒体内容生产的驱动力问题，改变以我为主的传统生产方式，面向用户，推动 UGC，重构媒体机构、产品内容与用户之间的关系要素；视觉化，解决的是媒体内容外在表现形式问题，提高交互的友好感，在信息过载与时间碎片化的情境下，用户对资讯的需求变得更加短平快，希望“一目了然”。

但从更高一个层次来看，移动化、社交化、视觉化的背后是互联网的重构力量。我们一定不能忽视的是，互联网重构的是整个社会生活环境、产业逻辑。对传媒业而言，移动互联网并不是简单的渠道转移、产品更新，而是信息采集环境的裂变，新闻信息获取、传播和解读的渠道或方式的重构，以及对传统媒体赖以生存的盈利模式、内容生产方式和组织架构体系的颠覆。

从媒体组织来说，载体从纸向屏的巨变，并非简单的物理表象问题，而是深层的技术变迁，会带来行为及思维方式的根本改变。媒介即讯息，不同形态的媒介属性以其独特的符号系统改变着人们的思考、行为方式，并塑造了不同的社会形态。移动互联时代已经引发了新媒体技术革命，在此大环境下的传统媒体转型并非简单的信息载体的变迁或者内容、品牌和影响力在不同媒体介质上的迁移，而是一种新的内容生产、传播、反馈模式的构建。

视觉化方面，米克尔重点分析了年轻一代，也就是“90 后”对图片、视频的酷爱。除了视觉化外，还有娱乐化特征。早在十多年前，《娱乐至死》一书就介绍了信息消费中这一娱乐化现象和趋势。目前，即使在严肃的财经新闻领域，娱乐化倾向也越来越明显了。比如，在一些关于万达集团王健林的报道中，集团本身的转型、布局不是主要的新闻点，而是王健林怎么教育儿子、怎么看待他的儿子成为网络红人之类的花边话题被当作了卖点。人们给王健林打上的标签不仅是中国首富，可能更多的是“国民老公”王思聪他爸。这种需求的变化也给传统媒体内容生产造成了极大的认知困难。这里推荐一个报告，即申万分析师做的《从非主流到 AB 站》，该报告介绍了“80 后”/“90 后”亚文化现象，可以从中了解互联网时代下成长起来的年轻一代的所想所为。

四个挑战包括这样四个方面：（1）挑战网络安全。网络攻击的规模、复杂程度和风险都在增长。（2）挑战监管。对于创新型企业来说，它们面临的商业环境和法律环境都是陈旧的。例如全球即时用车软件优步（Uber），覆盖全球 63 个国家、344 个城市。Uber 的司机是不是员工，是否需要取得经营牌照，是否涉及与出租车公司的不正当竞争等，没有现成的法规来管理。（3）创新风险面临新的挑战。互联网使消费者有了新的福利，但各类新兴产业、创新型企业面临夭折的风险。（4）各种网络社会病的挑战，目前社会各方面都需要适应联网程度越来越高的社会，但米克尔对此的表述比较模糊。

玛丽·米克尔所指的挑战，主要集中在互联网应用的实践层面，没有涉及社会文化领域，但在社会文化研究者眼里，互联网带来的“社会病”甚至人的异化，恰恰才是最大的挑战。

二、传统媒体面临的三大挑战

目前媒体组织面临的主要挑战在于：话语权垄断地位被瓦解；渠道失灵；二次销售商业模式坍塌。

首先，在互联网冲击下，牌照管理下的新闻信息采集权事实上已被瓦解，传统媒体独占的话语权被解构。因为用户获取信息的渠道逐步多元，众多各种形态的自媒体消解了传统媒体信息发布、舆论引导的优势。中国人民大学新闻与社会发展研究中心 2014 年 8 月的一项调查显示，在资讯需求、知识需求、政治参与需求、休闲娱乐需求、决策判断需求等五个方面受众对信源的倚重度上，互联网已经全面超越了其他所有媒体。电视是唯一尚可与之在一定程度上相抗衡的传统媒体，它在“广告资讯需求”“时事观点判断”等个别单项得分上仍居第一。报纸、广播媒体在互联网夹击之下已被全面边缘化，连曾经作为党政类报纸最后阵地的“政治参与需求”“时事观点判断”也降至 5%～6%的超低比例。显然，对于传统媒体而言，“新常态”不是“狼来了”，而是“如何在狼群（互联网媒体）遍布的世界里重新找到生存方式”。

在信息获取成本方面，自媒体低廉化，而且时间成本、对信息理解的获知成本等更低。相比于报刊等传统媒体，移动终端几乎可以实现新闻信息的实时推送，新闻的时效要求成为传统媒体无法逾越的障碍，接受者获取信息的时间成本锐减；基于大数据的用户消费行为分析、叠加智能终端的定位技术，使信息精准推送并非难事，接受者获取信息的搜索成本大大下降；信息的海量容纳空间和图文并茂、浅显易懂的呈现方式，使移动终端的信息解读更接地气，接受者解读信息的成本大大降低。

其次，渠道失灵是目前传统媒体面临的最大挑战。正如米克尔反复阐述的那样，互联网改造了人与人、人与社会的连接关系。以传者为中心的内容生产和传播方式、缺乏反馈机制的传播渠道，使传统媒体逐渐被受众抛弃，自以为好的内容由于缺乏有效抵达接受者的渠道而变得无效。

最后，二次售卖的商业模式坍塌，使传统媒体面临生存危机。米克尔的数据显示，全球的广告主更为青睐互联网、移动终端。在中国，2013 年互联网及移动媒体的广告收入已经超过了传统媒体，2014 年以来已有多家报纸关门，传统媒体被边缘化的危机在蔓延。

在过往，受众通过订阅或散买的方式获得信息阅读权，可以忽视信息在时效、心理接近等新闻价值属性上的"打折"，媒体则建立了通过售卖受众注意力获得广告收入的二次售卖盈利模式。移动互联时代到来后，接受者所获信息的时效大幅提升，信息获取成本大幅下降，接受者的注意力从传统媒体向网络媒体转移，二次售卖盈利模式坍塌。而以《纽约时报》为代表的建立"付费墙"的一次售卖模式探索并不尽如人意。在一次售卖、二次售卖之外，媒体组织需要建立新的商业模式。

从米克尔的论述中可以看到，用户生产、分享内容产品已成为 Facebook 等不少社交型网络应用的主流。媒体组织也在将"受众"概念向"用户"概念转变，并不断实践以进行以满足用户需求为中心的内容生产方式转型。

还有一个变化是受众需求的分层。一方面是大众传播与圈子传播并行。传统媒体是特定的传播者面向不特定的受众，生产传者认为受者需要的特定内容。而新媒体技术的革新使特定人群面向特定人群生产特定内容成为现实，这些特定人群已无固定的传者、受者之分。于是，我们看到用户定制或自制内容、媒体专供信息大行其道，微博、微信的"圈子传播"盛行。另一方面是大众信息与专业信息消费的分层。大众信息消费呈现了浅阅读、碎片化、情绪化特征，而专业信息消费呈现厚重感、整体感、价值感的另一幅图景，前者更多地停留在"是什么"层面，是事实判断，后者更多地突出"为什么"层面，是价值判断。

三、关于媒体转型实践的观察

综上所述，传统媒体应对互联网发展新趋势有一整套的顶层设计。传统媒体的核心价值在于公信力、内容生产能力，其数十年积累而成的专业新闻队伍、权威可信的传播品牌、广泛的信息来源渠道和丰富的宣传经验，可以提供在移动互联时代二次腾飞的资本，关键是怎么将这些优势转换为切切实实的注意力经济。

无社交，不新闻。现在社交化媒体成为业界实践的一个方向，就是基于媒体与用户的社会化关系，在内容产品里植入社交、场景因素，打造开放的平台型媒体。人本来就是喜欢与有共同兴趣的人聚在一起，圈子传播历来存在，并在微信等社交 APP 的推动下日益明显。而互联网所引导的媒介生态，正是以个人为基本传播单位，这就打破了过往那种不对称、单向性、局域式的传播格局，人成为互联网的基础单元，每一个用户作为一个节点，每一个节点都具有信息发布和信息获取的双重功能，都可能对整个网络施加自己的影响。所以，媒体应该面向这些个体开放式发展，将自身打造为一个开放、分享的平台，既拥有媒体的专业编辑权威性，又面向所有用户开放。

重视UGC的发展是一个思路。UGC可对自身生产的内容起到补充作用，更重要的是可对社交化媒体平台的流量和用户规模起到拉动作用。从用户的习惯来看，微博、微信等社交化APP已经成为其与外界交往的“窗口”，从用户的需求来看，内容、社交与服务是三个主要层面，而社交是人们需求的基础，也是各种产品的基石。反映在实践中，一方面是一个产品应用背后的数十甚至数百个微信群，以及多种线下活动。另一方面就是米克尔所言的，即时性消息应用的“消息+通知”推送。这在一些新闻类的APP应用中已较为普遍。这种推送是基于对用户时空状态（是否上线、定位地理位置）、阅读习惯（通过用户调查、大数据分析等）的判断来做到比较精准的适配。这种场景适配被一些学者视为移动媒体服务的核心目标。

在这方面，新媒体实践得比较好。以智能化、个性化推荐信息为标签的“今日头条”推出头条号，吸引自媒体；“界面”也建立自媒体联盟，以弥补自身内容覆盖面不足的缺点，都在向平台化转型。

在垂直领域，“雪球”“东财”的证券投资资讯服务做得相当不错。“雪球财经”的前身是i美股，定位于为投资美国股市的内地股民提供资讯、交流服务，前期有专职员工负责翻译美股信息，侧重内容生产，中期发展为以美股投资交流为主的UGC平台，走向社群化管理，以内容、社交的融合提升用户黏度，目前则将内容、社交、服务都融合起来，变身资产管理机构，为想投资美股的人提供资管服务。“东方财富网”与之有些类似，前期主要是各种证券资讯信息的集散地，通过大量转载、信息整合吸引投资者，力推“股吧”，以大盘、板块、个股的交流论坛为其积累了海量用户，借机推出了证券信息数据系统，提供金融数据服务，以及开展基金的第三方销售服务。目前已收购一家券商，入股支付公司，开始打造一站式互联网金融服务平台。

二者都从最开始以资讯内容为主体的媒体属性向内容、社交、服务的综合平台型媒体属性转变，依赖广告收入这种传统媒体盈利模式对它们已经不适用了。

在传统媒体转型这一块，业界也做了诸多探索和尝试，归纳起来主要有以下几种方式：

一是与大资本合作。例如与大型互联网公司、投资者合资创办新媒体品牌，比如澎湃、界面、无界；或接受实力企业入股，比如阿里巴巴 12 亿元入股上海文广旗下第一财经传媒有限公司，实现新媒体和金融信息服务领域的战略合作，意欲建立中国“彭博社”。

二是投身渠道。解决渠道失灵是传统媒体的当务之急，有两种选择：一种是自己做平台，比如自建 APP、微信公众号集群，但成功几率非常低，机会非常少；另一种是借势，与强势移动社会化媒体平台或者移动新闻客户端合作，占据流量入口。在这方面，以 BAT（即百度、阿里巴巴、腾讯）为代表的实业资本在媒体领域特别是视频方面的布局已相当明显。

三是瘦身整合，内部剥离不良资产，优化成本收益考量，集中力量发展新媒体。这以 2014 年以来 SMG（上海文化广播影视集团有限公司）的整合最为明显。

四是利用大股东资源实现多元化发展。这种多元化突出体现在新闻主业逐步萎缩，产业投资、资产管理、游戏、娱乐等其他产业快速发展。浙报传媒是一个比较典型的例子，构建了 4 个业务平台：新闻传媒平台、数字娱乐平台、智慧服务平台（包括 O2O 电商、养老服务、医院挂号服务等）、文化产业投资平台。另外，公司重视培养用户基础，已建成同行业最大的用户数据库，将搭建大数据中心和云服务平台。

目前，这些业界实践都还没有完全看到转型成功的曙光。在市场经济条件下，媒体转型成功与否的判断标准之一就是商业模式是否成立，是否有真金白银的收入。例如前面提到的“雪球”“东财”案例，垂直型社交化媒体平台的商业模式已经清晰并取得了商业回报。这个模式就是广告＋集客＋交易，核心是流量的变现。而都市报关于社区化 O2O 的探索也一直在路上，在互联网冲击下，传统传媒业转型发展将是一条目前还看不到尽头的长路。

（本文与费杨生合作）

从4G、5G到未来的光子计算机

——传播科技对社会结构的影响

在过去的30多年里，移动通信给人们的生活方式、工作方式以及社会经济、政治等各方面带来了巨大影响，我们已经进入移动化、信息化时代。在第四代移动通信技术（4G）正在普及之时，第五代移动通信技术（5G）的研发已悄然拉开帷幕。2015年8月，国际电信联盟在美国加州圣迭戈举行的工作会议上公布了5G技术标准化的时间表。5G技术正式名称为IMT-2020，标准将在2020年制定完成。在2015 IMT-2020 5G峰会上，中国信息通信研究院发布了《5G概念白皮书》。白皮书中指出，随着4G进入规模商用阶段，2020年及未来的移动通信技术将迈入第五代移动通信（5G）的发展阶段。

从社会传播的角度来看，移动通信不仅深刻地改变了人们的生活方式，而且已成为推动社会传播形态和方式变革的重要引擎。随着移动通信技术的爆发式增长，人们的时空观得到扩展，虚拟社会成为现实社会的延伸，未来的网络社会也将进一步实现移动化、泛在化和智能化，人与物质世界实现无所不在的连接。研究通信技术对社会结构变迁的影响，已成为全球学界和业界不可回避的重大课题。本文结合当前移动通信发展的现状和趋势，回顾目前4G技术对社会结构和社会传播形态的影响，探讨未来5G技术的特征及其社会影响，同时展望光子计算机对社会结构的革命性影响。

一、4G对社会传播的影响

2013年12月4日，工业和信息化部向中国移动通信集团公司、中国电信集团公司和中国联合网络通信集团有限公司各颁发“LTE/第四代数字蜂窝移动通信业务（TD-LTE）”经营许可，即“4G牌照”。从此，三大运营商开始具有提供4G基础业务与增值业务的资格，中国也正式步入了4G时代。

4G的主要特点表现在传输速度高、通信服务多元化、智能化程度高等。有学者将 4G 的特点归纳为 9 点，分别是：速度更快，更加灵活，智能性能更高，兼容性能更平滑，提供各种增值服务，实现更高质量的多媒体通信，频率使用效率更高，网络频谱更宽，通信费用更加便宜。[1] 4G 时代的到来，不仅是通信技术的划时代发展，从新闻传播和社会传播的角度来看，其意义在于：

（一）传播移动化造成更强的时空紧张感

随着 4G 技术的发展，移动终端在我们的日常生活中越来越普及。根据 eMarketer 报告《全球移动手机用户：2014 年上半年预测和比较》，2013 年到 2017 年，移动手机渗透率占到全球人口的比例，将由 61.1%增长至 69.4%；2014 年，全球智能手机受众数量将超过 2012 年的 10 亿大关，达 17.5 亿；同时，eMarketer 预测，智能手机采用率到 2017 年将一直保持快速增长步调。[2]

智能终端近几年来的发展势头异常迅猛，不仅体现在数量上，种类的多样化也是 4G 时代终端发展的重要特点。除手机之外，越来越多的终端出现，手表、眼镜、化妆盒等日常生活用品都可以开发为各类信息的接收终端，空间对传播的局限逐渐被打破，移动化的传播已经成为时代的潮流。

传播无处不在，新闻的传播自然也会无处不在。始终“在场”不缺席，让新闻的时效得到最大限度的保证。时效是新闻生命力的体现，传统媒体在新媒体出现后受到冲击而式微，很大程度在于时效的不及。4G 技术的发展和移动终端的便捷使新闻传播不受地域和时间的限制影响，达到及时与远程传播的统一。而全球数字化传播的无障碍、快速和准确，可以最大限度地保证新闻传播的时效。

对社会而言，4G 技术促使新媒体渗透到生活的方方面面，信息的移动化发送和接收，加剧了对传播时效的追求，也使得社会的整体节奏越来越快，随时待命、追求效率、节约时间成为 4G 时代人们生活的常态。通信技术的升级使得线上交流的成本逐渐降低，线上传播的手段越来越多样，线上传播越来越高效——无疑这些都是 4G 时代对人际传播非常有利的影响。但是，传播的便捷并不意味着都是好的结果，移动化的传播使得个人的私生活被完全侵入，零碎时间被最大限度地整合，容易造成个人的“时空紧张感”。[3] 同时还发生了另一种情形，即“在场”但“缺席”会愈发凸显，成为人们交往的新障碍，地理空间上的相聚并不意味着人际关系的亲密，对虚拟空间的建构和依赖会变得越发严重。4G 时代，新媒体的这一特征将会被进一步放大，信息愈发急速、刺激、支离破碎、短暂，在这样的传播环境中，已有的社会结构和人际关系将会受到新一波冲击。

（二）信息形式多媒体化

如果说 2G 时代信息的主要形式是抽象的文字，那么 3G 则为视觉图形的传播奠定了良好的技术基础。图片的传播促使信息越来越生动，也逐渐改变着人们的阅读习惯，"读图时代"到来了。4G 时代，数据传输速率可以达到 10Mb/s 至 20Mb/s，最高可以达到 100Mb/s，数据上传和下载都变得便捷快速，移动视觉体验成为当代信息传播的新标签，因此信息形式进一步得到了更新和发展，在以往的文字、图像基础上，视频成为传播方式的潮流。

《2013 德勤（Deloitte）中国移动终端消费者行为调查》显示，在网速高于 3G 网络速度 3 至 5 倍时，最有可能尝试的功能为观看视频（74%）、阅读新闻（69%）和视频通话（62%）。因而消费者期待的是 4G 的视频功能。4G 业务推广之初，视频类业务是最吸引消费者的功能。[4]在此条件下，"微视频化"在 4G 时代得到充分体现。当静态的图片无法满足公众的获知需求时，动态的视频形式则包含更多的信息，观赏趣味性更高。基于 4G 技术的"即拍即传"技术，已经在新闻生产和社会传播中得到了体现。

技术的发展推动新闻内容生产的形式发生改变。2013 年 11 月《纽约时报》推出了在线视频服务"纽约时报一分钟"（The New York Times Minute），对即时新闻中的 3 则重要报道进行概述，其中包括最新消息或正在发生的事。每天 6 点、12 点和 18 点，该报更新其在线视频。对于那些正在发生的即时新闻，视频的更新频率或将随着事态的发展加快。

利用 4G 信号高效快速的特点，在线视频新闻的记者和电视直播的记者得以摆脱以往技术的限制，将现场画面及时和便捷地呈现在屏幕上，保证了新闻的实时，也拓展了自己的视频业务视野。对新媒体而言，发挥自身的优势，推进新闻内容生产和传播的视频化，已经成为一个新命题。

在社会传播中，信息形态的多媒体化主要体现在"移动短视频社交应用"方面。这是一种基于移动智能终端的社交化新应用，它支持用户先使用智能手机拍摄短视频（一般 30 秒以内），然后快速编辑美化后发布到相关的社交化媒体应用上。声音与影像的结合往往比单纯的图片传播更具有视觉冲击，也容易获得更好的传播效果，因此移动短视频在 4G 互联网时代成为社交媒体内容生产的一种常态形式。从"美拍"到"朋友圈小视频"，再到对长度限制更为宽松的"秒拍视频"和 APP"17"，都印证了 4G 时代社交传播的"视频化"特点。

（三）媒介嵌入社会而无处不在

3G 时代，“多屏融合”一度成为热门话题，不同终端间的互联促使信息传播实现“无缝衔接”。就新闻传播而言，3G 网络在清晰度、互动等用户体验上还存在许多不足。4G 时代，高清视频以及数据上行将不再是问题，“多屏互动”可以更好地实现。同时，“多网融合”成为 4G 时代媒介融合的重要表现，一些行业积极转型，投入对新行业发展模式的探索。因此，新闻传播的发展模式多样化了，更加庞杂并包。

对内容生产者而言，4G 时代需要新闻媒体建立更加庞大的信息供应平台，利用多终端的传播优势进行资源的优化和共享，在适合不同终端传播和运营特点的同时，促使内容传播效果最大化。对传统媒体而言，开拓新思路，利用新媒体和便捷的通信技术进行媒介融合的探索，积极转型，则是 4G 时代发展的新前景。比如苏州广电传媒集团基于自身的渠道资源，通过移动手机端系统开发“无线苏州”手机客户端，打造“中国城市信息云平台”，实现从“看电视”到“用电视”的转变。这样的尝试对传统媒体来说，是一种探索性质的转型，将已有的资源进行整合，借助技术的发展，主动开拓新模式，实现不同媒介形式的融合。

对社会传播而言，4G 时代的“媒介”更加纷繁复杂，融合程度也更加深入，主要体现在物联网的发展上。传播不只是人与人之间的活动，非生命体之间也可以有人为控制的传播与互动。4G 技术不仅使信息传输的速率提升，也促使信息量的增加呈现质的飞跃，当生活中的任何物体都可以成为信息传输的媒介时，信息将无处不在，“大数据”时代也随之诞生。一切活动都将被记录，一切信息将被传输到庞大的后台。在这样的背景下，媒介以我们难以想象的各种形态嵌入日常生活的方方面面，传播更加普遍地存在于社会中。

（四）传播的互动更加深化也或窄化

新媒体形态的迅速发展已经模糊了传-受方的界限。4G 时代，这个特征会更加鲜明。在新闻传播方面，媒体作为“传播主体”的时代已经过去了，UGC 的内容生产模式越来越成为新闻传播的一种重要方式，例如新闻生产的“众包”模式。随着 4G 的普及，无论是选题搜寻、确定环节，还是内容的制作，抑或是评价和反馈，用户都将成为新闻生产流程中不可或缺的一环。

在日常社会中，技术的发展和方式的便捷让更多人拥有话语权，调动了公众“主动传播”的积极性。当话语权被分散，大众的自主意识和自主地位随之增强，越来越多的人加入社交媒体主动与他人产生联系，主动发声并期待他人的回复，这是一种社会传播互动性加强的体现。在4G技术的推动下，"即时互动"的形式将更加多样化，也具有更加生动的传播效果。当然，社会传播的"互动性"特点在增强传播力的同时，也会对个人生活乃至社会结构产生一些影响。

对数字空间互动的期待，增加了个人对虚拟时空的投入，有时这样的投入会侵占现实生活的精力和时间，比如为了期待一张发布在朋友圈的照片得到众人点赞，发布者耗费许多时间去挑选和修饰照片。同时，互动的扩大和频繁会促使个人社交范围扩大，但也会使社交圈愈发集中，稳定的社交圈对个人来说似乎不是一件坏事，但当整个社会出现这样的趋势时，不同阶层之间的分化将会变得严重，社会利益团体的边界也会逐渐明晰和固化。[5]这对开放、积极、良好的社会交往来说，并不是一种值得提倡的情境。

（五）个性化传播和精准传播

借助大数据运营，当海量的内容到达云平台后，平台根据加工者能力和对用户数据的收集、整理、分析和判断，进行合理的分工，实现对用户需求的个性化匹配以及反馈。比如 Google Reader 同时具有 RSS 订阅和 RSS 分享的功能，后台通过用户的阅读行为对其进行分析，使网民成为具有社交标签的人群，同时通过这种人群聚合而产生的个性化内容，对其进行精准的传播。这样形成的社交圈子具有相似的需求和特点，利于进行精确传播。当然，这样的传播方式只是比较初级的"精确化传播"。4G时代，基于海量的数据和信息，后台的分析处理将会更加复杂，将会结合更多用户自主信息，将不自知的行为习惯、兴趣爱好信息进行匹配，可以实现传播效果的最大化。

同时，个性化定制也将得到进一步的发展，不论在新闻传播领域或是范围更广的社会传播层面，个性化的需求都将被囊括，"长尾理论"将得到更广泛的应用。例如电视，大数据可以为用户定制个性化的专属频道，根据用户的喜好、教育情况、收看时长等，提供不同种类、不同时长和不同编排的电视节目，满足不同人的多样化需求。

二、5G对社会结构的影响

3G和4G技术，主要侧重于原始带宽的提供，而5G旨在提供无所不在的连接，为快速弹性的网络连接奠定基础。从某种程度上来讲，5G实际上是一个融合网络，它以融合和统一的标准，提供人与人、人与物以及物与物之间高速、低耗、稳定和自由的联通。5G 的技术特点可以用几个数字来概括：1 000x 的容量提升、1 000 亿+的网络连接、至少 20GB/s 的速度、1 毫秒的网络时延。因而，5G 拥有更大的信息容量，更全面的网络覆盖，更快的速度，更灵敏的反应。

相比第四代移动通信网络，未来 5G 终端将进一步突破传播的时空限制，为用户带来身临其境的信息盛宴。同时，它还将触角延伸到物联网业务，以更智能、灵活和集中化的网络渗透到社会和生活等方方面面，便捷地实现人与万物的智能互联。面向 2020 年及未来，5G 将应用于移动互联网和物联网业务，对社会传播形态和社会结构带来变革性的影响。

（一）5G 对新闻传播的影响

5G 技术高速率、大容量的传播特点，将推动传媒业内容采集、加工体系的重构。

首先，5G 的到来将推动新闻“即摄即传”的完全实现。目前 4G 的最高峰值传输速率是每秒 100M，而未来 5G 的速率至少可达每秒 20Gb，是 4G 最高速率的 200 倍，同时 5G 的传输容量、网络覆盖率也远远高于 4G。新闻从业者几乎可以不受限制地传输大量数据文件，实现数百张新闻照片或者新闻视频的瞬间传送，新闻传播的效率将大大提高。

5G 打破了 4G 的空间局限，为随时随地编发新闻提供了可能。现在记者在获取新闻信息之后，常常要借助宽带网络进行传送，从新闻获取到编发会有所延迟，导致报道的时效被打折扣。5G 网络可实现连续性广域覆盖，即使是在人员密集、流量需求大的地区也能保证高速、稳定的网络服务。记者编发稿件就不必局限于一定的媒体空间，只需凭借一部移动设备就可以直接整合文字、图片、视频等素材，实现实时编发新闻。

未来的 5G 将颠覆公众的信息寻求模式，泛视频化传播成为常态。相比第四代移动通信系统，5G 不仅拥有更加强大的系统容量，而且还能支持语音、数据、图像、视频等多种业务的高效传输，这些特点将使动画、视频等新闻影像成为重要的呈现形式。人们可以随时随地地制作、上传新闻视频。专业化、高质量的视频形式将成为人们获取新闻的首选。同时，未来新闻产品的呈现形式也将更加虚拟化、立体化。人们在阅读和使用新闻内容时，可以利用媒体创造出的虚拟传播场景，在获取信息的同时享受视听体验。显然，新闻产品的互动性，将成为传播效果的关键因素之一。

传媒内容生产形式的转变，也将推动传媒人才需求的变化。在新媒体时代，新闻传播人才需求面临着“去专业化”和需要专业化的悖论。[6] 5G 技术的发展，要求新闻界必须拥有大量“复合型”专业人才。5G 时代的文字、摄影、摄像将不再由多人完成，更多的采访工作将由记者通过移动设备单独完成，这对记者的采编技术、素养提出了更高的要求。记者既要会拍，又要会写，同时还必须兼任部分编辑、剪辑工作。具备多项技能的“复合型”传媒人才，将备受市场青睐，成为未来新型的新闻人才指标。

（二）5G 对社会结构的影响

（1）传播时空观的进一步改变。媒介在一定意义上帮助人们打破传播的时空限制，以实现个体与他人、与社会的更为广泛的交流。5G 在互联网技术的基础上改变了人们的交流模式，它以一种更为急速的、跳跃的、分散的形式影响人们对时间和空间的感知，地域、场景的空间真正瓦解，空间被极度压缩并且不再成为人们交流的桎梏。

据统计，未来全球移动通信网络连接的设备总量将达到千亿规模。到 2020 年，全球移动终端（不含物联网设备）数量将超过 100 亿，其中中国将超过 20 亿。到 2030 年，全球物联网设备连接数将接近 1 000 亿，其中中国超过 200 亿。[7] 彼时将实现真正的全球联通，无论是在偏远地区、高速移动等恶劣环境下，还是在人员密集、流量需求大的区域，人们都能运用移动设备来进行远程交流与沟通，建立“远距离的亲密感”。[8]

5G 技术不仅会缩短人与人之间的时空距离，同时还将加速信息传播形态的变革。未来的信息传播形式将更加具象、直接、多维和动态，移动视频通信将成为人们的首选通信方式。自互联网兴起以来，视频通信也逐步走向移动化。目前，受到网络速率慢、容量小、覆盖率窄等影响，移动视频通信并没有得到进一步推广。功能强大的 5G 将解决这些问题，视频呼叫、通信将不再成为少数人的奢侈行为。与以往不同的是，5G 网络支持下的视频通信更加强调移动和遍在，不同地域的人们可以随时随地与他人进行“面对面”的交流与互动，人与人之间的距离将大大缩短。

但另一方面，5G 时代的到来将会加快整体的社会节奏，带来更强烈的时空紧张感。这是指新媒介技术在改变时空经验的过程中给人们带来的精神冲击和心理状态。[9] 5G 时代，人们获取信息的速度大大提高，信息采集、传播的速度和规模达到空前的水平。随之而来的问题是：越来越多分散的、支离破碎的信息充斥着人们的视野，迅速获取自己需要的信息反而变得非常困难，人们在混沌的信息空间和"数据过剩"面前可能陷入焦虑状态。同时，5G 网络的全方位覆盖在拉近人与人之间的距离的同时，也会使个人的生活和工作时空场景发生交错。人们处于一种随时随地的在线模式，并不得不与他人进行即时回应和对话。这将给人们带来更多的压迫感和紧张感。

（2）虚拟社会的全面建构。除了不同时空场景的交错外，虚拟社会的建构也是 5G 所影响的结果。基于 5G 技术的移动互联网业务发展，将推动虚拟与现实边界的消失，促进虚拟社会的进一步构建。5G 技术的发展首先满足了虚拟社会对网络的要求。利用 5G 网络，人们可以随时随地"进入"虚拟空间，并不受限制地在现实和虚拟两种空间穿梭。

另外，5G 还将帮助提升虚拟互动体验的效果。它能够创造出一个多维度空间的虚拟传播场景，使得线上交流更加直接、高效、生动。比如，5G 可以实现在用户视野内创造出一个完全虚拟的场景，使得每个参加实时视频会议的人都感到身临其境。而游戏玩家带上虚拟现实头盔之后，可以真实地"体验"到冲浪、滑雪的乐趣。对于很多习惯对着电视或电脑屏幕玩游戏的人，这种虚拟现实游戏显然比电影更有吸引力。

5G 网络将为移动互联网应用提供高速、便捷的网速支持，这也将极大丰富未来的移动互联网业务，比如在线游戏、虚拟现实、OTT 消息、移动云存储、视频共享等虚拟体验。人们可以在线上进行"真实的"交往、工作、学习和娱乐，人类的生存方式和活动方式由此改变，形成丰富、有趣的虚拟生活方式。虚拟化将成为现代社会发展的一个新趋势。

5G 时代网络的遍在，使得人时刻处于在线模式，这将进一步延展人的社交圈。借助 5G 展开的虚拟交往，不仅使人们的社会生活增添了新形式，同时还拓展了人际交往的空间，交往的自主和平等得以充分体现。

当然，5G 在给人们的交往带来便利的同时，也带来了人的情感危机。随着虚拟社会的建构，人与人之间面对面的真实交流被虚拟交流所取代，现实生活中的情感联系被淡化。人们迷失于虚拟世界中，对周围的人和事物一无所知，也漠不关心，可能导致社会情感疏离、人际信任的危机。

（三）5G 实现人与物的智能传播

最近 20 多年传播科技浪潮的发展，可以概括为这样几个阶段：基于网络互联的 Web1.0 时代，基于人际社交的 Web2.0 时代，以及基于万物互联的 Web3.0 时代。无论是 Web1.0 时代还是 Web2.0 时代，强调的始终是人与人之间的联系，而 Web3.0 时代则更加强调人与物、物与物之间的传播。5G 技术的发展将加快人类进入 Web3.0 万物互联时代的步伐，新一轮智能化浪潮不仅能进一步实现人与人之间的无缝连接，还将实现人与物、物与物的高速连接。

2015 年 2 月下旬，中兴通讯发布的 5G 技术白皮书《5G——驱动现实和数字世界融合》这样描绘了 5G 时代的世界：数字世界和物理世界即将合二为一。在 5G 技术的支持下，人类感知、获取、参与和控制信息的能力将达到前所未有的高度。利用 5G 技术，人们可及时跟家里的设备进行数据交换，也可以随时知道自己的孩子、宠物的情况。同时还能实现汽车自动驾驶、智慧城市传感系统、智能家电、工业自动化系统、互联健康系统、私人无人驾驶飞机等新技术。[10]许多事物的运转不再依靠人的亲力亲为，而是通过网络技术的连接来实现人的智能化控制，“媒介即人的延伸”达到极致。

由此，还将推动媒介融合的进一步延展。信息的传播不再局限于传统媒介与新媒介，生活中大大小小的物品都可能成为传播的介质。比如，人可以利用书桌、墙等与手机、电脑终端相连接，获取最新资讯，享受前所未有的独特体验。借助于 5G 终端技术，传播体现出智能、泛在的趋势，人们可以通过不同介质实现“所想即所得”。

不可忽视的是，通信技术在给我们带来这些影响的同时，也可能产生一种新的异化或统治。人可能成为被迫适应科技要求的工具，可能出现人的物化和自由的丧失。因此，在未来的 5G 时代，提高网民的媒介素养和信息素养问题变得更为重要。尤其是在虚拟社会交往中，人们应把握好虚拟与现实的关系，在提升获取、分析和传播以及进行网络交往能力的同时，避免技术异化，坚持人在媒介时代的主体地位。

三、继续向前看：光子计算机[11]

我们迈入了计算机时代，计算机和互联网已经与日常工作、学习和生活息息相关。人们享受计算机带来的开放与互动的同时，也感受到电子计算机处理速度慢、散热不良、需定时清理垃圾的烦恼。4G、5G 的技术发展，就是企图解决这样的问题，我们在前文已经叙说了 4G 和 5G 带来的比较美好的前景。5G 的速度之快，完全可以解决当前电子计算机速度慢带来的问题。然而可以肯定，未来对电子计算机的速度还会提出更高的要求，难道只能在电子计算机的范围内没完没了地继续创造 6G、7G？不能换一种介质和一种思维吗？

我们需要继续向前看，提出这样的问题：计算机可不可以是超常的？让人们彻底甩掉现在电子计算机带来的种种烦恼？现在至少在理论上，“光脑”给出了答案。“光脑”即光子计算机。光子的运动速度是 30 万 km/s。电子（不是电流）的速度是 593km/s。计算机若由光信号进行数字运算、逻辑操作、信息存储，那速度之快应该是电子计算机的 1 000 倍到 1 0000 倍，快得难以想象。

电子计算机的中央处理器（CPU，相当于人的大脑）采用串行的方式，其工作时间的三分之二都在传输数据，即缓存。20 世纪 90 年代从 286 到 586 的计算机几乎不存在热度高和缓存的问题，因为最初的软件只有十几款，文件大多为几十 KB。后来的电脑体积小了很多，速度越来越快，但电脑却越来越烫，开机时间越来越长，因为虽然速度快了，但要处理的文件已经数万倍于以往的文件，无数上 G 的文件和无数几十、几百兆的软件，再快的速度在电子计算机里也需要缓存；随着装配密度的不断提高，导体之间的电磁作用不断增强，散发的热量增多，从而制约运行速度，电脑烫和慢成为常态。现在，加快电子传输的速度成为计算机传播科技创新的基本路径，于是有了 3G、4G、5G……速度的提升越来越艰难，而且这是有极限的。

光子彼此之间没有干扰，齐头并进。即使以现在的 5G 技术，电子也要排着长队一个一个地通过处理器，而光子可以肩并肩地以光速飞驰而过。光子计算机的信息存储容量是超大规模的，光子的传导可以不需要导线，即使相交相互也不会产生影响，平行通道的密度几乎是无限的，其驱动能源的要求也很低，因而光子计算机可以做到微型、便携。这种计算机在图像处理、目标识别和人工智能方面，作用远比电子计算机大。

光子计算机来了，会对现在的新闻传播和整个社会的结构产生怎样的影响？学界需要提前讨论。相比我们在“量”的层面讨论 4G、5G 对社会的影响，光子计算机的来临是一次革命性的质的飞跃。学界可以适当地研究每一种新的传播形态或介质的特点，但不宜停留在这种介绍和评价的层面，而应从宏观和中观的视角，讨论各种传播介质和形态如何在互联网的整体层面“重构”人们的工作环境、工作方式、消费方式、连接方式、商业模式和监管重点，这些重构可能带来哪些悖论以及对悖论的解读，各种新型的传播介质和形态对人们生活可能带来的发展趋向，以及对这些趋向的正面应对。

（本文与陈少娜、高璐合作）

引用文献［Reference］

［1］邓永红．4G通信技术综述［J］．数字通信世界，2005，（2）．

［2］范叶妮．4G移动互联网时代媒介形态变化新趋势［J］．编辑之友，2014（7）．

［3］陈力丹，毛湛文．时空紧张感：新媒体影响生活的另一种后果［J］．新闻记者，2014（1）．

［4］范叶妮．4G移动互联网时代媒介形态变化新趋势［J］．编辑之友，2014（7）．

［5］陈力丹．新媒体对社会结构的影响［J］．民主与科学，2013（6）．

［6］陈力丹．新媒体对社会结构的影响［J］．民主与科学，2013（6）．

［7］蔡文清．5G是一场革命［N］．北京晚报，2015-08-30.

［8］陈力丹，毛湛文．时空紧张感：新媒体影响生活的另一种后果［J］．新闻记者，2014（1）．

［9］陈力丹，毛湛文．时空紧张感：新媒体影响生活的另一种后果［J］．新闻记者，2014（1）．

［10］5G——驱动现实和数字世界融合．http://bbs.c114.net/thread-818253-1-1.html.

［11］科普中国．比超级计算机快一万倍的“光脑”来了［EB/OL］．(2015-11-24)［2017-06-01］．http://tech.qq.com/a/20151124/017512.htm.

互联网条件下“新闻”的延展

美国金融分析师玛丽·米克尔每年发布的《互联网发展趋势报告》越来越受到世人的关注，因为她逐年颇为准确而真实地展示着世界互联网发展的态势。2012 年以来她的报告主题一直是“重构”，亦可翻译为“重塑”。

2012 年的报告，她以 48 个案例展示了互联网的“重构”对社会生活的全维度影响，并提出了一个公式：新的移动设备＋互联＋用户界面＋沟通方式＋美观……重新定义了人类生活和习惯。

2013 年的报告，她通过教育、金融等传统行业的被重构，揭示数字化、移动化、大数据发展大潮。

2014 年的报告，她重点阐述了“重构”的五大领域：即时通信应用、内容和分发渠道、日常活动、数字钱币、垂直产业。这种移动设备与众多传感器带来的数据井喷，则推进大数据崛起、计算成本的下降与“云”的兴起。

2015 年的报告，她通过观念的重构、消息传递的重构、内容生产的重构、新一代（12～24 岁）对互联网用途的重构、人们日常生活中消费支出的重构、美国无人机产业的重构，全面阐述了互联网的颠覆力，人们的工作环境、工作方式、消费方式、连接方式、商业模式、监管重点都在发生剧烈变化。

在以上的大背景下，互联网对新闻传播业的重构不可避免。这里只讲述一个观点的重构，即“新闻”内涵本身、新闻形态、新闻的生产和消费，如何被互联网重构着。

一、重新理解新闻的“新”

传统意义上的新闻，其内容的特征体现为时间上的“新”，于是有了“新闻是新近发生的事实”“新闻是对新近发生的事实的报道”“新闻是对新近发生的有新闻价值的客观事实的叙述”等等定义。这些定义的落脚点不同，但对新闻之“新”的强调是一致的，即时间的接近性，离现在、眼下越近，也就越新。

以时间轴上的“新”来界定“新闻”，在某种意义上可以说是大众传播时代媒介生产制度化和结构化的产物，它保证新闻能够源源不断地生产出来。即便有些事件在社会层面没什么新意，但“新近发生”赋予了它成为新闻的“合法性”。[1]

特别是新闻传播业对“即时性”的追逐，使得“突发事件”更快地得到关注，更具有新闻性，传播技术的发展让新闻在时间上与事件几近同步地得以呈现。然而，具有新闻价值的事件其产生并不是一个均匀的过程。非均量的事实变动与均量的新闻生产之间形成了一个悖论。新的事实总是随时覆盖旧的，形成了许多有头无尾的新闻。

事实上，从日常生活经验出发，也可以感觉到纯粹以时间上的“新”来理解新闻的“新”是不完备的。社会心理层面的“异”同样可以成为新闻之“新”的要素。诸如一件事实，发生的时间与当下的距离谈不上“新”，若能引起接受者“新奇”的心理变动，便自然纳入了互联网新闻的行列。

超越线性时间的“新”，整合事实和链接相关联的事实，已经成为互联网新闻的题中之义。因为在网络环境下，新闻的获取不再受到时间的约束。“仅以时间性为‘新’，不能再满足人们对新闻的需要；由于新闻接受的行为不再受制于线性时间，因而对于新闻接受者来说，新闻从河流变成了海洋。”[2]在互联网传播形态之下，我们需要超越单一的线性时间标准来重新理解新闻之“新”，即从时间的“新”偏向于非线性的、社会心理层面的“新”。

互联网的海量数据、便捷的搜索与超链接技术，使得新闻超越时间之“新”成为可能。越来越多的新闻不再局限于呈现最新的事实，而是将过去与眼下事实的关联加以整合，形成信息的增量。在报道基本事实之外，媒体将历史事实按照一定的叙事逻辑呈现，事实之间的关联本身就能提供一个新的视角，彼此之间形成了一种关照。这种关联整合型的报道方式，能够在一定程度上满足公众对事实性知识的需求。事实之间不同的组合方式，意味着不同的视角，以及相对更大的操作空间。例如 2015 年 10 月习近平访问英国，尽管有较多报道主题的限制，但许多媒体仍从不同角度挖掘到很多新闻，例如《习近平与英国有怎样的渊源》《除习近平，白金汉宫房客还有谁》等。

互联网的兴起，使得“新知”成为“新闻”。互联网的海量信息（信息的本意是不确定性的减少）中相当多的是信息垃圾，其价值密度很低。人们被信息垃圾所淹没，难以获得真正的知识。新闻传播业的服务，旨在从各类传闻中分离出来真正的信息，从海量、无序的非结构化信息中提取出“新的知识”，这也是人们对互联网传播形态的新期待。因为网络的非线性使得通过它更易于“打捞”那些已经成为历史的事件，更易于穿越时间并在事件与事件之间形成互文关系，这就使得互联网新闻有能力把不同时间的事实性知识“结构”成新闻，以满足当下社会对真相的需求。

在互联网条件下，基本事实的获取变得更为容易。但是，网络本身不会产生任何关于事实的新信息，有竞争力的新闻内容应是采访到的原创事实及其分析或调查，呈现更多的作为知识的“新闻”。几万、几十万条信息复制于同一信息源的现象，不过是传统媒体新闻内容在网上的拙劣延伸。互联网的传播形态可以提供多样化的背景材料和丰富的参照视角，呈现立体、多维、互文、媒体间性的全景和局部深景。就怕想不到，互联网的新闻呈现形态几乎是无限的。

二、互联网条件下新闻的形态变化

互联网的信息开放与交互，打破了传统的传播者的中心地位，具有新闻价值的事实，已不再必须仰仗专业记者或传统新闻媒体报道后才得以成为新闻，各种社交媒体的讯息也可能具有新闻的特征。[3]互联网传播技术所推动的不仅是对于“新闻”的再界定，新闻的表现形态也呈现出多样化的态势。如依靠大数据分析和可视化技术的大数据新闻、融合游戏元素的“新闻游戏”，都随着互联网的发展而涌现出来。

传统的报道新闻的方式是发布已完成的“正确”文章，而在互联网的新闻模式下，新闻从一个产品变成了一个流程。[4]很多“新闻”在完成之前已被发布，新闻表现为流动的“液态”。这就如 2014 年《纽约时报》创新报告所引证的：对传统媒体来说，“发表”通常意味着报道完结，但对新闻聚合网站来说，“发表”则是一则新闻报道生命的开始。

传统的新闻文本在经过复杂的操作流程之后呈现出“固化”的样本形态，发布之后很少有机会修改或者重写。电视直播的出现，在一定程度上打破了这一常规，“原料”和“成品”之间的界限变得模糊。而网络传播形态则进一步打破了这种“固态”的新闻文本。“以线上新闻网站为代表，通过滚动发布、及时更新、资料链接等方式，新闻产品呈现‘永远未完成’（permanently beta）的‘液态’。”[5]这样的文本形态是随时可以修订的流动版本。例如《华盛顿邮报》为美国 2016 总统大选的选情制作的专题数据新闻页面《谁会赢得 2016》

(WHO'S WINNING 2016?)①，编辑人员会及时更新选情数据，使得这一报道具有长久的时效价值，呈现出“液态”新闻的特征。

Web2.0 的传播技术带来了交流的多面互动，传者中心的地位瓦解，交流无中心，传播者地位平等。互联网本质上是反信息垄断的，“开源软件社区的发展打破了少数大企业对技术的垄断，信息公开和开放数据打破了信息垄断，云计算等租赁业务的普及打破了资源垄断”[6]。传统媒体单向传播新闻的状态自然被打破。原来垄断性的新闻中心已经不复存在，新闻的生产向公众位移，“新闻已愈来愈形同双向与多向的‘对话’（conversation）而非单向的‘演讲’（lecture），任何新闻报道都很难视为最终产品，亦都必须在网络化社会中接受持续的检视、补充或修正”[7]。

互联网传播能够保留全部信息活动的痕迹，因而大数据能够成为重要的新闻资源，对数据的访问和科学地呈现数据，可以帮助人们精准地分析和深入解读事实。大数据新闻成为一种新的新闻形态，这类新闻不是简单地追逐事件线性的“新”，而重在从繁杂的元数据中挖掘出事件新的价值并加以视觉化呈现。除了通过数据分析进行知识普及外，大数据新闻可以成为深度报道的一种新形式，它是一类交互式的深度报道，不仅在形式上给读者以新鲜感，在信息的呈现上也突破了传统的线性报道框架，报道立体且多维。例如《数字背后的医保真相》（Medicare Unmasked：Behind the Numbers）②，这是《华尔街日报》2015 年推出的有关美国医保系统信息透明度低的调查报道，它以数据作为驱动的逻辑。调查团队为获取相关的数据做了不懈的努力，花费大量时间和人力对海量的数据进行科学的分析，探索调查线索和数据整体模式之间的相关性。该报道获得普利策调查性报道奖。

对此，迈克尔·舒德森（Michael Schudson）写道：“新闻不是‘真相的机器’，而是李普曼所说的‘聚光灯’和‘探照灯’。在大数据与信息过剩的风险社会，真正有价值的新闻应当是基于数据分析得出的‘预计明天将有暴风雨’式的对公众的忠告、指南、通知、预警。”[8]

现在是一个充满“连接”的时代，每个人都在产生着数据。这些数据有待

① 报道详见《华盛顿邮报》网站（https://www.washingtonpost.com/graphics/politics/2016-election/presidential-candidates/）。

② 报道详见《华尔街日报》网站（http://graphics.wsj.com/medicare-billing/）。

于从新闻角度去挖掘它的潜在价值。大数据新闻能够对人们的生活或者公共利益的决策者提供参考，预测未来的发展趋势。

三、更加开放的新闻生产体系

互联网条件下新闻对线性时间的超越以及新闻形态的变化，带来了对未来新闻生产方式的想象。在传统的新闻生产过程中，职业新闻组织和专业从业人员垄断着绝大部分新闻资源与传播渠道，新闻的采集、写作（制作）、编辑等都是在职业新闻组织内部进行的，因而，传统的新闻生产模式是单一的、线性的与封闭的，受众无法看到新闻生产的过程，更无法参与其中。

互联网即时通信技术的发展，以及微博、微信、SNS（社交网络服务，包括社交软件和社交网站）等社会化媒介平台的兴起，使得新闻生产的“黑箱”被打开，当下和未来的新闻生产正逐步趋于开放、个性化与去中心化，被动的新闻接受者正在消失，公众将以多种多样的方式和形式参与到新闻生产中，打破了传统新闻生产的线性模式，新闻不再是一种仅由职业记者提供的垄断性知识产品。如刘海龙所说：“从新闻的源头来看，是先有个体的、业余的新闻活动，才有职业的新闻工作。我们也没有理由把职业化的新闻活动当成新闻工作者理所当然的状态。”[9]互联网重新定位了新闻工作者与职业新闻组织的关系，互联网在一个更高的层面复兴着个体化的新闻活动。

媒介经济学者皮卡德（Robert G. Picard）提出，传统的新闻生产正在被分解为服务模式（service production mode）和手工模式（craft production mode）。[10]服务模式指媒体组织通过多种平台流动将新闻产品转变成服务。这些组织机构更加关注新闻的分配，而不是采集和生产。而在手工模式中，新闻是由个体创业记者和强调新闻品质与个性的小型记者合作社生产的。从事这一工作的记者专注于特定话题的报道，比如气候与国防，他们会使用数据调查等专业技能，并作为普通新闻供给者为某一特定的、小型的社区居民提供信息服务。

目前的新闻实践，正从一种相对封闭的新闻生产体系向一种开放的体系转变。除了公民新闻、众包、众筹等常见的互联网新闻模式，近年出现的“新闻小组”也是一种有特点的个体化新闻活动的形式。在这种趋势的影响下，职业记者的角色有所转变。

例如相对早些的公民新闻、“众包”、“众筹”等新闻生产模式，经过一段时间的发展，其运作开始趋于成熟。社交媒体的发展开创了“人人都有麦克风”

的全民记者时代，普通人作为事件的参与者、见证者，可以第一时间发布新闻。尤其在突发性事件的即时报道中，公民记者扮演着越来越重要的角色，并越来越普遍与频繁。“市民已经成为突发新闻的主要提供者，他们使用社交媒体来传播有关事态及其进展的及时信息，进而取代了新闻生产者对于信息的垄断。”[11]

2015 年 8 月 12 日天津滨海新区爆炸事故发生后，第一条现场视频就是由微博网民最先发出的，视频中提供了关于爆炸地点、强度与实况的第一手信息。在突发事件的报道中，受众提供的内容也正成为专业新闻机构新闻生产的重要一环。在 BBC 新闻网站首页的导航栏，有一个名为“听你说”（Have your say)① 的入口，这个栏目与 CNN 的“我报道”（i Report)② 栏目相类似，吸收来自用户的自制新闻。

随后，“众包新闻”“众筹新闻”的新闻生产方式和场域也愈加开放。众包新闻（crowd sourcing news）是一种基于用户生产内容（UGC）的生产模式，具体表现为利用大众（crowds）的智慧与力量来搜集与核实事实并加以报道，让普通人参与到新闻生产过程中，集聚社会化媒体平台的人气与资源。而众筹新闻（crowd funding news）则是指个人或机构向公众募集资金，实现特定的新闻报道计划。近年来，在大数据新闻、调查性新闻、国际新闻等的采访报道中，“众包”“众筹”等新闻模式发挥着越来越重要的作用。2013 年 4 月，《卫报》创建数字平台“卫报见证”（Guardian Witness)③，在这个平台上，网民可以根据其发布的众包专题新闻，随时随地上传相关图片、视频等报道素材参与其中。

近年来，微博、微信等社会化媒体发展迅速，基于移动端应用的自媒体、微门户、个人频道等“新闻小组”开始出现。与机构化的传统媒体相比，这些“新闻小组”规模小、形式自由灵活，兼具业余性与专业性的特点，“小组成员”既可以是专精于某一领域的“专家”，也可能是单纯出于共同兴趣与爱好聚集在一起的“草根”，组织内部互动密切，带有明显的“圈群化”特点。这类“新闻小组”的工作特征在于内容生产垂直化，专注于某一细分领域，专门为某一特殊的细分受众群提供新闻信息服务。可以预见，在未来，此类的“新闻小组”将会广泛出现，与之相伴随，也将产生数量众多的小型的、社区型的或众包型

---

① 见 Have your say 网站（http://www.bbc.com/news/have_your_say）。

② 见 CNN i Report 网站（http://edition.cnn.com/specials/opinions/cnnireport）。

③ 见 GuardianWitness 网站（https://witness.theguardian.com/）。

的“别样新闻”组织[12]。这种新闻小组的形式，与皮卡德所提到的新闻生产的手工模式有一些共通性。

未来新闻生产过程向受众的开放，对于职业新闻记者而言，与其说是种挑战，不如说是机遇。一方面，海量的个性化信息源不断涌现，极大地满足了专业新闻组织多方位、多层次、多样化内容生产的需要；另一方面，传统新闻生产的线性模式打破了，“把关人”的缺失导致受众发布的新闻在真实、客观、权威等诸多方面都存在严重问题，这些问题的解决，仍需仰仗职业新闻从业者。这里罗列一下科瓦奇和罗森斯蒂尔在《真相：信息超载时代如何知道该相信什么》中提出的职业新闻从业者承担的八方面的服务：

（1）帮助民众证明哪些事实是真实和可信的。

（2）适当扮演“释义者”的角色。

（3）继续发挥作为公共调查者的功能。

（4）帮助民众见证一切，付出专门的努力采编一般人采访不到的新闻。

（5）成为向民众传授获取新的知晓方法的中介。

（6）成为聪明的网络信息的聚合者。

（7）创建便于民众交流的公共论坛。

（8）成为监督权力者、公民记者学习的榜样。[13]

未来专业的新闻生产者将不能完全“决定公众需要知道什么”[14]，但会成为以新闻接受者需求为中心的信息处理者与聚合者。与生产表层化、定格化、零散化新闻信息和知识的普通人不同，职业新闻从业者将在较高层次与较深维度上提供社会需要的信息和知识。

面对新媒体和互联网上数量庞杂的碎片化信息，从信息的“汪洋大海”中迅速“打捞”出受众所需的信息，并对事实进行核查与整理，将成为职业新闻从业者的第一任务。随着调查性新闻与大数据新闻的进一步发展，专业的内容生产能力仍然是职业从业者的优势。通过挖掘相互关联的新闻事实，勾连出过去已经发生的、现在正在发生的、未来将要发生的新闻事实之间的逻辑线索，职业新闻从业者将在公民新闻无法到达的高度上，为新闻事件赋予意义与语境，同时也可以更多地将公众的注意力聚焦于未来趋势。

四、互联网时代的新闻接受者

现在的“受众”，相当程度上不是“众”，而是个体。他们不再是职业新闻组织“标准化流水线作业”生产出的同质化产品的大众消费者。传统意义上面向所有人的“大众传播”将会消失，未来新闻的接受者越来越细分化、个性化。《中国网络媒体的未来》（2014）报告指出，未来用户的个性化信息需求将由两个维度驱动：一个是基于个体偏好的需求，另一个是基于空间或情景的需求。[15]

互联网条件下的新闻提供者，能够准确地把握每一位新闻接受者在任意时间、任意地点的新闻需要，同时也能够获知不同用户接受、理解这些信息的具体方式。搭载在 Android 设备之上的移动虚拟助手“Google Now”可开启“预测模式”，为用户提供个性化的私人定制信息服务。从谷歌日历、地图、邮箱以及日常使用习惯与操作记录中提取数据，“Google Now”不仅可以了解每位用户工作、居住和旅行的“行踪”，还能精准地掌握用户的兴趣、偏好与需求，在此基础上，它甚至能够在用户意识到需要新闻之前，推送“超个性化”的内容。

社交网络与各类移动终端应用的发展，为个性化新闻信息聚合与基于用户兴趣图谱的新闻推荐，提供了广泛而便捷的平台，新闻提供者能够随时追踪与满足用户个性化的、动态的需求。

互联网对新闻传播业的重塑，在观念方面要求我们重新审视新闻本身、新闻的形态、新闻的生产和接受。但讨论依然基于新闻传播的基本目的——满足公众对新闻的需求。因此，“理解新闻业未来的关键在于，如何在变化的社会情景中找到新闻实践的新的呈现方式”[16]。

互联网条件下，人们对新闻的需求不会衰减，相反会提出更高的要求——在繁杂无序的信息流中获得真正有参考价值的“新闻知识”和“关于新闻知识的知识”。

（本文与胡杨、刘晓阳合作）

引用文献［Reference］

［1］王辰瑶．未来新闻的知识形态［J］．南京社会科学，2013（10）：105-110.

［2］王辰瑶．未来新闻的知识形态［J］．南京社会科学，2013（10）：105-110.

［3］罗世宏．绪论：社交媒体与新闻业［M］//罗世宏，童静蓉，主编．社交媒体与新闻业．台北：优质新闻发展协会，2012：10.

［4］KARLSSON M. The immediacy of online news，the visibility of journalistic process and restructuring of journalistic authority [J]. Journalism, 2011, 12 (3): 279-295.

[5] 周葆华. 从"后台"到"前台": 新媒体技术环境下新闻业的"可视化"[J]. 传播与社会学刊, 2013 (25): 35 - 71.

[6] 杜小勇, 冯启娜. "数据治国"的三个关键理念 [J]. 人民论坛·学术前沿, 2015 (2): 49-61.

[7] 胡元辉. 建构中的新新闻生态系统: 共识、争议与展望 [M]. //罗世宏, 童静蓉, 主编. 社交媒体与新闻业. 台北: 优质新闻发展协会, 2012: 258.

[8] A spotlight, not a truth machine [EB/OL]. http://www.niemanlab.org/2013/12/a-spotlight-not-a-truth-machine/.

[9] 刘海龙. 新闻工作者微博应用的困境及其根源 [J]. 新闻记者, 2012 (9): 30-37.

[10] ROBERT P G. Twilight or New Dawn of Journalism? [J]. Journalism Studies, 2014, 15 (5): 500-510.

[11] ROBERT P G. Twilight or New Dawn of Journalism? [J]. Journalism Studies, 2014, 15 (5): 500-510.

[12] 王辰瑶. 作为公共服务的未来新闻业 [J]. 新闻记者, 2013 (8): 3-9.

[13] 科瓦奇, 罗森斯蒂尔. 真相: 信息超载时代如何知道该相信什么 [M]. 陆佳怡, 孙志刚, 译. 北京: 中国人民大学出版社, 2014: 181-187.

[14] 张泉泉. 重塑知识生产者形象 [J]. 江淮论坛, 2014 (1): 147-152.

[15] 中国网络媒体的未来 (2014) [EB/OL]. http://www.360doc.com/content/15/0508/14/25374883_468977425.shtml.

[16] 王辰瑶. 作为公共服务的未来新闻业 [J]. 新闻记者, 2013 (8): 3-9.

互联网语境下的新闻误读

在线性的传播过程中，传播者是控制传播主控方，因而“传播者研究”又叫“控制研究”。但传播者很难如愿地看到他的文本在接受者那里完全被正确理解和接受。接受者通常从自身的经验、知识出发，经验和知识有别，对文本的理解也有别，因而误读是不可避免的。新闻文本的误读同样如此，而且由于必须在即刻的时空内来理解，误读的可能性更多些。若传播者提供的文本本身有缺陷，造成误读的几率更大。

关于大众传播条件下的误读，我带出的博士、现沈阳师大教授陈秀云已经在她的论著《新闻误解——论新闻文本间距》中做了比较完善的阐释。[1]她提出“新闻文本间距”的理论，分析了新闻误解的五种情况（背景化解读、放大负面的解读、逆向解读、娱乐化解读以及贴标签解读），从两个维度（传播者、受众）说明了产生新闻误解的原因。

互联网传播使得新闻的采集、组织、生产和传播方式都发生了颠覆性的变化。传播科技创新，传-受角色发生变化，接受新闻的时空环境发生变化，新闻的误读情形有了更为复杂的表现。本文重点讨论互联网语境下的新闻误读。

一、专业新闻传播者和用户传播者都在造成更多的误读

互联网条件下，专业新闻传播者面临着更为广泛的接受者。现在中国的主流新闻提供和制作，各大传统媒体集团仍然占据着主导地位，但新闻分发市场的 97%已经不是传统媒体（报刊和广电），而是互联网下的社交媒体。原来传统媒体的受众有一定的文化层次和忠诚度，现在扩大为庞大的网民群，其中三分之二是中学文化水平（66.6%，其中初中文化层次的占 37.4%，包括中专在内的高中文化层次的占 29.2%），基本没有新闻素养。他们以过往的有限经验和知识来理解传统媒体人采写和制作的新闻，误读的几率加大了。例如 2016 年 2 月 24 日，《新闻 1+1》做了一期调查农村天价彩礼的节目，调查的主题是揭

露买卖婚姻。此事在知乎网和微博上掀起了讨论。微博的总体观点竟是"娶不起别娶";只有知乎较为理性地讨论索要天价彩礼的社会原因。

现在相当多的专业新闻传播者习惯性地沿用原来的新闻采写和制作模式,没有考虑到网络用户的构成已经变得复杂了的形势,错误估计了用户对新闻事件的理解水平和知识储备,很多新闻稿件将背景信息当作赘述,也导致不少网民对新闻的误读。

从网民角度看,在社交媒体普及的情形下,每个网民都是传播链条上的一环。用户可以便捷地通过门户网站、新闻 APP、微博、微信、博客等传播形态发布新闻,大量非专业的新闻,由于不符合新闻采写和制作的规范,也会造成较多接受者的理解与发出者本意间的抵牾。这些数量庞大的个人新闻发布者,大多不会去核实事实,相当多的人不具备将事实表述清楚便于人们理解的能力。于是,经常发生这样的情形:发布新闻者自以为讲述清楚了,但接收者们或不明其意或即刻做出令传播者意想不到的另一种或几种理解。

一位传统媒体的记者以《我们只有做公众号这一条出路了吗》为题,给《中国青年报》写了一篇关于微信公众号的文章,她说,我们周围的朋友都去做公号了,而做公号不用采访,不用准备,不会被审稿,文章充斥着自媒体人浓烈的个人情绪,而读者就爱看情绪宣泄,根本不在意文章的逻辑与主题。[2]连专业媒体人都开始这样做了,不误导网民的理解才怪呢。这类媒体人写的微信公众号新闻,因为没有核实事实,为避免严重失实,经常使用模糊化词语或句子描述"事实",在新闻真实问题上走钢丝。这些模糊化的词句或句子,加大了误读的可能性。

现在,网络新闻标题化处理稿件已经成为一种行业的编辑规范,不能说这样做不对,但标题制作故弄玄虚造成"第一眼"误读是不争的普遍问题,这是传播者一定情形下有意造成的误读,如何在这方面形成标题制作的规范,应该作为一项新闻实务的研究项目。

现在提倡网络新闻的故事化,作为一种喻证说说可以。不过要知道,大多数新闻不可能具有戏剧性冲突的故事特征。若将新闻故事化作为一种报道框架,虽然新闻素材是真实的,但新闻话语是被建构的,不论记者还是一般用户,过分关注冲突、悬念,刻意追求眼球效应,相关事实的几个 W 就会越发模糊与不确定,为新闻的理解增加难度。

二、网络新闻传播的互动造成更多的误读

传统媒体时代的受众，多少保有对新闻源媒体的观念倾向、偏爱或信任。而互联网用户可以无代价地随意选择路径，对于新闻源已经没有了过往的忠诚度；用户来自不同地区不同背景，用户接触新闻除了选择性注意与选择性理解外，新闻进入其视野经常是随意和意外的结果，这些情况加剧了多变的新闻误读。就具体的社交形态而言，微博、微信以及根据兴趣和关注推送的新闻APP等，促进了新闻的快速传播与评论互动，但这种公开、分享的新闻传播特性，也使得用户更容易对新闻产生误读。

互联网语境下，新闻接触者的阐释权加大，过往即使对新闻有不同的解读，由于缺乏对话的渠道，反馈困难，大多留在了心里，随之淡忘。现在可以随时方便地公开到网上，有了互动，带有解释性的意见更受欢迎，于是一些人际传播中的非逻辑非理性的内容为新闻的误读添了一把火。尤其在社交媒体中，处处可见新闻流通上下节点之间的互动，对于后来接触该新闻的用户来说，上一个节点对新闻的态度和理解，容易即刻反馈给下一个用户，其中意见领袖的影响、多数人的意见具有左右新闻理解的能量。

人们一般不愿意面对不喜欢的或难以看懂的信息。适应这种接受心理，网络新闻客户端的推送得以兴盛起来，“今日头条”的新闻推送已经进入到精准订制的阶段。在兴趣推送算法的运作下，推送的新闻会愈发“贴近”用户，大量同类内容的“标题党”新闻会导致误读的聚集和强化。

互联网创造了一个没有边界的虚拟空间，用户通过网上阅读的“仪式”形成“想象的共同体”，这种情形往往赋予用户一种社会临场感，感受到与一般阅读不一样的效果，即便一个人浏览网上的新闻，也有一种他人在场的感觉，他人的认知、情绪和偏见都会影响着接触新闻的用户，而实际上用户与线下新闻的距离甚远。这种情形会导致他们对所接触的新闻出现更多的误读。

网上的一种典型互动是粉丝群体与崇拜者之间以及粉丝之间的互动。关于粉丝群体的社交媒体，集中了以偶像为关键词的各类新闻。粉丝处理关于偶像的新闻，正面的留赞、转发，以数据量支持偶像；负面的则制造微博热搜替代它，或转发评论或私信新闻作者与新闻发布方。他们只关心塑造偶像的良好形象和曝光量，而新闻只能依据事实而不是粉丝群体的意愿，于是粉丝群体对某些新闻产生距离感，从而影响到对新闻的判断。例如《智族GQ》杂志编辑何

瑶写的报道《每个帝国都有它的秘密——鹿晗的粉丝帝国》[①] 上摊后，鹿晗的粉丝群体纷纷购买以支持偶像，一面倒地表示该文很积极很正面。其实，何瑶是以审视的态度考察粉丝群体，文章并不是关于鹿晗的正面报道，没有料到当期杂志热销，报道的微博转发超过 3 000 次，微博评论均留言表示偶像很棒。这是一种群体感染的传播效应。

三、网络新闻被误读了什么

互联网是一个简单的信息平台，应该理解为内容生产、产品形态和渠道占有的一体化操作性系统。对互联网新闻的误读，有着明显的技术特征和时代特征。在变化的新闻场景中，互联网语境下的新闻误读是一种群体化的现象。以往的新闻误读研究着眼于个体的误读，只涉及文本到达受众之后形成误读的原因以及特征分析，而忽略了群体的误读。那么，网络新闻在传播中被误读了什么？下面分几点加以分析。

（一）事实的误读

对网络新闻事实的误读可以分为两类：一类是只关注某一局部事实而忽略或无视核心事实；一类是全然误读，以一己之见给新闻贴标签。

关于前者，较多地发生在二次传播者一方。比如 2016 年 2 月 14 日《财经》杂志的微信公众号发表通讯《春节纪事：一个病情加重的东北村庄》，原文谈的是一个严肃的社会问题（后来证实是记者在家里编纂的“返乡见闻”）。该文发表当日，阅读量和转发量居高不下。随后该文在各大网站及微信上的标题变成了《东北记者返乡见闻：礼崩乐坏，村妇组团“约炮”》[②]。该文被二次传播以后，用户转发到微博上之后的调侃，均集中到“约炮”一事，诸如“什么时候开始笑贫不笑娼了”等。其实原文中只有 178 个字谈到这个事情，且并没有真“约”。原文至少形式上对事情的时间、地点、人物、环境以及事情发展的来龙去脉皆一一做了交代，然而最初的接触者和二次传播者虽了解基本信息，却抓住这点细枝末节来以偏概全，因为这些情节可能让人惊讶、吸引眼球。用户的误读来自有意误导。

关于后者，较多地发生在接受者群体一方。比如《人物》杂志 2014 年 10 月发表记者陈楚汉写的新闻通讯《点金游戏》[③]，主旨在于探讨电子竞技游戏发

---

① 详见 http://toutiao.com/a6230572496857989377/。

② 详见 http://www.cjn.cn/sd/201602/t2782276.htm。

③ 详见 http://fight.pcgames.com.cn/445/4457650.html。

展，因为电竞行业已由默默无闻发展到成为中国体育总局认可的第 99 个运动项目，且游戏的发展为电竞行业的选手们带来了丰厚的收入；该报道还谈到短暂的职业生涯和追逐高额转会费等问题导致整个行业岌岌可危。作者力图带动接受者关注如何让电竞行业像美国篮球联盟一样发展扩张。然而通讯在网上传播后，用户的解读出乎作者的意料，因为网上的这篇通讯被读出的是“电竞玩家是励志典型”，引申出的问题居然是“打电玩到底有没有千万年薪”。《人物》杂志以报道文化与娱乐新闻见长，吸引的是面向娱乐领域的青年网民群体，他们极易被人物成长与励志的叙事所打动，被文章的励志情节和金钱符号所吸引，而忽略了对通讯主旨的理解。

（二）情感的误读

情感的误读指的是用户在接触了新闻之后，由于新闻的内容唤起了自身经验的联想或想象激发了情感的抒发，进而造成对新闻的误读。

比如 2015 年 12 月 18 日，一个名叫 sunshine 的微博用户发布新闻，声称“sunshine 由队长 Abby，队员 Cindy，Dora，Nancy，Cheryl 等五位高中女生组成。大家多多支持哦。”① 微博发布后随即引起轰动，因为用户们都认为这是一个新的娱乐组合的出道宣言，各大媒体也以此为基调报道：又一高中生组合横空出世。用户们遇到这样一条简短的圈内新闻，过去的一种集体记忆，即芙蓉姐姐和凤姐等的出道即刻被唤起，纷纷猜想该事件为如法炮制出下一个炒作组合的可能性，进而将其误读为一条炒作新闻，对其动机的揣测和情感上的嘲讽随之一拥而上。用户在理解过程中，重组了新闻内容，重建接受画面，形成每个人心中的不同的新文本。“此时的文本，已经超越了话语所指称的具体事件，超越了新闻事件本身而联系到一系列的相关事件，而接受主体在不知不觉中拓宽的解释空间，在根本上还是以传播者的文本为基础。”[3]

根据该微博晒出的组合照片和个人照，不少网友调侃“这样的颜值也能出道，那我也可以涉足娱乐圈”，于是一场网上深扒 sunshine 的“运动”开始。2016 年 2 月 13 日 16：16，sunshine 发布了一条新动态：“对不起，我们只是希望让那些不喜欢我们的，不要讨厌我们，让那些爱我们的和我们爱的，都好好的。不想牵扯到任何人。在这里我们道歉。我们没有任何人的帮助，没有经纪公司。我们只有我们自己！”② 与此同时，她们在亳州《药都时空》的节目中表

① 详见 http://www.weibo.com/1706226210/DhlB4lXxO? type=repost# _ rnd1469273656504。

② 详见 http://www.weibo.com/5235757571/DhEZXh5LV? type=comment。

示，最初不过是贪图好玩，发条微博圈内新闻而已。至此，一场轰轰烈烈的微博新闻误读戛然而止。

（三）意义的误读

这是新闻误读的第三个层次。新闻文本承载的不仅是事实，还包括对事件的思考，可能无形中传导着某种价值观。面对网上新闻，用户根据自己的经验和知识来解释新闻，有选择地注意、理解、赞成、反对或者提出其他看法。但是有时用户与传者之间关于新闻事件的思考以及价值观的理解是不一致的，于是产生意义的误读。这种误读包括理解了新闻的意义，却以对抗式解读的方式去解码，因为网络传播赋予了接受者这种权利。

比如 2016 年 1 月 7 日，北京市海淀法院对“快播传播淫秽物品牟利案”进行公开审理，审理全程直播，在微博上引发围观。关于案件的新闻，讨论的核心问题是“快播是否涉黄”，目的是打击网上色情的传播。但一张乐视举报快播涉黄的证词图片，使得用户们对该新闻的解读转向，因为用户们普遍厌恶出于利益目的的告密行为。用户们以戏谑的口吻在乐事薯片官方微博下留言“没想到你是这样的薯片”，或在乐视的微博里扬言要“卸载乐视 APP，声援快播”，一边倒地偏向快播，而该新闻打击网上色情这一宣传目的鲜少讨论。

10 年前，《燕赵都市报》发表通讯《“最美乡村教师候选”部艳敏：被拐女成为山村女教师》①，记者祁胜勇赞美部艳敏的“大爱”，因为她被人贩子拐卖到曲阳县的一个村里，却选择留下做村小学的代课教师。然而 10 年后此事在网络上的解读意义全然不同了。用户 Micro-Yan 说：“震惊了，这是价值观的错误，是人权、法治意识的缺失吧！做乡村教师是善，但不能就这样闭着眼忽视同样存在在这个地方的恶以及恶对她和其他人的伤害。”②用户们的如潮评论显然脱离了通讯作者想要引导的方向。互联网上的信息不会随着时间的推移而自动消失，存储在海量空间里的信息一旦被用户重新发现，就会进入新一轮的解读中。

四、误读一定意义上是对新闻的一种创造性生产

互联网语境下的新闻误读处在“同-异-同”理解的流变中，极易发生交叉感染和扩散。互联网激发的是个人的能量，个人是传播中的基本单元，此种语境下的新闻误读，跨越了媒介的划分与区隔，成为一种开放式的、跨媒介的误

---

① 详见 http://roll.sohu.com/20130531/n377668553.shtml。

② 详见 http://tieba.baidu.com/p/3928922062。

读。由于用户们处在相同的“想象空间”，互动成为常态，若对某一新闻发生规模化误读，误读本身有可能成为用户间一种的社交活动，甚至狂欢。

由于传播者一方的不规范而造成的新闻误读，在任何情境和传播形态下都应检讨和改进工作。不过要认识到，新闻误读并不全是对于新闻的错误理解，可以视为一种对事实的不一样的理解。互联网语境中的新闻误读，如果已经形成一种显在的误读，就需要从另一个角度思考：误读一定意义上是对新闻的一种创造性生产，具有创造性价值。在“实时-全时”的网络时空里，误读帮助用户从不同的角度去追求新闻的真实。因为新闻不是一面镜子，不能完整地反映外部世界，新闻呈现出来的仅仅是提供者“头脑中的图像”和对事实的理解，存在着继续探求的空间。对于新闻中呈现的观点，用户们依据自身的经历提出质疑，应视为一种“舆情”，周厉王“防民之口甚于防川”的思维是不可取的。对已经发生的误读，除了事实性问题需要纠正外，“根除误读”的想法是不现实的。

误读有时表现为认知差误，但误读并不意味着都是理解错误。有时新闻呈现了事实的某一方面，而用户在理解中挖掘了事实的其他方面。有时新闻对相关事实的描述点到为止，而用户通过查询相关新闻背景、调动相关专业知识，拓展出更多的信息。真相的显现是叠加的，用户提出不一样的理解和看法，形成多样的解读文本，可能会逼近事实的全貌，也可能更大地偏离事实。如同杨保军所说：“就现实人类新闻活动来看，新闻真实越来越表现为一种过程真实，特别是越来越表现为多元传播主体共同再现、塑造的真实。”[4]

（本文与李林燕合作）

引用文献［Reference］

［1］陈秀云．新闻误解——论新闻文本间距［M］．北京：中国书籍出版社，2011：33-47.

［2］孟静．我们只有做公众号这一条出路了吗［N］．中国青年报，2016-02-05.

［3］覃岚．解释学视野中新闻文本的存在态势［J］．当代传播．2011（06）：31-33.

［4］杨保军．新媒介环境下新闻真实论视野中的几个新问题［J］．新闻记者．2014（10）：33-41.

从“嗡嗡喂”看新闻聚合网站的新闻价值运作路径

互联网的兴起改变了传统媒体的传播顺序和传播格局，也使得人的社会角色与身份得以剥离。这种新传播形态在改变社会结构的同时也对媒体自身的运作模式产生了影响。从媒体的采写、编辑、传播流程，到媒体遵循的新闻价值标准、职业道德都发生了变动。这里主要讨论社交新闻聚合网站如何运用新闻价值标准选择新闻的路径。以往，某一事实是否具有新闻价值，依据的是记者和编辑的工作经验，以及一套行业内大体认可的衡量事实是否具有新闻价值的标准；现在的社交新闻聚合网站，依据的是一种精准的新闻价值确定标准。

一、社交新闻聚合网站兴起

（一）传播技术演进，受众传播权提升和社交需求增长

近年来移动互联网和硬件设备的发展，进一步解放了沟通介质对于新闻传播的束缚。摩尔定律下的电子设备成本下降以及交互界面愈发友好化，降低了互联网的接入和使用门槛，通信网络的泛在化和移动设备的便携化，使人们能够随时保持互联网接入状态。由此，人们可以便捷地与他人进行交流，分享自己的所见所闻，尤其是在高度结构化的城市生活中，大量的碎片化时间被重新利用起来，一系列的技术红利将社会现实映射到网络空间，构建了虚拟的网络社会，助推了新闻需求者的网络社交。

在 Web2.0 向 Web3.0 的过渡时期，信息技术的演进赋予了网络用户发声的机会，用户可以对各类网络信息进行评论，将自己的观点反馈给原始信息的传播者，传者与受者的界限被打破，传-受关系可以随时转换了。于是，公民新闻凭借其泛在、迅速、亲民的优势崛起，成为众多新闻的“第一落点”。原来的大众传播媒体的新闻制作和分发能力受到强烈冲击，分散到了用户们的手中。

（二）信息超载，受众分散化并再聚合

传播科技进步在打破信息壁垒的同时也带来了网络信息的超载，网络信息呈现出数量巨大但价值良莠不齐的特征。由于用户个体对于信息的处理能力有限，海量信息需要被重新组织和规划，通过筛选，相对集中地提炼出某方面的信息以满足部分用户的共同需求。

互联网语境下的各种社交传播形态，促成了社会各方面的重构，诸如消息传递的重构、内容生产的重构、新一代人（12～24 岁）对互联网用途的重构、人们日常生活中消费支出的重构、人们观念的重构等等，网络用户们的个性需求被激活，带来了新闻接受者需求的多元取向，传统媒体单向模式化运作无法满足个性化需求。这种分散的信息需求在互联网语境下开始重新聚合，形成以多种需求为导向但内部相对均质的群体。这种新闻接受者结构的重组，有助于新闻聚合网站精准地寻找到目标受众，并为之提供更契合需求的服务。

二、互动与分享：嗡嗡喂的运营特点

嗡嗡喂（BuzzFeed）是这类社交化的新闻聚合网站的代表。它由《赫芬顿邮报》（*The Huffington Post*，美国排名第一位的纯数字新闻网站）联合创始人之一乔纳・佩雷蒂于 2006 年在纽约创建，其最初是一个实验性项目，目的是跟踪病毒式信息的传播途径和用户分享行为。嗡嗡喂最初将自己定义为“社会化广告”的先驱，现在已经成为以新闻、娱乐、生活为主的信息社交网站，为全球 11 个地区提供不同版本的信息，月流量达到了 2 亿 UV（独立访客数）。[1]

从信息来源上看，嗡嗡喂兼具原创和转载两类信息。创立时期，网站上的信息主要来自用户对于传统媒体信息的转载以及用户在嗡嗡喂自有论坛“社区”（Community）上的原创信息。由于版权问题和用户原创内容质量较差且无法覆盖重大事件，嗡嗡喂重金从《金融时报》等传统媒体招揽了大量专业编辑和记者。目前嗡嗡喂在内容生产上形成 UGC（用户生产内容）与 PGC（专业生产内容）的混合模式，转载信息比例大幅缩小。

嗡嗡喂有两类信息划分体系，一种根据内容划分，形成了 30 多个模块，既包括政治、商业、科技等相对正统的分类，也包括 DIY（自己动手）、婚礼、非异性恋群体等小众内容。另一种根据标签划分，包括 LOL（搞笑）、OMG（惊奇）、Cute（可爱）、Trashy（无用）等，这取决于用户对信息贴上的标签及数量。用户可以与作者互动，直接评论看到的信息，表达立场或要求补充。

嗡嗡喂在推送机制上采取了机器+人工的模式。它不断优化算法，搜寻出最可能受到用户欢迎的信息。同时通过用户对于信息的表态，形成类似于“众包”的推送依据。点赞越多的信息，安排在“趋势”（Trending）板块的位置越靠前，越容易被推送到首页；某类信息被贴上的标签数量越多，也越容易被推送到该分类下。除了嗡嗡喂的编辑对信息的必要调整外，用户基本决定了推送什么。

需要注意的是，嗡嗡喂与中国的“今日头条”等新闻聚合类客户端不同，我国新闻聚合类客户端的新闻，来自网络爬虫收集，几乎没有原创内容，并且推送机制也是基于机器的算法判别，用户几乎没有反馈权限。

三、嗡嗡喂对新闻价值判断的运作变化

（一）传统新闻价值的传者本位

“新闻价值”的理念指导着新闻从生产到传播的整个过程。以往关于“新闻价值”的认识，常见的有“效用说”“需求说”，即满足主体需要的一种有用属性。即使强调对受众的有用，仍是以传播者自身的判断作为依据，诸如重要性、时效性、接近性、显著性、趣味性等等。

新闻价值必须由传-受双方共同认可。传播者发出的信息一旦被接受者认可，这个信息便具有了新闻价值。仅一方认可的事实，特别是传播一方认可的事实，若接受者不认可，即无新闻价值。传播者选择和传播的新闻，一般基于受众对新闻使用价值（有用、有意义、感兴趣）的考虑，但同时还有自身经济利益（交换价值）、政治利益（宣传效果）的考虑。[2] 在此基础上，本文第一作者提出了“新闻价值十要素”，认为有新闻价值的事实包括：发生概率小的事实，减少不确定性的事实，与受众利益直接相关的事实，影响巨大、影响面广泛和立即产生影响的事实，与受众心理距离接近的事实，与著名人物和著名地点相关的事实，冲突性事实，情感性事实，心理替代性事实，反差性事实。[3]

（二）嗡嗡喂对新闻价值判断方式的转换

随着社交媒体和公民新闻的兴起，以往传统媒体被动的受众变得越来越主动，与传统媒体单向的新闻生产相比，嗡嗡喂增加了对信息的反馈，实现了信息的双向传播。嗡嗡喂每天对上千合作的新闻博客的数据进行扫描，找出受欢迎度可能性高的文章（根据网民分享文章的次数来判断），然后再精选出最具发展希望的样本。通过搜索、发送信息链接，为用户浏览当天网上的最热门事件提供方便。这类运行建立在众人新闻选择的基础上，比记者根据新闻价值的经

验判断、选择新闻要精准得多。

传统媒体对事实的新闻价值判断，只能依赖具体的记者编辑依据自己对新闻价值诸要素的认识来判断，经验性很强，与新闻接受者的意愿的契合程度很有限。除了上面谈到的运作外，还有很重要的一点，即将具有新闻价值的事实的范围，从内容扩展到了表现形式，形式本身也成为事实得以传播的价值要素之一。具体而言，可以从以下两方面加以分析。

1. “分享”比“内容”更加重要，分享提升了新闻价值

嗡嗡喂率先提出了“分享”比“内容”更重要的传播理念。在嗡嗡喂的每一条新闻中，都附有各类社交媒体的分享链接，供用户轻松地将内容分享到他们的 Facebook、Twitter 等社交媒体中。同时，嗡嗡喂的用户可以轻易联系到任何一篇新闻信息的作者，与作者进行交流，在传-受之间进行信息和观点的分享。例如报道 2015 年 11 月 14 日巴黎暴恐事件时，嗡嗡喂除了援引传统媒体的内容外，也鼓励用户将自己的所见所闻、所思所想及时地在社交媒体上与其他用户分享，激起用户的参与热情，从而扩大新闻的传播范围和影响力。由于网络信息的“无影灯效应”，大量用户相互印证和筛选信息，大家不仅对这方面的信息进行了有效的补充，还共同修正了错误信息。

嗡嗡喂还提供便捷的分享人口，处理新闻事实时倾向于选择那些易于激起用户讨论和分享的事实。即使是报道政治、经济等题材的硬新闻，也大多会进行“软化”处理。比如报道美国总统候选人唐纳德·特朗普的最新发言时，嗡嗡喂没有直接报道他的发言内容，而是先梳理了特朗普曾经说过的许多假话，用一种调侃的态度报道这一事实，立即激起了用户的大量讨论和分享。为了契合用户的分享需求，“清单体”成为嗡嗡喂网站的特色文体形式，例如“艺术史上 19 个有趣的反应”“唐纳德·特普朗说过的 6 个谎言”等，这一表现方式的特点在于内容通常能激发受众的阅读兴趣，且形式简洁、易于阅读。经过“清单体”处理后，新闻的分享率大大提高。

2. 标签分类，新闻的秩序化提升了新闻价值

嗡嗡喂的用户可以在网站上给新闻贴“标签”，也就是对新闻内容进行自己认可的分类。在这一过程中，用户可以根据自己阅读后的感受对新闻进行评价，从文章尾部众多标签中选择一个表达自己的态度。根据用户投票，新闻会被分到得票最多的标签内容板块中。例如某一新闻获得最多的标签为“LOL”（搞笑），就会被分类到“LOL”板块。通过这种类似“众包”的用户筛选模式，不仅节约了嗡嗡喂本身新闻传播的成本，还能够精准地将新闻分类。用户可以通过标签便捷地找到想要阅读的新闻类型，并且这些新闻还以该类型要素程度的高低进行排序，越靠前的，越具有标签所代表的特征。通过由用户为新闻贴标签，原本纷乱的内容变得有秩序了，降低了用户搜寻的成本，提高了用户信息搜寻的匹配程度，相比于传统的新闻呈现方式，新闻的秩序化形式为事实的新闻价值增添了附加值。

对于嗡嗡喂及其新闻作者来说，他们通过新闻的秩序化排序获得了用户对文章质量、角度、表达等方面的反馈，使得他们对事实的新闻价值有了接受方的评判依据，从而有助于他们在以后的新闻生产和传播中，更精准地把握和判断事实的新闻价值。

（三）传统新闻价值要素的“变”与“不变”

纵观嗡嗡喂这类社交新闻聚合网站所呈现的新闻，可以看到它们选择新闻的新闻价值标准本质上没有根本改变，大众传播时代视为圭臬的新闻价值要素在嗡嗡喂上得到了充分体现，前述本文第一作者提出的“新闻价值十要素”，在影响很大的事件中，嗡嗡喂突出了其中的六个要素，即发生概率小的事实，减少不确定性的事实，受众利益直接相关的事实，影响巨大、影响面广泛和立即产生影响的事实，冲突性事实，反差性事实。例如发生在 2015 年 11 月 14 日的巴黎暴恐事件，由于其巨大和即刻的影响力，一时间占据了全世界各大媒体的头版。11 月 14 日和 15 日这两天，嗡嗡喂首页重要位置的新闻全部是关于巴黎暴恐事件的报道，而在完全由用户评判的“趋势”板块，高居榜首的也是相关报道。可见新闻价值的衡量标准，在传统媒体和社交新闻聚合网站均呈现了其普适性。

相比而言，大众传播存在着致命的反馈机制欠缺的问题，加上新闻生产周期长，反而使一些新闻价值要素难得到充分重视，而这些要素在嗡嗡喂上则得到了充分实现，主要有以下四点。

第一，事实与接受者之间的心理距离要素得到了凸显。对于周边信息的高度敏感是人类的天性，在互联网时代，新闻接受者面对海量信息，拥有了对新闻的较大自主选择权，打破了传统媒体在有限时间和版面上的新闻限量，他们倾向于接收与自己兴趣、生活地域、社会阶层有关的新闻。无论是以内容为划分的依据还是以标签为分类的系统，嗡嗡喂都是以兴趣需求为导向的，使得心理接近的可能性增大，接触的便捷性也增大了。

第二，报道对象的知名度获得凸显。嗡嗡喂有关著名人物、著名事件和著名地点的报道占有很大比重，但以往传统媒体所热衷的商界、政界名人和社会道德楷模的报道模式在嗡嗡喂不大受欢迎，娱乐明星的花边新闻（包括与以往发生的事件、地点相关的新闻）获得了更多的关注，显然，知名度要素发生了偏向，例如社交名媛金·卡戴珊（Kim Kardashian）经常因绯闻出现在嗡嗡喂的显著位置。

第三，情感事实获得凸显。人们的日常社交中包含大量情感信息，与传统媒体强调客观的表达方式不同，嗡嗡喂倾向于选择体现人类情感的角度切入事实，表达方式上更具亲和力，深谙新媒体时代诉诸情感的传播之道。

第四，与新闻接受者利益相关的事实获得凸显。嗡嗡喂十分重视新闻对于新闻接受者的实用价值。其“生活”板块有大量包括美食、DIY、育儿、旅行等生活指南方面的新闻，给用户带来实际的帮助。“生活”板块的入口，位列嗡嗡喂首页的第三位，有专职员工及时管理和专栏作者供稿。在“趋势”的榜单上，该类内容长期名列前位。在网络分众传播时代，受众个体利益成为信息选择极为重要的因素。

四、嗡嗡喂对新闻价值判断的运作带来的新问题

以嗡嗡喂为代表的社交新闻聚合网站对传统新闻价值的运作进行了再造，但无论从嗡嗡喂的企业宗旨还是从它的新闻生产、传播过程上看，其都存在一些明显的问题。

（一）“邂逅式”阅读导致多数新闻生产的无用功

嗡嗡喂这类新闻聚合网站节省了新闻接受者找寻新闻的时间，但他们碎片化阅读的习惯使得网站每天生产和转发的新闻还是超越了人们的信息处理能力。根据皮尤研究中心（Pew Research Center）发布的2015年《新闻媒体报告》，新闻接受者每次打开新闻网站平均停留时间为3分钟。[4]亚马逊所属的Alexa公司对嗡嗡喂近期人均页面浏览量的测量结果为3.08分钟，证实了皮尤调查结果的准确度。[5]这种情况意味着，尽管新闻聚合网站不断保持着实时更新，但是受众仅在碎片化时间内随机打开网站，除了成功进入首页推荐的极少数新闻能被当日所有接受者看到外，他们只在有限的数分钟内翻阅排位靠前的部分新闻。这种海量信息下“邂逅式”“窥见式”的新闻阅读，使得大量排位靠后的新闻几乎废置。跳失率（bounce rate，用户浏览第一个页面就离开的访问次数占该入口总访问次数的比例）较高，是社交传播形态媒体的通病，造成了新闻资源的很大浪费，导致多数新闻生产做着无用功。如何避免新闻资源的浪费，实现新

闻的新闻价值，需要社交新闻聚合网站在提高质量、控制规模上进行优化。

（二）新闻的过度自我选择造成“信息茧房”效应

嗡嗡喂的分众传播策略是其核心竞争力，但也造成新闻接受者在知识接触方面的“信息茧房”效应。在社交新闻聚合引力的催化下，新闻寻求者逐渐失去了解其他事物的机会和能力，深陷于自己创造的信息茧房内。新闻聚合网站通过这种社交功能，自然组合了一个个群内均质、群间异质的兴趣群体，群体内部的过度交流和群体间的极少交流，导致群体极化和社会黏度的下降。新闻媒体本来承担着扩大公众社会能见度的重要角色，但在这种聚集事实新闻价值的运作中，日复一日地推送新闻接受者偏向的新闻，新闻价值的效用被偏颇地运用，产生的长久传播效果不利于人的全面发展。

（三）新闻传播精度相对较低，易被操纵

对事实的取舍，嗡嗡喂采取的是民主式的投票方式，这种方式虽然能表达每一个用户的倾向和偏好，但在这种取舍方式下，仍然会形成网站内部小范围的“多数人信息暴力”，造成以下两方面的情形：

其一，嗡嗡喂以投票方式推到前位的新闻，并不能完全满足每一具体圈层内所有新闻接受者的个体需求，它的分众传播模式以圈层群体的需求为标准，对个体来说，传播精度仍然相对较低。其二，这种投票方式存在被操纵的漏洞。嗡嗡喂的新闻推送依据新闻本身的点赞数，操纵者只需要发动相关力量对于想要操作的新闻进行规模化点赞，就能够强制提高其曝光率，使得目标新闻排位靠前于其他新闻，并利用“邂逅式”阅读模式的特征，进一步拉动阅读者的点赞，无形中限制、避免阅读者对其他新闻的表态，于是滚雪球式地操纵新闻的传播得以成功。例如 2015 年奥斯卡颁奖典礼后，关于美国女演员安妮·海瑟薇（Anne Hathaway）的各类负面新闻爆发式地出现，占据嗡嗡喂多个板块的头条，就是这种操作的结果。这样做明显地扭曲了新闻价值内涵的诠释和传承，偏离了新闻价值的运作规范。如何防范，需要在程序上有较为完善的设计。

这样的运作缺陷也有可能被公关公司利用来搞话题营销，甚至新闻聚合网站本身也有可能联合商业公司进行直接的公关宣传。不过，新闻聚合网站本身若这样做，会面临自身信誉的危机。

五、传-受新闻价值标准的艰难平衡

社交新闻聚合类网站以依赖新闻接受者为其传播形态的架构，它们依靠集聚的新闻接受者的注意力资源维持商业运行，这一点对以“社会化广告”营销起家的嗡嗡喂来说尤为明显。早期的嗡嗡喂网站充斥着各种低俗、八卦内容和虚假信息，导致大量接触者流失。后来嗡嗡喂招聘传统媒体编辑、记者，提升原创严肃新闻的比例，过滤用户原创新闻的申请成分性，力图在新闻接受者的新闻价值标准与传播者的新闻价值标准之间，寻找一个平衡点，利用传统媒体的多元化视角去抵消草根视角的单一性。新闻价值的本质是满足新闻接受者对新闻的需求，对于这种文化、情境和人们主观性综合作用下的判断，不存在唯一的真理性标准，只能在传-受新闻价值标准的动态平衡中不断修正。

无论是传者本位还是受众本位的新闻价值标准，都存在自身所固有的缺陷。传者本位的新闻价值观，从传播者的角度估量新闻接受者的需要，经常出现与实际需求的偏差，也较多地受到政治、商业、宗教力量的左右，其一厢情愿的宣传性特征比较明显。受众本位的新闻价值观，仅从迎合新闻接受者的角度考虑问题，容易忽视新闻信息的社会价值，表现为过多的感官刺激。这两种新闻价值标准之间应该形成互补关系。

（本文与何健、马骏合作）

引用文献［Reference］

［1］BuzzFeed. BuzzFeedTeam［EB/OL］. http://www. BuzzFeed. com/about/team? . 2015-11-22.

［2］陈力丹，张建中. 新闻理论教程［M］. 北京：中国人民大学出版社，2013：28-32.

［3］陈力丹. 新闻理论十讲［M］. 上海：复旦大学出版社，2008：35-51.

［4］Pew Research Center. State of the News Media 2015［R/OL］. http://www. journalism. org/2015/04/29/newspapers-fact-sheet. 2015-11-22.

［5］Alexa. cn［EB/OL］. http://www. alexa. cn/index. php? url=buzzfeed. com. 2015-11-27.

互联网原生广告对传统广告的挑战

2012 年，硅谷风险投资家弗雷德·威尔逊（Fred Wilson）提出原生（自然）广告（native advertising）的概念：这是一种从网站和 App 用户体验出发的广告样式，整合了网站和 App 本身的可视化设计，把体验本身与广告内容融为一体。尽管弗雷德·威尔逊将原生广告定义为一种盈利模式，但本文并非从盈利的角度出发，而是以广告内容与媒体内容融合、满足公众对具有新闻价值的事实和话题需求为前提，来论证广告如何“自然”地与公众需求相结合。喻国明认为，形式上融入媒体环境，内容上提供用户价值，促成产品与用户之间的关联与共鸣，是原生广告必须满足的条件。[1]原生广告不仅形式上与屏幕显现的内容一致，而且内容与广告的无缝融合，是内容真正为公众服务，而非假服务、真广告。就在威尔逊提出这个概念当年，“原生广告”开始受到关注，至 2015 年，关注度仍保持在较高水平。下面是“谷歌趋势”展现的“原生广告”概念热度变化情况：

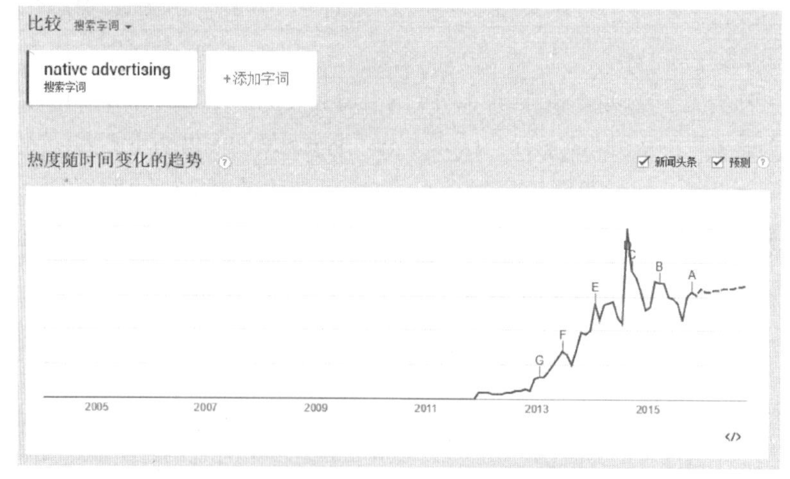

2015 年 10 月 20 日谷歌趋势“native advertising”关键词搜索结果

原生广告与报刊的软文、电视新闻的新闻植入式广告是否一回事?

在传统媒体背景下，软文、新闻植入式广告均是违反《广告法》(新法第十四条) 的行为。软文编造一些真真假假的故事加以文学化描写，以新闻报道的名义占据大量报纸新闻版面；新闻植入式广告则是明目张胆地将广告内容植入电视新闻报道中作为其组成部分，例如2015年11月15日某新闻展现某省政府走访调研企业，画面中有意呈现企业的牌照、商标以及企业官网的特写镜头，实际上是为该企业做广告。软文、新闻植入式广告的表现方式不同，但性质都是欺骗公众，将广告主的利益冒充为公共利益，诱导公众把没有新闻价值的东西当作新闻来接受，侵占了他们的自由时间。

互联网传播形态下的原生广告，以提供对用户有价值的信息为先，在此基础上渗透商品、品牌的价值理念，强调页面呈现的和谐感与整体性，与界面内容无缝融合。

传统媒体广告，特别是纸质媒体的广告，其特征基本是展示。电视广告利用观众欲知下文（情）的心理，经常突然强行插入广告，强迫观众看不想看的内容；即使是有情节的广告，几十秒之后也会原形毕露，显现出要展示的观念或产品。现在的广告理论其实总是处于悖论中——一方面强调如何艺术化和利用人们的接受心理来吸引人；一方面又无法摆脱广告单纯展示的特征，无法避免强迫受众接受的态势。原生广告亦可翻译为“自然广告”，其内容与网民希冀寻找、接受的内容对应，其呈现是自然的，而非打断接受方思路的那种强行展示，因而“native advertising”的表达颇为贴切，它的出现对传统广告构成了一系列挑战。首先是对传统广告的概念构成挑战，广告不再是单纯地展示，而是嵌入到了媒介内容之中，可以给用户带来良好的用户体验。其次，就广告与新闻严格区分的传统新闻职业规范而言，原生广告的出现模糊了广告和新闻的边界，广告诉求与公众对信息的需求在一定程度上实现了统一，对原有的新闻职业道德规范也构成了挑战。

一、原生广告对传统广告的概念构成挑战

提到广告，人们的第一反应是“展示”——展示产品特征，展示企业文化或宣传某种理念等。在这个意义上，传统广告的本质在于展示。广告的定义因视角不同会产生诸多差异，20世纪末以来，被广泛接受的一种定义为：广告，是由可识别的出资人，通过各种媒介进行的，有关商品（产品、服务和观念）

的，通常是有偿的、有组织的、综合的和劝服的非人员信息传播活动。[2]从上述定义可以看出，广告行为是一种劝服性的信息传播活动。对广告主的这种立场，消费者（受众）通常十分清楚，他们在看到广告信息时，会有一定的心理预设，警惕广告对自己时间和兴趣的侵蚀。

按照广告主的诉求目的划分，可以将广告分为以推销商品为目的的广告、以树立形象为目的的广告、以强化或建树观念为目的的广告。不论哪种广告，都带有强加于人的态势，不会首先考虑受众是否需要或喜欢，而首先考虑必须把“我”想说的说出去。由此可见，传统广告具有明显的“展示”属性，它只是向受众灌输产品信息或者企业理念，以期达到改变消费者行为的目的。在不需要的情形下，广告的任何展示都会带来抵触和厌恶情绪，传统广告难以给消费者带来良好的用户体验。

原生广告平台 Sharethrough 和市场研究机构 IPG 合作发布的一份报告指出，消费者观看原生广告的频率要比展示广告高出 53%，32%的被调查者表示，他们愿意和家人分享原生广告。[3]由此可见，受众对传统广告的展示性普遍持有一种排斥的态度，如果广告内容和页面实现了无缝融合，用户没有意识到自己是在接触广告信息，则可能不会中断观看，甚至愿意和家人一起分享原生广告。和传统广告相比，原生广告的传播效果更好。

（一）广告内容：产品特征合理融入媒介内容

媒介内容与广告内容的无缝融合是原生广告的本质特征，原生广告的内容嵌入在用户阅读的页面之中，所呈现的内容符合用户对页面整体内容的期待，同时在形式上融入媒体环境，不会生硬地打断用户的阅读过程，而且内容有趣味、实用，与自己的需求或兴趣相关，通过情节和有逻辑的布置，使产品或品牌信息恰当、合理地融入内容，自然地成为内容的一部分，不显得生硬、突兀，不破坏用户体验。[4]

例如《纽约时报》网站推出的深度报道《面对女囚》（Women Inmates）[5]，该报道接受了以自制剧《纸牌屋》名噪一时的流媒体网站“奈飞”（Netflix）的赞助，配合宣传其新剧《女子监狱》（*Orange is the New Black*）。这篇文章报道了女囚在入狱前的生活遭遇，以及入狱后所面对的种种困境和压力，表现了这个特殊群体的悲欢离合。女性的生理需求、家庭责任以及其入狱的原因，使得她们面临着和男囚非常不同的监狱生活，然而监狱里的生活条件并不符合女性的生理特征以及生活需要。文中提到，在过去的 30 年里，美国监狱的女囚人数增长了 8 倍，然而女子仍然要穿着那种为男囚定制的连体裤，这种衣服不适合女性的身体结构，甚至使得女性丧失尊严。这篇深度报道采访了诸多女囚以及《女子监狱》的编剧，运用文字报道和采访视频相结合的方式，旨在探讨如何帮助女囚面对监狱生活这一社会问题。该报道以类似于“讲故事”的手法，使文章情节具有吸引力和感染力。用户在浏览时不会意识到这里面有一定的广告成分（为《女子监狱》的推出做铺垫），而是被文章内容本身所吸引，对女囚产生同情或怜悯的情感共鸣，并反思这一社会现象。

再如彭博新闻社与苏黎世保险集团合作，开发了名为“风险全视图”（Holistic View on Risk）[6]的全媒体系列报道，用深度报道、可视化新闻及视频等多种方式，多角度聚焦全球商业贸易中潜藏的风险，文章从网络安全问题对全球商业贸易的威胁、新兴市场中潜藏的商业风险以及洞察贸易风险的途径等角度，让接受者全面了解全球商业贸易风险现状，树立危机意识。这组文章配合的是其原生广告客户——苏黎世保险公司的市场需求，然而并无明显的广告植入痕迹，真正以内容服务接受者，用户在浏览时意识不到其具有一定的广告属性。

（二）广告形式：设计融入媒体环境

原生广告是嵌入在原网页之中的，形式上符合媒体整体的视觉风格，同时融入用户的视听和操作习惯，不破坏原有界面，不打断注意力，符合用户的使用预期。[7]

互联网新闻博客 Mashable 的页面左侧有一列名为“What's New”的栏目，在众多“新闻”中，就包括一些原生广告。例如 Mashable 上的一条关于“儿童中性服饰搭配”（The gender neutral kids clothing you've been searching for）[8]的帖子，讨论了男孩子和女孩子穿衣风格的问题，传递了一种打破传统男女衣着思维定势，号召男女平等的价值观。它是 Jessy&Jack 童装品牌的原生广告，但这样的观点确实具备了观点新闻的价值。人们在浏览这则帖子时，注意的是新观点，一般不会意识到它内含的广告成分，这则帖子获得了 6 500 余次的转发，高出该栏目文章转发量的平均水平。这种良好的传播效果是传统展示性广告很难达到的。另有研究显示，相比于展示性广告，原生广告的颜色和网站整体搭配协调，其点击率与颜色独立、突兀的传统广告相比，提升了 64%。[9]

匈牙利心理学家米哈里·契克森米哈（Mihaly Csikszentmihalyi）在他的论著《心流：最佳体验的心理学》提出了心流体验理论（Flow Experience），他认为心流体验是一种对正在进行的活动和所在情境的完全投入和集中。这是一种人们因为沉浸在一项活动中而忽略身边其他事物的状态。在互联网下，这是一种良好的用户体验，会产生愉悦感。基于心流体验理论，有两位学者提出了网络环境中心流体验的四个维度：（1）对计算机交互的一种控制感觉；（2）集中的注意力；（3）交互过程中唤起的好奇心；（4）对于交互有发自内心的兴趣。[10]由此可见，原生广告没有生硬地打断用户的阅读过程，可以提供有价值的内容信息，激发了受众的好奇心并保持了用户的注意力，因而可以给用户带来良好的心理体验。

1993 年，另两位学者建立了超媒体电脑媒介环境（CME）中的心流体验概念模型，认为心流体验会产生一系列结果：增加学习、探索和参与行为，积极的主观体验，并且满足用户潜在的控制感。[11]依据此理，原生广告实现了新闻内容与广告内容的无缝衔接，激发用户好奇心，无形中把“浏览行为”转变为“参与行为”，培养和巩固了对品牌的忠诚度。例如发现卡（Discover Card，一种在美国广泛使用的信用卡）的原生广告，以“12 件越久越好的物件”（12 Things That Only Get Better With Time）[12]为标题，列举了 12 件使用或存放时间越长就越有价值的物品，比如牛仔裤、奶酪和红酒等。最后作者说，这些物品就像是发现卡一样，用得越久就越有意义，并附上该产品的网站链接，方便用户进一步了解该产品。

相比于传统的展示性广告，与页面无缝融合的原生广告在用户产生心流体验的基础上，激发了用户自发的探索性行为。某种程度上说，不是广告主在找寻用户，而是用户无形中在找寻广告主。

二、原生广告的出现会改变广告与新闻分离的基本原则吗？

原生广告的设计，采用新闻价值的标准，一定程度上实现了广告主的诉求与公众对新闻需求的统一，模糊了以往传统广告和新闻的边界。包装成新闻的原生广告，因为具有某个或某些新闻价值要素，从而实现了广告诉求与公众对新闻需求的融合。如上文所提到的《面对女囚》的深度报道，其主题本身就是公众希望了解的一类社会问题，议题本身具有一定的情感冲突，于是一定程度上实现了电视剧播出前舆论铺垫的广告诉求与公众对新闻需求的统一。“风险全视图”系列报道，因为涉及全球商业贸易风险和接受者的诸多自身利益，因而主动接受这一系列报道的人很多，获得了良好的传播效果。而以往的新闻职业规范是：广告与新闻必须分开，广告要有明显的标志，以利于接受者可以辨别出广告与新闻。原生广告的出现，对以往的新闻职业规范提出了挑战。

（一）商业利益不能侵犯公众利益的原则不能改变

原生广告践行着“互联网思维”，它借助互联网开发、协作、分享的特性，将每一个参与的用户联结在一起，形成由无数点组成的巨型网络，由此产生无数可能性。但原生广告对新闻价值和公众需求的价值判断和运用，由于业务水平的差异、广告主追求长远利益还是眼前利益的动机差异，都会影响广告“嵌入”的传播效果，有时能够很好地将广告与新闻融合，但把握不好，也很容易混淆视听，再现广告主变相发布广告的套路，为侵犯公众利益提供机会。

就此，美国联邦贸易委员会（FTC）曾经提出警告，在某些情况下原生广告的滥用将可能构成违法，对于那些越过了内容和广告间界限的公司，FTC已经展开了行动。[13]美国互动广告局（IAB）明确提出：“必须用明确的语言标明这是广告”，“注明是广告的字样必须足够大且清晰，能够让观看者意识到这是广告”。如Mashable的原生广告会在文章下方标注“推广”（promoted）字样，明确地向读者表明此篇文章属于广告信息。嗡嗡喂的原生广告也会在作者姓名上方使用“广告主”（advertiser）的小标签，或者标注“品牌推广”（brand publisher），方便接受者区分广告信息和真正的内容信息。谷歌工程师为此设计了一个软件程序，可以自动识别和标记这些他认为是原生广告的信息，用户则可以自主选择，接收或者拒绝这一类广告。[14]

原生广告目前有效的形式是来源公开、用户接受。如果广告内容没有公开透明地做出标示，用户接触并发现后会产生反感。一次研究发现，67%的被调查者在发现一篇文章与赞助广告有关后，会感到被欺骗了。[15]美国互动广告局调查显示，原生广告的信息来源如果缺乏公开透明度，用户会对此品牌留下消极的印象。[16]

我国当前的原生广告发展不够成熟，大多数自称“原生广告”的广告并不具备这类广告的特征，而且不标注此信息为广告，将广告混杂在媒体内容里，隐藏信息归类，导致用户将其作为内容信息来阅读，在不知情的情况下不仅接受这类广告，且伴随评论和转发令其进一步扩散。有的媒体经营者欺骗用户并危害用户利益，将可能带来的传播后果转嫁到用户身上。

2015年9月1日，我国新《广告法》正式实施，第十四条明确规定“大众传播媒介不得以新闻报道形式变相发布广告。通过大众传播媒介发布的广告应当显著标明‘广告’，与其他非广告信息相区别，不得使消费者产生误解”。此外，该法新增关于互联网广告的规定，比如互联网广告应一键关停，广告电子邮件未经同意不能发送。但是互联网是一个新兴事物，围绕它出现的一系列问题有待观察和摸索，新《广告法》仅开始涉及互联网广告领域，更多的关于互联网广告的传播道德问题，还需要出台可操作性的法规。广告商与新闻工作者也要严于律己，自觉保护用户隐私，明确广告标识。

（二）打通新闻编辑部与经营部门的前提是节目独立于广告主的利益和诚实报道

传统媒体条件下，通过编辑部与经营（广告）部的分离来防止商业利益对公众利益的可能侵犯。互联网传播形态下，原生广告以创新的形式适应新的传播环境，许多媒体都在进行探索与转型，找寻原生广告与新闻内容完美结合的路径。

《抛弃什么，保留什么，获取什么——〈华盛顿邮报〉执行主编马丁·巴龙关于纸媒转型的思路》这篇文章提出了与以往相反的认识：面对新的市场环境与传播环境，报社不可以再坚持旧有的观点——新闻编辑部门可以脱离发行和广告而独立运作。马丁·巴龙承认，新闻编辑部门坚持独立运作，不与经营部门混在一起是值得称赞的，这有利于更好地坚守新闻职业道德，避免新闻采编受到商业利益的压迫与影响。但是，他也指出，新闻采编与发行广告不可能彼此独立，互不干预。在传统媒体蓬勃发展时期，媒体在受众与广告主之间占有主导地位，新闻采编人员只需要关注并写好内容，不需要深入思考新闻是如何盈利，如何赚钱的。他说："新闻编辑部门和经营部门的距离使双方互不了解。新闻编辑部门人员从未真正了解我们如何赚钱，而且坦率地说，他们并不真的关心。然后，经营部门也不真正了解新闻编辑部门。"[17]

随着传统媒体的日渐衰退，新闻编辑部不得不直面经营问题。互联网给传播方式带来了变革，广告主对广告的呈现与效果有了更高的要求，他们希望寻找一种精准投放、交互共享、深度测量的新兴广告模式，而这种要求使得新闻采编部门必须参与到经营部门创造产品的过程中，使得产品既满足广告主的要求，又在一定程度上满足公众对新闻和其他信息的需求。这种结合的前提依然是媒体独立于广告主的利益和诚实报道。同时，传统媒体时代的一些规范仍在严格实行，例如《纽约时报》等传统主流媒体网站使用醒目的"栏头"把原生广告与正常编发的内容区别开来。在开发"赞助型新闻"的过程中，实行事实的"双重信源核准"，确保新闻的权威性和媒体的公信力，避免公众被误导。原生广告吸引人的魅力在于它自身的设计——广告内容与媒体内容的统一，以新闻价值和公众对信息的需求来吸引人。

国内新闻媒体目前在制度方面不具备实行编辑部与经营部融合的条件，相反，为遏制广告对新闻报道无孔不入的侵蚀，不得不加强对媒体职业道德的监管，因为媒体缺乏自律的自觉，职业道德问题目前大多是通过他律解决的。在没有职业自律的情形下，以满足公众需要为前提的原生广告很可能走样，变成形式上的原生广告，只有广告而没有公众需求的信息。做好原生广告，需要媒体工作者遵循职业规范和无推销动机，从而在日常运营中积累下一定的可信度和权威性，使得用户信任内容而不是广告，原生广告借助媒体既有的资源和口碑，进行商品或品牌的推广，商品或品牌通过赞助媒体内容获取一些信任。如果媒体工作者将广告信息融入媒体内容和主题之时，不从满足公众需求出发，就会纵容商业利益侵犯公众利益，制作的所谓“原生广告”自然变味了。

原生广告给新闻职业规范带来挑战，需要根据新的传播环境来调整规范的具体操作方式，但有一点是不变的，即商业利益不能侵犯公众获取新闻需求的利益，原生广告是在尊重这一点的前提下与新闻内容实行融合，把广告主的利益融入公众新闻需求的利益之中。然而，具体实施中如何保障这一点，如何对原生广告进行监管，目前还没有成功的经验。

三、原生广告尚不完善

原生广告看起来很美，成长迅速，被用户接受的程度较高。原生广告只是给传统广告带来了挑战，而不是全方位的威胁。原因在于：

首先，并非所有广告内容都可与媒体内容融合，可能相当多的广告无法与公众的信息需求契合。很多所谓的“原生广告”其实并不“原生”，只是比较好看的传统广告罢了，这些广告依然直截了当地向接受者灌输关于目标产品的理念，没有实现与页面内容的融合。比如凤凰网为汽车“长安福特翼搏”策划了名为《拼一代》的节目，用卡通人物的形式，告诉人们在这个拼爹、拼颜值的时代，我们还可以拼搏、可以拼车，可以和志同道合的朋友拼出属于我们自己的快乐人生。这个节目虽然在一定程度上给接受者带来了正能量，但是仍然具有明显的宣传痕迹以及展示特征，用户经历的仍是一个接受广告的过程。这个节目算不上原生广告，只是一则做得比较好看的传统广告而已，有“假服务，真广告”之嫌。

其次，原生广告从成本设计到传播效果测量，都没有成熟起来。原生广告制作成本通常较高，难以实现规模化生产；其广告效果测量体系还不成熟，评估标准具有复杂性，如果像传统广告那样，单纯依靠点击率来评判广告投放的效果，结果是不准确的。

最后，任何广告归根结底是以广告主盈利为目的，因而不能幻想广告主的利益会由于有了原生广告之后，就自然向公众利益转移。媒体可以与广告主合作制作以满足公众需求为主要目的的原生广告，但是在广告和新闻的界限日益模糊的今天，媒体也要有责任拒绝广告主提出的侵犯公众利益的过分要求。在这里，马克思的话需要谨记："任何报纸广告都是智力的表现。但是，谁会因此说广告就代表出版物呢？土地不会说话，会说话的只是土地占有者。因此，土地必须以智力的**形式**出现，才能表达自己的要求；……为自己的家园而奋斗的**讲求功利的**智力，跟不顾自己的家园为正义事业而斗争的**自由的**智力当然是不同的。"[18]

四、总结

原生广告以其自然融入媒体内容和首先满足公众对信息的需求为前提，而形成了对传统广告的挑战。我们原来对广告的理解发生了重大变化，广告不再是单纯地展示信息，而是可以通过广告内容和页面的无缝融合，不打断用户注意力，给浏览者带来良好的用户体验，进而提升广告传播效果。广告与新闻截然分离本来是新闻职业规范，现在的原生广告一定程度上采用新闻价值和公众需求的标准，可以实现广告诉求与公众信息的适当融合。然而，广告和新闻边界的模糊，构成了对新闻的职业规范的挑战，需要根据新的传播环境来考虑采用何种监督机制来制止商业利益对公众利益的侵犯。目前这方面还没有完善的实践经验，需要探索。

（本文与李唯嘉、万紫千合作）

引用文献［Reference］

［1］喻国明．镶嵌、创意、内容：移动互联广告的三个关键词——以原生广告的操作路线为例［J］．新闻与写作，2014（3）：48-52.

［2］阿伦斯．当代广告学［M］．8版．北京：人民邮电出版社，2005：7.

［3］Jab Team. IPG Lab & Sharethrough：Exploring the Effectiveness Of Native

Ads [EB/OL] . (2013-06-18) [2015-11-20] . https://www. ipglab. com/2013/06/18/ipg-lab-sharethrough-exploring-the-effectiveness-of-native-ads/.

[4] 张庆园，姜博 . 原生广告内涵与特征探析 [J] . 华南理工大学学报（社会科学版），2015（4）：65-71.

[5] Women Inmates. [EB/OL] . [2015-12-14] . http://paidpost. nytimes. com/ netflix/women-inmates-separate-but-not-equal. html? _r=0. 2017 年 8 月 14 日登录查询，已失效。

[6] Holistic View on Risk. [EB/OL] . [2015-12-14] . http://www. bloomberg. com/sponsor/zurich/holistic-view-on-risk/? mvi=1f94e08cbed54f4e94aa9763c573c0da. 2017 年 8 月 14 日登录查询，已失效。

[7] 张庆园，姜博 . 原生广告内涵与特征探析 [J] . 华南理工大学学报（社会科学版），2015（4）：65-71.

[8] The gender—neutral kids clothing you've been searching for [EB/OL] . (2015-10-03) [2015-11-01] . http://mashable. com/2015/10/03/gender-neutral-kids-clothes/#kVvULGeNTaqA.

[9] 原生广告的成长烦恼 [EB/OL] .（2014-06-27）[2017-08-15] . http：///www. yingmoo. com/news _ 19041. html.

[10] Webster Jane；L K Trevino；L Ryan The Dimensionality and Correlates of Flow in Human Computer Interactions [J] . Computers in Human Behavior，1993，9（93）：411-426.

[11] Hoffman D L；Novak T P，Marketing in Hypermedia Computer-Mediated Environments：Conceptual Foundations [J] . Journal of Marketing，1997，60（3）：50-68.

[12] 12 Things That Only Get Better With Time [EB/OL] . [2015-11-01]. http://www. buzzfeed. com/discovercard/things-that-only-get-better-with-time-m6u5? b=1#. ofyG9YAgZz.

[13] 美国联邦贸易委员会：滥用原生广告可能违法 [EB/OL] .（2013-12-05）[2015-11-05] . http://it. sohu. com/20131205/n391331260. shtml.

[14] Colin Campbell，Lawrence J. Marks：Good native advertisement isn't a secret [J] . Business Horizons，2015，58（6）.

[15] Joe Jazauskas. Study：Sponsored content has a trust problem. Contently

[EB/OL]．(2014-07-09)[2015-11-05]．http://contently.com/strategist/2014/07/09/study-sponsored-content-has-a-trust-problem-2.

[16] IAB.（2013，December 4）．Native advertising playbook. 2015 年 11 月 6 日取自：http://www.iab.net/media/file/ IAB-Native-Advertising-Playbook2.pdf，2017 年 8 月 14 日登录查询，已失效。

[17] 张宸，编译．抛弃什么，保留什么，获取什么——《华盛顿邮报》执行主编马丁·巴龙关于纸媒转型的思路 [J]．新闻写作，2015（7）．

[18] 马克思恩格斯全集：第 1 卷 [M]．2 版．北京：人民出版社，1995：339.

第五章 新闻业务研究

- **再从五个 W 说起**

  ——重温《从五个 W 说起》
- **全面、正确地判断事实**

  ——谈谈“增强政治家办报意识”
- **就媒体理论文章答《青年记者》问**
- **历史意识对写作的意义**

  ——《人民日报社论全集》参评奖项推荐信的修改

再从五个 W 说起

——重温《从五个 W 说起》

有关中国马克思主义新闻观的文献里，有一批党中央机关报延安《解放日报》和武汉—重庆《新华日报》的社论，它们站在党性的立场上认真讨论了很多新闻业务问题。这方面党的新闻工作的光荣传统，我们应该继承和发扬光大。

一、《从五个 W 说起》讨论了什么

44 年前我在北京大学作为工农兵学员，读到新中国成立前党中央机关报延安《解放日报》1945 年 12 月 13 日发表的文章《从五个 W 说起》，才知道原来新闻写作是有要求的，即必须交代关于事实的五个 W（何事、何时、何地、何人、为何）。那时正是“四人帮”横行之时，拿五个 W 对照当时社会上流通的新闻，哪里是新闻啊，都充斥着套话空话和大批判语言，党报遵循新闻规律的光荣传统被丢掉了。39 年前我作为中国社科院研究生院新闻系的研究生，知道了还有第六个 W，即 how（事实的过程）。那时新闻界批判“四人帮”的恶劣文风，开始追问什么是“新闻”了，所以六个 W 成为关于新闻的基本知识。

不管是五个还是六个 W，这样要求的目的就如当年《解放日报》上的文章所说：“问题实际上不只是五个 W，而是说明新闻要怎样报道得确实，具有强大的说服力，使读者信服。可惜我们过去在这方面做得很差，需要以极大的努力，来求得改进。”看了这篇文章才知道，原来革命战争时期我们的新闻很多也不像新闻，“这方面做得很差”。文章谈到 when 时写道：“说到时间，就常常可以看到‘不久以前’、‘上旬’、‘日前’、‘同时’这类笼统的话头，有时甚至连这些‘大概’的日期都一个没有……不知道有多少新闻通讯稿，就因为缺少五个‘W’的新闻要素，而不得不忍痛割爱。”从这段叙述中可以看到，我们的前辈同行们对党的新闻工作是兢兢业业的，每天都在用关于“新闻”的专业理念对稿子进行把关，把不合格的新闻“忍痛割爱”。

二、现在我们仍然不能很好地交代新闻的几个 W

70 年以后的现在，我们做得怎么样呢？有一次我在办公室随意打开一张身边的报纸，头版一条篇幅不小的新闻把我弄糊涂了，全文如下：

全国少数民族文艺会演招待会举办

本报讯 第四届全国少数民族文艺会演开幕式文艺晚会即将拉开帷幕。在这个激动人心的美好时刻，组委会举办招待会，热烈欢迎各位嘉宾的莅临出席，感谢各地方、各部门、各方面的大力支持。国家民委主任、组委会主席杨晶，文化部部长、组委会主席蔡武出席招待会。国家广电总局局长、组委会主席蔡赴朝主持招待会。北京市委副书记、市长、组委会主席郭金龙致辞。

郭金龙在热情洋溢的致辞中说，经过一年多的精心筹备……

郭金龙说，我国是一个多民族的伟大国家……

各省、自治区、直辖市和新疆生产建设兵团、解放军代表团的团长、副团长等出席招待会。（《北京日报》2012 年 6 月 13 日头版）

看了这条新闻，我只知道一个文艺会演的招待会举办了，什么时候举办的？在一个“激动人心的美好时刻”；在哪里举办的？不知道；谁举办的？组委会。组委会是个什么组织？不知道。现在记者、编辑的文化水平应该比战争时期的新闻工作者高多了，为什么还会出现这样无厘头的新闻？有些原因与当时分析的一样，例如“怕麻烦，贪图省事”。但现今媒体的生存环境与革命战争时期不同，和平时期形成的与媒体级别相联系的官僚性质的宣传意识，压倒了对新闻的专业要求。为了强调某一级别官员活动的意义，很多不符合新闻写作要求的主观性内容占据了太多的篇幅，甚至新闻必须具备的几个 W 都被忽略了。

2013 年 6 月，某地级市的机关报请我去讲课，给我寄来了几份最新的报纸。我随手拿起一张，头版有这样一条新闻：

深植文明意识　共筑文明城市

本报讯 一名外地游客就个别市民不文明行为损害了古都在其心目中形象而致信市政府，市长吉炳伟为此作出专门批示的报道见报后，在我市各界激起强烈反响。大家一致认为，讲文明应成为每一位市民的共识，成为每一个开封人行为处事的准则。

昨日，《外地游客写信批评个别市民的不文明行为》一文及这名游客《致开封的一封信》见报后，在广大群众中激起强烈反响。大家纷纷表示，作为生活在七朝古都的开封人，对这座城市的形象要有责任、有担当。

河南大学教授沈夏炯说……

在市环保局工作的许鹏说……

网友“汴组阳光”认为……（《开封日报》2013 年 6 月 14 日头版）

这条新闻的标题是一句宣传口号而不是事实，读者看了会莫名其妙；把市长批复一封群众来信这样的平常工作提升到如此高度也有阿谀之嫌。该新闻有明确的时间交代（昨天），还算不错，但前两段全是套话和空话，没有事实。每段出现一次“激起强烈反响”，如何“强烈”了？要有证据表明全市 400 多万人的大多数都明确表态且意见一致，才可以郑重写上这样一句话。现在只提供了 3 个人的意见，怎么可以随便说“激起强烈反响”呢？一点强烈的感觉都没有。至于“大家一致认为”“大家纷纷表示”，这种情形几乎是不可能的，除非有人指挥，很多人才可能说出“一致”的话。现在“认为”“表示”后面的话是记者编的，没有人相信。然而，“激起强烈反响”“大家一致认为”“大家纷纷表示”这样的词句在机关报媒体的新闻里司空见惯，尽管人人都知道这些是毫无实在内涵的套话。

回过头来看 1945 年的文章《从五个 W 说起》，它呈现了同类的情形，不过讲的是战争：“比如，报道敌机轰炸，目的在激起读者同仇敌忾。你说，用‘血肉横飞’、‘目不忍睹’等空洞字眼来形容的效果大呢？还是老老实实地报道某日某时，敌机轰炸某县某村，炸倒一个几岁小孩，炸在什么地方，炸成什么样子，小孩死后，家庭发生了什么事故……更能打动人心呢？”

70 多年过去了，这种新闻写作的毛病，仍然俯拾皆是。2017 年 1 月 20 日，我为山西省记协做了一次关于新闻理念的讲座，为了结合山西省新闻界的实际，查看了 1 月 18 日山西新闻网 10 家报纸的网上新闻。无时间、无具体地点的新闻还真不少，例如下面的三条简讯：

太谷县民政局组织社区干部参加市局培训

本报讯 为进一步提升社区服务水平，太谷县民政局组织全县 28 名社区干部参加了由晋中市民政局举办的社区干部业务培训班。为做好此次培训工作，该县民政局采取了三项措施：一是选派城乡社区的主干参加培训，从而保证了参训人员高素质、高质量；二是要求参训人员严格遵守参训纪律，在社区干部报到前，县民政局局长郑炜提出了严格的要求，保证了该县社区干部的参训秩序；三是对社区干部参训进行专车接送，并安排局工作人员专程护送，确保了该县在参训上的步调一致。(《三晋都市报》)

我试改动如下（原文 210 字变为 56 字，基本事实全部保留）：

太谷县社区干部参加市民政局培训

本报讯 ×月×—×日，太谷县民政局安排专车接送，组织全县 28 名社区主干参加了由晋中市民政局在×地举办的社区干部业务培训班。

原简讯完全没有交代时间、地点。组织人参加培训，这是一件平常的工作，为此编出一套逻辑不通且十分空洞的“三项措施”，一看就虚得很。只要说调配“社区主干”参加培训，而且车接车送，县民政局重视此事不是一目了然了吗？编织那么多不合逻辑的话是无用的，把局长抬出来“决策”这样的小事更没有必要。一些人参加了市里的一个班，这显然是该简讯的要点，原标题突出县民政局如何组织，颠倒了事实的主次关系。

国家级磁动力产业园区项目将落户太原

本报讯 近日，记者从太原市政府获悉，国家级磁动力产业园区项目签约活动日前举行，未来国家级磁动力产业园区项目将落户太原。

据了解，由山西钛阳能光热发电有限公司、美国磁飞机技术公司、中国煤矿机械装备有限责任公司在山西转型综改示范区合资设立的国家级磁动力产业园区项目，将建设山西磁动力运输技术研究院和磁动力运输技术装备研发生产基地。(《山西经济日报》)

我试改动如下（原文 158 字变为 117 字，基本事实全部保留）：

国家级磁动力产业园区项目在×地签约

本报讯 ×月×日，国家级磁动力产业园区项目在×地签约。该项目由山西钛阳能光热发电有限公司、美国磁飞机技术公司、中国煤矿机械装备有限责任公司合资设立，建设山西磁动力运输技术研究院和磁动力运输技术装备研发生产基地。该项目将落户太原转型综改示范区。

原简讯的第一句话里出现“近日”＋“日前”的笼统话头，且没有签约地点的交代。普通的商务事件写得如此蹩脚，作者需要练习一下行文造句，学会惜墨如金的消息写作要领，用最少的文字表达最多的内涵。这条简讯的新闻来源也过于含糊，“太原市政府”大了，哪个部门，谁告知的？如果想交代，必须讲清楚。既然前面提及了新闻来源，后面的“据了解”（以及同类的“据悉”“据调查”）不是多此一举吗？我们都有这样的生活经验：商业上的很多未来时态的事情没谱。该简讯突出“将落户太原”，还不如实在地告知某项目签约即可，这样媒体可以减少可能的被动。

灵石农商行百名客户经理进村入户活动正式启动

本报晋中消息　为全面贯彻落实山西省委、省政府及省联社党委关于金融扶贫工作推进的重要决策部署，灵石农商银行积极履行社会责任，近日召开了“助力金融扶贫、农信雪中送炭”百名客户经理进村入户动员大会。

会上，该行行长王志良宣读了《灵石农商行“助力脱贫攻坚 农信雪中送炭”百名客户经理进村入户行动方案》。董事长马建红作了《金融助力脱贫攻坚 灵石农商行一马当先》的动员讲话。在总结当前农商行深耕县域“三农”市场工作的基础上，提出了要在全辖范围内迅速开展百名客户经理进村入户扶贫“大调查、大摸底”工作，将全县12个乡镇6 000余户1.3万人作为金融扶贫的主战场。各党员干部要将此次金融扶贫工作视为今年一项重大政治任务来抓，要做到不忘初心，提高认识，精心组织，顾全大局，真正把金融扶贫工作打造成灵石农商行2017年支农新亮点。省联社晋中办事处副主任闫巨旺和灵石银监办主任王培胜出席了会议并提出了要求。此次大会的召开，标志着灵石农商行金融扶贫工作正式拉开了帷幕。（《山西经济日报》）

我试改如下（原文409字，改后123字，减少三分之二还多。原有的基本事实全部保留）：

灵石农商行启动百名客户经理进村入户活动

本报晋中消息　×月×日，灵石农商银行召开“助力金融扶贫、农信雪中送炭”百名客户经理进村入户动员大会。会上行长王志良宣读了百名客户经理进村入户行动方案，董事长马建红作了关于金融助力脱贫的动员讲话。省联社晋中办事处副主任闫巨旺和灵石银监办主任王培胜出席会议并做了发言。

这条简讯的宣传性套话太多，“金融扶贫”谁都知道，再对其做没有任何新意的宣传，除了讨人嫌，不会有其他效果。全部删除这些套话，并不影响人们对事实的知晓。这个活动的称谓，语文上同义反复，表达上廉价煽情，记者不能改动，但原标题以“……活动”作为主语，句子太长，故将农商行作为主语，意思清晰且字数减少。经常见到大标题或行文中使用“正式”二字，问题是有“非正式”吗？这是一种强调重要性的文字噱头，毫无意义。

还有，该简讯上来就是“为了……”，这种模式的新闻写作违反新闻规范，但极为普遍。“为了……”是作者对事实的理解，不是事实本身。这样的事实极为简单、普通，人人都知道为了什么，不要低估新闻接受者的智商。如果说“为了不饿，某人某天吃了饭”，大家都会笑话说这话的人，为什么如此多的新闻中出现同类的毛病我们却视而不见呢？还有“标志着……”，也明显违反新闻写作的规范，这是作者对事实的认识，不是事实本身，不要说。只要把事实报告清楚，事实的意义一般人自然知道。

新闻的五个或六个 W，是一种较为全面的对新闻写作的要求，通讯类的新闻，因为篇幅相对长，需要全面交代六个 W。一般消息类新闻，只要交代三个 W（what、when、where，这也是新闻要素的底线），新闻本身即可成立。现在的问题是，很多新闻连三个 W 都交代不清，前面的三条即属于这类情况。

鉴于相当多不规范的新闻惯于使用几个不规范的“用语”，禁止使用这些用语，至少能够解决一半多的不规范新闻。第一，不得使用“日前”（以及同类的“近日”“最近”“前不久”等）。不让用这个词，就逼着作者必须交代具体时间，犯懒不去采访就不行了。第二，不得使用“为了……”“标志着”等主观性质的文字，一旦不许说，很多作者就没话可说了，这说明作者对事实本身没有进行必要的采访和追问。凡是认真采访了的，有的是需要交代的关于事实的更多的 W。第三，“据悉”（以及“据调查”“据了解”等）后面必须交代具体内容。这就逼得作者必须说清楚信息来源。有些一目了然的来源，加上这类话多此一举，这也可以逼迫作者不再啰唆。

这里重申一下关于新闻的定义：新闻是新近客观发生或正在发生的有新闻价值的事实的叙述。事实是新闻需要交代的唯一内容，于是围绕如何交代事实，形成了关于新闻的六个 W。新闻写作的基本职责就是叙述事实，宣传性的套话空话不能夹杂在其中。特别是作者对事实的认识和评价，不能出现在新闻中。

其实，只要把想报道的事实叙述清楚了，宣传目的自然就能够达到。我国的新闻工作总体上具有一定的宣传性质，但具体写的新闻，必须是真正的新闻，只叙述事实；即使带有宣传目的，也只能用事实来说明事实，得出的结论本身，也必须是明显的事实。新闻只有让新闻接受者愿意看，才能达到一定的宣传目的。充斥套话空话的新闻讨人嫌，看起来宣传很积极，实际上是宣传者犯懒，在形式主义地执行宣传任务，给党的宣传工作帮倒忙。习近平 2016 年 2 月 19 日讲话要求“用事实来说明事实”，就是在尊重新闻规律的前提下谈新闻舆论工作。

三、警惕网络无 W“新闻”的泛滥

现在网络新闻占据了新闻分发市场的主要份额，一种新形式的三无 W“新闻”开始泛滥，同样需要警惕。例如 2017 年 1 月 15 日，我打开电脑，右下角跳出 360 头条新闻，全文如下：

农民钓鱼发现一个陶罐，以为是骨灰盒，结果却让人意想不到

农村大叔准备去钓鱼，在农村钓鱼都是用蚯蚓钓鱼的，蚯蚓也都是在农民的地理自己挖的。大叔在挖蚯蚓的时候却发现一个陶罐，起初以为是个骨灰盒，还吓了一大跳，结果挖出来越看越不像，陶罐满身布满裂痕，很像是裂纹釉，大叔决定不钓鱼了，拿着这个陶罐去城里给鉴定下。（东方头条 2017 年 1 月 14 日）

这里新闻里倒没有套话空话，标题颇有吸引力，仅 124 字，但内容莫名其妙，无事实（标题强调的事实是鉴定结果，但内容里没有）、无地点、无时间，所附三张挖出来的罐子照片，两张颠倒，文章里有 1 个明显的别字（“地理”应为“地里”）。这样的“新闻”竟被其他网站纷纷转载，颠倒的照片和错字均不改，还被 360 网站推为当天的头条新闻。该条“新闻”下链接的同类“新闻”一大堆，均为发现了什么，打开一看，三个 W 全无。这种无厘头“新闻”所以会泛滥，在于网站把吸引网民眼球作为唯一目的，不顾新闻的基本要求，这是一种难以处罚的轻微商业欺骗。这类“新闻”横行网络，会干扰人们对“新闻”的正确认识。

四、如何灵活地交代好新闻的几个 W

我还顺手修改了两条 2017 年 1 月 18 日《山西日报》的简讯，以说明如何灵活地交代好新闻的几个 W。

我省去年森林火灾受害率大幅下降

本报讯 1 月 16 日，记者从省森林公安局获悉，2016 年我省发生森林火灾 10 起，森林火灾受害率大幅下降。

据了解，我省去年共接到国家和省气象卫星监测及相关部门、群众报警热点 138 个；发生火情 44 起，其中形成一般森林火灾 10 起，荒火 34 起，过火面积 271.87 公顷，比上年同期下降 66.6%；受害面积 39.39 公顷，比上年同期下降 48.95%；全省没有发生重特大森林火灾。从 2016 年火情火灾发生情况来看，焚烧秸秆、烧荒燎堰、上坟烧纸等人为因素仍是引发火灾的主要原因。

2016 年以来，我省各级各有关部门采取强化预防工作、力抓责任落实、实施野外火源管控、加强防火监督检查力度、全力提升火灾应急处置能力、强化森林防火宣传教育、加大责任追究力度等措施，全面备战、全力应对，确保了全省森林防火态势总体平稳。（《山西日报》2017 年 1 月 18 日）

我试改如下（原文 308 字，改后 162 字，减少字数近半；删除一整段没有任何实在内容的套话；标题给出具象内容）：

我省森林火灾同比上年下降三分之二

本报讯 1 月 16 日，记者从省森林公安局获悉，2016 年我省发生火情 44 起，其中一般森林火灾 10 起，荒火 34 起，过火面积 271.87 公顷。火灾同比上年下降三分之二，受害面积下降近半。

我省去年共接到国家和省气象卫星监测及相关部门、群众报警热点 138 个。全省没有发生重特大森林火灾。从 2016 年火情火灾发生情况来看，焚烧秸秆、烧荒燎堰、上坟烧纸等人为因素仍是引发火灾的主要原因。

原简讯的时间交代及时，但存在三个问题：第一，导语行文与内容重合。这种情形比较普遍，说明作者新闻写作的基本功历练不够。第二，平白多了一句“据了解”。这种情形也比较普遍，前面交代了新闻来源，后面不断重复交代，没有必要。第三，借机进行空洞的宣传。该简讯第三段是一种无实在内容的自我表扬，这种情形也很普遍。既然前面客观报道了全省火情大为减轻，本身已经说明省里这方面的工作做得不错，不要说那些空洞的话。删掉后一点不影响人们对这一事实的认识。还有一点不算问题，但需要指出，即传统媒体太爱玩弄百分数，为什么不改变一下，提供更为具象一点的表达呢？原来的66.6%，我改为三分之二，原来的48.95%，我改为近半。

69位银行青年干部将赴贫困地区挂职

对贫困县全覆盖，首次下沉到乡镇

本报讯　我省将继续选派银行优秀青年干部到贫困县乡团委挂职，让普惠金融助力脱贫攻坚。1月17日，山西银监局联合团省委召开电视电话会，宣布启动2016—2017年度挂职工作。本轮将选派农业银行、邮储银行、农合机构、村镇银行等机构69位优秀青年干部，赴58个贫困县及10个贫困乡（镇）团委挂职。

据介绍，新一轮挂职实现了对全省贫困县的全覆盖，并首次下沉到乡镇，目的是将“金融干部、金融服务、金融知识”送到一线，强化县域小微、“三农”等薄弱领域的金融服务，全面服务脱贫攻坚。

此前，2015—2016年度，山西银监局、团省委共选派了121名挂职干部，赴全省119个县（市、区）团委挂职，在全国率先实现了县域全覆盖。一年多来，银团双方、派出单位、广大挂职干部着力探索工作新模式，推动金融干部、服务、知识到基层，实现了共青团组织优势和银行业机构资源优势的有效整合。据了解，通过“银团合作”，他们将懂金融的优秀青年干部纳入了地方团干部队伍，增强了基层团组织的力量。同时，还依托基层团组织平台，推动了金融产品、业务和服务模式创新，扩展和提升了地方金融服务水平。

我试改如下（原文442字，改后159字，减少字数约三分之二；删除所有关于作用、意义的空话，只保留基本事实和具有新闻价值的一句背景的话；副标题简化2字）：

69位银行青年干部将赴贫困地区挂职

贫困县全覆盖，首次沉到乡镇

本报讯　1月17日，山西银监局联合团省委召开电视电话会，启动2016—2017年度挂职工作。本轮将选派农业银行、邮储银行、农合机构、村镇银行等机构69位青年干部，赴58个贫困县及10个贫困乡（镇）团委挂职，实现对全省贫困县的全覆盖，并首次下沉到乡镇。

2015—2016 年度，山西银监局和团省委选派 121 位挂职干部赴全省 119 个县（市、区）团委挂职，在全国率先实现县域全覆盖。

这条简讯由于是讲电视会议，故地点这个 W 可以省略。然而只讲两个 W 的简讯却不简，三分之二的内容是套话空话。派人挂职，只要讲述出基本事实，新闻接受者对其的意义、作用自然知道，用不着多说。要想多说，就要有关于这一事情的细节材料，但显然作者没有采访，只知道面上的情况，于是就填充一些空洞的意义、作用之类的话。这些话不会有人看，却非要占据着媒体宝贵的时空。故我只保留关于挂职的两个 W，以及一句尚可以骄傲一下的背景事实（这种挂职在全国率先实现县域全覆盖）。还有，凡是干部挂职的新闻，媒体均习惯性地给挂职者戴一顶“优秀”的帽子，这不真实。挂职是一种工作的轮换，已经制度化，不是评选优秀。没去的人和去的人不涉及优秀不优秀，故我删掉了“优秀”二字。

五、落实党中央八项规定的第六项

为什么我们的新闻中有这么多套话空话呢？从工作习惯看，新闻与宣传混淆是直接的原因。从职业理念看，没有意识到事实是新闻的基础。因此，有必要重温《从五个 W 说起》对此的分析：“抽象的、笼统的话头，只能给人以模糊的概念，只有事实，具体确切的事实，才能予读者以经久不磨的印象，真正生动地教育读者。新闻报道的具体化和形象化，是和确切、翔实不可分的。愈是具体、确切，感人愈深，说服力愈大。往往千百篇一般性的报道，效果还顶不上一件具体确切的实地记实，其道理也就在这里。”即使为了宣传，也更要注意叙述事实，而不是重复那些套话空话。该文就此写道：“世界上最有效的宣传，莫过于事实。‘事实胜于雄辩’，这是颠扑不破的真理。你说一百句一千句‘反对国民党进攻解放区’，他可以胡赖不认账，反诬你先放第一枪。但当你把‘剿共手册’介绍出来的时，巧言善辩如吴国桢先生［时任国民党中央宣传部部长——引者注］，也不能不噤若寒蝉。而要做好事实宣传，就要实事求是。”

同样的问题竟能持续 70 多年都没有彻底解决，在于我们没有把它视为职业规范问题认真对待。《从五个 W 说起》最后写道：“办法是大家提倡，大家注意，大家负责。”只要求一方面，就会造成相互推诿。但从新闻流程的把关程序看，编辑作为最后一道关最为重要，该文就此强调：“编辑工作同志，在编辑新闻时，要抱定审核与鉴定的态度，把新闻的每一细节，考校清楚，真正准确无误、事迹分明、无可非议，才发表出去。”我评论的新闻均为已经发表的，也就是说，是经过编辑审核通过的新闻。显然编辑的专业把关意识很弱，或编辑本身也不大懂得这几个 W 对新闻的必要性。

其实这样的问题从马克思、恩格斯起，不知说了多少遍；党的新闻工作文献也在讲述，为什么重视不起来呢？因为我们在工作态度上只对上级领导机关负责、不对新闻接受者负责的工作惯性很大，没有贯彻党中央的八项规定。春节前我的一位学生看望我，讲了一个有趣的故事。他奉命采访一位领导看望老同志，写了相关的新闻交上去后被打回来，因为字数不够，要求按照该领导相应的级别必须写够多少字。这样的内部规定是普遍存在的。但是，这位领导统共说了一句慰问的话，老同志喃喃地回复了一句话，整个看望过程很短。他把所有的看望细节都写上了也达不到字数要求，不得不加上一些套话空话才凑齐了字数。八项规定的第六项明确要求：领导同志“出席会议和活动应根据工作需要、新闻价值、社会效果决定是否报道，进一步压缩报道的数量、字数、时长”。党中央的规定在贯彻过程中被如此漠视，媒体工作人员面对这种情形，自然首先放弃的便是基本的业务要求，几个 W 的职业规范还有人理会吗？

全面、正确地判断事实

——谈谈“增强政治家办报意识”

工作多年的老记者都有这样的体会：新闻写作的前提——采访，比写作重要；而采访的前提——对事实的价值判断（包括新闻价值判断和对事实正确与否的政治判断），是检验记者和编辑新闻工作综合素养的关键。一个事实发生了，若我们对它的性质判断发生差错，接下来的采访便会依着这个错误的判断进行下去，最后写出来的东西肯定出错，甚至发生政治判断错误。我已不在新闻一线工作，但也间接遇到一件需要对事实加以判断的事情。

2008 年 3 月 6 日临下班前，我和另一位教授审查招收港澳台生研究生的新闻实务考题。考题提供了一篇素材，讲述山东济宁—曲阜一带要花费 300 亿元（文章中还说 300 亿远不够）建设中国文化副都（文化标志城，仅次于北京）的宏伟规划。文章写道：“‘山不在高，有仙则名。’也许过不了几年，这里的‘仙气’就会开始飘向全球华人。拟议中面积达 300 平方公里、造价超过 300 亿元人民币的中华文化标志城主建范围，就在这里。这座山，名叫九龙山。而标志城——按力倡者的想法，希望成为承担部分‘文化首都’功能的‘文化副都’。”

考题要求考生根据这一素材写一条消息，拟定标题；并配评论，拟定标题。这篇素材我感觉不对头，党中央一贯反对搞政绩工程，这是为当地借弘扬主旋律而做的政绩工程文章，于是决定撤换，紧急在网上查找，换为一篇关于社会教育的通讯。

回家后我在网上查了一下关于中国文化副都的信息，基本是这篇通讯转来转去的，在搜索引擎形成一片对此事加以肯定的舆论氛围，只有一篇《新京报》文化版的评论文章，批评这是政绩工程，但因不在主要版面，几乎没有反响。

3 月 9 日，全国政协十一届一次会议第三次全体会议上，山东省政协主席孙淑义作了关于“推进中华文化标志城建设，打造中华民族精神家园”的发言。在他这次发言之前的 3 月 1 日，山东省有关部门已经通过召开记者招待会、890

万元巨款公开征集标志城创意规划方案等方式，将这个项目进行了广泛传播。我看到的考研题素材，即 3 月 3 日《第一财经日报》头版的通讯《山东拟投入 300 亿建设中华文化标志城》。孙淑义发言后的 5 天内，产生了两项反对提案，一份有 115 名政协委员联署，另外一份有 12 名政协委员联署。一个发言招致如此强烈的反对意见，在历次政协会议中罕见。当时在台下的全国政协委员、中国社会科学院文学研究所研究员赵园说："好久没有听到表述这么夸张的文章，很震惊。"

这就要问问《第一财经日报》和其他跟进报道的相关记者和编辑了：政协委员们能够迅速对这一事实作出正确的判断，为什么你们不能作出正确判断、没有一点批判意识呢？只是在这么多政协委员起来反对这项工程的时候，传媒们一拥而上跟进报道，在全国形成舆论监督的气势，制止了这一政绩工程项目。而这样明显的政绩工程，应该最早由传媒提出质疑，引发社会关注和讨论，将公众引导到党中央的方针政策上，才是传媒在履行自己的职责。

在我国的传媒体制下，宣传党的方针政策是传媒的责任。传媒的记者、编辑必须具有政治上的敏锐感，懂得党中央的理论路线，懂得全党服从中央、局部服从全局的道理。习近平在 2013 年 8 月 19 日的讲话中，要求宣传工作"胸怀大局、把握大势"。2016 年 2 月 19 日，他再次要求"必须从党的工作全局出发把握党的新闻舆论工作"，"新闻舆论工作者要增强政治家办报意识，在围绕中心、服务大局中找准坐标定位，牢记社会责任"。看来，他对我国媒体舆论导向的问题，看得很准，抓住了问题的要害。

一个明显违反党的政策的政绩工程当然不会昭然若揭地提倡和展示，而是以弘扬传统文化的名义，并打通了中央部委的环节。召开"文化副都"的新闻发布会时，摆出的权威都很大，上到国家主席、发改委文件、69 位院士的签名呼吁，下到当地的宏大意见，还有著名历史地理专家的论证。如果对于党中央坚决反对政绩工程的精神不熟悉，就可能被这些表面的说法唬住。果然，被赋予提问权利的记者们没有人进一步追问：国家主席说过吗？部委的文件如何出台的和怎么说的？院士们是否是此问题的专家？等等。事后才被揭示，国家主席没有明确说过；部委文件虽然宏观上认同，但步骤极其谨慎；问及那些签名的院士们，一个个语焉不详。当时并非所有的记者都没有正确判断事实，例如《新京报》发表反对意见的记者，还有在网上发表《靠脚手架支撑不起中华文化的大厦》文章的《深圳商报》记者。为什么多数媒体没有这样做，反而转发和肯定呢？习近平在分析这些情形时，提出了胸怀大局、把握大势的四种能力："思想政治素质、大局意识、判断能力、业务水平"。在这个问题上，主要是前三项上出了问题。

第一项和第三项前面已经提到，这里的"大局意识"需要补充几句。那次关于文化副都的报道，本地媒体被局部利益蒙蔽了视野，现在网上还留有当时一些媒体人的意见，例如："怎么我老是看见一些眼光短浅的人？300 亿怎么啦？你知道这个工程的带动作用吗？300 亿带动整个鲁南，甚至整个山东省，你还强烈抗议，一看就知道你脑袋里都是水。""作为山东人这伙计还反对，真不知道这伙计什么素质，难道 69 位院士和党中央国务院领导人比他还没水平?!""文化城建设完肯定带来旅游大发展，促进山东从经济强省到文化大省的转变，这伙计一个呆头呆脑的样还在这里乱发帖子，懂什么啊??我真想代表他爹揍他一顿!"这里还有什么"打造中华民族精神家园"的意思吗？这种局部利益的驱动，还能保障舆论导向的正确吗？

上面讲的是一件往事，再说一件刚发生的小事。

我看到 2016 年 9 月 3 日《北京晚报》头版的标题新闻《"就冲那记耳光，共产党还能不得天下?"》，以为是讲述当年国民党军队打骂老百姓，而共产党军队对人民爱护有加的故事。但找到对应的第 16 版通讯《一记耳光》，我吃惊了，这篇通讯通过一个红军干部打了士兵一耳光，来显现红军不侵犯群众利益，甚至上升到共产党所以得天下的高度。

该通讯讲的是这样一段故事：红军长征时路经湖南一个村庄，当时 9 岁（现年 91 岁）的孩子何大全看到一个情形："一名红军战士在地里挖了一枚红薯，然后被一个领导模样的人看到了，给了一记耳光，再然后，领导给了老乡红薯钱……"记者最后一句记叙是："'就冲那记耳光，共产党还能不得天下?'午后的屋檐下，老人斜靠在藤椅上跟到访的记者喃喃自语道。82 年来，这片深山容颜未改，只是山外日月换新天。"

该通讯从标题到行文，以及把通讯的内容上头版作为标题新闻，经手的编辑、记者都没有意识到这个故事的切入角度发生了错误。红军不侵犯群众利益，怎么可以通过"一记耳光"来体现？这个故事显现出红军干部当时还存在打骂士兵的军阀作风。毛泽东早在 1928 年就提出了后来被归结为"三大纪律八项注意"的军队纪律，1947 年毛泽东亲自起草了《中国人民解放军总部关于重行颁布三大纪律八项注意的训令》，并收入《毛泽东选集》第四卷 1241 页（人民出版社 1991 年版)。“不打人骂人”被列为八项注意的第五条。“第五不许打人和骂人，军阀作风坚决克服掉”，当年唱响的三大纪律八项注意的歌曲，现在怎么都忘记了？

记者和编辑是新闻的把关人，被采访对象所说的历史事实，需要根据党的政策和策略来衡量，事实本身不能篡改，但报道的角度和对事实的处理，则显示出作者和编者缺乏政治素养和全局意识。这条新闻的标题可以做成“红军对群众利益秋毫无犯”，虽然没有“一记耳光”那样吸引眼球，但突出的是事实的正面内涵。何大全老人记忆的瞬间可以如实记载，描叙后要紧接着说明，当时那位干部制止士兵挖老百姓地里的红薯，体现了我军对群众利益秋毫无犯，但因此打了士兵一耳光，是毛泽东正在纠正的军阀作风，是应批评的。至于老人的喃喃自语，尽管是对党的赞扬，由于直接起因于一件有瑕疵的历史记忆，应不予采用。

为什么当事的记者和编辑会这样行文和设计标题，以及在头版凸显老人那句话？这在新闻业务上叫“矛盾冲突出新闻”，但对事实的选择和描述还应同时用党的政策和策略来衡量是否适当，否则很容易发生偏差。习近平三年前就提出要把握新闻报道的“时、度、效”。这条新闻不涉及“时”，但涉及分寸把握的“度”，分寸没有把握好，自然“效”就会打折扣。因为缺乏对政策和策略的全面了解，把一个需要两面看的事实一面看了。从这件事情上可以看出，习近平要求“增强政治家办报意识”并不抽象，就体现在我们平日的写作和编辑中。增强政治家办报意识，不是真的要记者编辑去当政治家，而是要求在观念上、知识上要站在政治家的高度看问题，你不是总理，你要站在总理的高度，你不是总书记，你要有总书记的大局意识。

就媒体理论文章答《青年记者》问

一、理论文章目前尚没有严格的定义，您能否给理论文章下个定义？理论文章与学术论文、评论的区别是什么？

中国现在的报纸，党的机关报都姓党，不是党的机关报也是在党领导下的，习近平说了，也必须姓党。所以，所有中国报纸“理论文章”的性质是一样的，它们不是学术意义上的理论研究文章，而是对党的纲领、路线和各项政策的阐释。报纸上的时事评论，一般是对刚发生的新闻事实的评论，属于一种新闻体裁，当然也要体现党的意志，但多少可以有一些作者自己的判断和评价，目的在于进一步阐释新闻，帮助人们认识新闻事实；报纸上的理论文章也有一些时效，但没有时事评论的时效那样强烈，是对一段时期内某方面党的理论和政策的比较官方的阐释。

二、您认为理论文章在我国改革开放后经过了怎样的发展演变？

改革开放后，中国党报的理论文章在指导我国的改革方面发挥了很大的作用，很多社会观念的变化，都是理论文章引领的。20 世纪 80 年代的党报理论文章对社会的影响力度较大，一些文章至今令人记忆犹新，但后来的理论文章，套话空话逐渐多起来，强加于人的色彩较多，讲不出什么道理，加之社会互联网化，报纸理论文章的影响力下降，看的人不多了。

三、您认为理论文章对社会和对报纸的价值是什么？能发挥怎样的作用？

如果理论文章还按照原来的路径做下去，是没人看的了。传统媒体的文章形式必须与时俱进才行。报纸的传播形态本身已经过时，需要以新的传播形态和新的具体方式、形态来传播党的理论。

四、您认为好的理论文章应该是怎样的？理论文章一方面要通俗化，另一方面要有深度的思辨，您认为两者是矛盾的吗？

除了传播形态和具体传播方式、形态方面的改革外，最重要的是内容，作者要有较高的理论素养和对现实的深入了解，贴近人民才能写出（设计、制作）

党性与人民性相统一的内容来。现在的报纸理论文章的作者们，具有这样素质的不多。报纸的理论文章本来就不是学术研究那类深奥的东西，并不要求深，所以此问题问得不对路。

报纸理论文章的问题不是通俗化，也不是深度不够，而是没有贴近群众、贴近实际。不说实在的话，套话一串一串的，码了一堆字，却没人看，因为讲不出“理”来，不能说服人，更谈不上说到人们的心坎上，没有做到习近平所要求的“胸怀大局、把握大势、着眼大事……做到因势而谋、应势而动、顺势而为”。《重庆日报》理论部主任单士兵说：“讲理”真的特别重要，对一个人如此，对一个国家亦然。不讲理，无情无义，无法无天。这个“理”，用个大词讲，就叫“理论”。他对“理论”的理解是实在的。

五、今年2月，《重庆日报》理论评论部创办“理论头条”微信公众号。今年3月，一首《马克思是个90后》的歌曲在网上火了，这是内蒙古广播电视台读书节目开办的微信公众号“开卷有理”发布的。您如何看这些与理论宣传和传播有关的创新？

这些可能是新的讲道理的尝试。《重庆日报》“理论头条”微信公众号，把理论文章中值得提炼的东西拎出来，加上图和其他网络表达元素，择要提供给观众，我感觉还可以。但理论文章的原文，还是没有完全改变原有的写作套路，需要改进。从这个公众号的内容看，已经不是原来意义的党报理论文章，而是与报纸时事评论结合起来的一种新媒体的言论表达模式。

《马克思是个90后》除了“马克思”这个德国的姓外，没有任何马克思主义的内容。不过热闹了一下，让90后知道还有一个马克思，可以算一种传播效果吧。内蒙古广播电视台读书节目开办的微信公众号《开卷有理》第一季《马克思靠谱》9集，现在还没有出来，介绍说是以马克思的生平为主线，以群口秀的形式，紧密联系社会现实问题，对马克思主义经典著作进行系统化、通俗化解读介绍。具体内容怎样，需要考察，但这样的方式值得尝试。

说到这里，本采访以党报理论文章作为主题，似乎在以一种过时的传播模式套现在互联网条件下党的理论的传播，这个思路的参照系是向后看，就如当年列宁把广播视为不要纸张、没有距离的报纸一样，看起来很生动，实际上思路是陈旧的。

（2016年8月22日）

历史意识对写作的意义

——《人民日报社论全集》参评奖项推荐信的修改

2013 年 9 月，人民日报出版社出版了《人民日报社论全集》。这部书采用 16 开本，分为 15 卷，平均每卷 1 100 页；用纸 1 055.75 印张，共 2 424 万字；定价 5 800 元。该书收入 1948 年 6 月 15 日创刊至 2012 年 12 月 31 日发表的全部社论共计 7 208 篇。第一卷的出版说明仅 300 字，简单交代出版缘由后指出："书中某些篇目的有关提法与党和国家现行政策、法规不一致，为尊重历史，保证其史料和学术价值，本书均以原貌呈现。"显然，具体编者对该书的意义或历史价值是清楚的。

2016 年 11 月 22 日，人民日报出版社请我为该社出版的这部煌煌资料书参评一个奖项写一封推荐信，并为我起草了一篇稿子。我很愿意推荐这本书参评，但看到他们的一位编辑起草的推荐信后，不知该说什么，因为他竟不知道中国最近六七十年的基本历史，只会说六七十年以来我们如何辉煌，仿佛我们一直走在平坦的大道上。不知道党和国家的历史，对一个人来说，并不是了不得的事情，但对这个国家的人民而言，却是灾难性的。毛泽东说："历史的经验值得注意。"人民不知道历史的经验和教训，就不会清晰地把握未来。我随即对这篇很短的推荐信做了修改，下面是修改情况和必要的说明。

【原稿】《人民日报社论全集》收录了《人民日报》自 1948 年 6 月 15 日创刊至 2012 年 12 月 31 日的所有社论文章，共计七千多篇，为读者提供了系统、连贯、权威的新闻历史资料，承载了党、国家和人民的意愿和要求。

【改后】《人民日报社论全集》收录了《人民日报》自 1948 年 6 月 15 日创刊至 2012 年 12 月 31 日的所有社论文章，共计 7 000 多篇，为读者提供了系统、连贯、权威的时代观念的历史资料。

【说明】"承载了党、国家和人民的意愿和要求"一句删掉，因为这段历史中并非任何时候的《人民日报》社论都承载了党、国家和人民的意愿和要求，有的时期的社论，整体上违背了人民的意愿和要求。

【原稿】新闻是对民族与国家最写实的记录。《人民日报》社论作为党和国家思想战线的一面旗帜，始终引领在舆论的最前沿，发出时代的最强音。《人民日报社论全集》将这些权威言论集结成书，做出了全面、系统且权威的编辑，不仅生动再现了新中国在发展过程中遇到的艰辛、破解的困惑、赢得的自信和收获的成就，而且充分展现了中国共产党治国理政中坚定的信念、无畏的精神、精深的智慧和高远的境界，让党政机关、研究机构以及更多的海内外读者对新中国的成长史以及中国共产党的治国理政思想有全面客观的认知，使党报评论的优势作用得到延展。

【改后】报纸应该是对民族与国家的写实和记录。《人民日报》社论是中国共产党思想战线的一面旗帜，发出了与时代相匹配的声音。《人民日报社论全集》是这些言论的集结，再现了中华人民共和国成立前夕和以后漫长历史发展过程中遇到的艰辛、困惑，还有赢得的自信和收获，充分展现了不同时期中国共产党治国理政的情形，可以让党政机关、研究机构以及海内外读者对新中国的成长史以及中国共产党的治国理政思想有全面、客观的认知。

【说明】“新闻是对民族与国家最写实的记录”属于“应然”，但很难做到。新闻不是对事实的完整记录，有新闻价值的事实才可能被报道，而新闻价值的判断本身是主观的；另外，新闻整体上是有阶级性的，毛泽东说过“新闻、旧闻、无闻”，也就是说，很多我们认为不利于人民的事实要“无闻”，必须屏蔽掉。

关于“人民日报社论作为党和国家思想战线的一面旗帜”，《人民日报》是中国共产党中央机关报，不是政府机关报。它的社论可以说是党的思想旗帜，但不能说是国家的思想旗帜（且国家是一种行政区划，“国家的思想”有些说不通），尽管国家是在党领导下的。

还有“始终引领在舆论的最前沿，发出时代的最强音”，“充分展现了中国共产党治国理政中坚定的信念、无畏的精神、精深的智慧和高远的境界”。这里的“始终”，是不能轻易使用的，要考察一下是否真的始终了。至于“坚定的信念、无畏的精神、精深的智慧和高远的境界”，前两句可以说，后两句就不全面了，因为党有时会犯错误，犯错误时怎么可以谈得上“精深的智慧和高远的境界”呢？毛泽东说过，一个人做点好事并不难，难的是一辈子做好事，不做坏事。连一个人都这样，何况一个党。所以现在改为“发出了与时代相匹配的声音”、“再现了中华人民共和国成立前夕和以后漫长历史发展过程中遇到的艰辛、困惑，还有赢得的自信和收获”。这是确实的，不论党的路线正确与否，党报必须宣传当时党的方针政策。

【原稿】《人民日报社论全集》品质高，容量大。人民日报出版社特成立了编辑组，抽调社内精干人员，并聘请社外专家，历时近两年，花大力气梳理、加工与编辑，同时，除对个别错字进行更正外，没有回避和粉饰历史，均保持了历史原貌，使全书不仅成为新闻工作者和理论工作者权威可信的学习研究资料，更成为广大普通读者认知中国的真实途径，可谓受众定位准，读者范围广。

【改后】《人民日报社论全集》容量很大，人民日报出版社为此成立编辑组，抽调社内精干人员，并聘请社外专家，历时近两年，花大力气梳理与编辑。除对个别错字进行更正外，没有回避和粉饰历史，均保持了社论原貌。该书不仅成为新闻工作者和理论工作者的研究资料，也是普通读者认知 1948 年以来中国的真实途径。

【说明】删掉了“品质高”一句，因为这些作为历史一部分的社论，并非都是高品质文章，有些不仅不高，而且带头祸害了党和国家，例如 1966 年 6 月 1 日的社论《横扫一切牛鬼蛇神》，就被钉上了历史的耻辱柱。关于“成为新闻工作者和理论工作者权威可信的学习研究资料”这句，删掉了“学习”二字，因为有一些社论的观点是错误的，不能学习，但可以作为研究资料。“可谓受众定位准，读者范围广”的说法不切实际，故删掉。

【原稿】《人民日报社论全集》从党报评论的角度传播了国家的意志，记录了民族的历史，彰显了人民的智慧和力量。作为文化传承重要的途径和载体之一，本套丛书对配合党的中心工作、宣传党的路线方针政策、推进社会主义新闻理论和实践的发展、弘扬祖国悠久历史和民族文化，做出了探索性的尝试与贡献。

【改后】《人民日报社论全集》从党报评论的角度传达了当时党中央的精神，记录了国家和民族发展的曲折历史。作为文化传承重要的途径和载体之一，本套丛书对完善和发展中国共产党党报理论和实践，具有重要的历史文献价值。

【说明】不能说《人民日报》社论“传播了国家的意志”，前面说过了，报纸是党的机关报，不是政府机关报。说社论“彰显了人民的智慧和力量”，显然不妥，人民没有赋权《人民日报》社论代表他们的智慧；也不宜说这套书“对配合党的中心工作……做出了探索性的尝试与贡献”。这套书是资料性质的，社论是新闻体裁之一，故改为“对完善和发展中国共产党党报理论和实践，具有重要的历史文献价值”。

（2016 年 11 月 23 日）

第六章　新闻传播学教学与科研

- 新闻传播学研究和当前的选题
- 认真研究考研初试题
- 社会科学基金项目评审意见
- 各类文章的修改意见
- 硕士论文答辩的提问和评语草稿
- 博士论文评议

新闻传播学研究和当前的选题

一、现在的主要研究对象

现在的主要研究对象是互联网传播，来稿的主要问题是只有描述与行政思维：

其一，不断紧跟传播科技发展的脚步描述各种社交媒体的传播“特征”。

例如几天前一个学生与我讨论，想做“移动新闻的社交媒体传播力研究”“社交媒体转发量和阅读量的不同所涉及的自我呈现和身份建构”。我否定了，因为描述人人都在玩的东西，就算写出来多少有些概括性，有什么用？过不了几年，现在时髦的传播形态就会过时。

其二，提供大量传统媒体如何摆脱眼下困境的措施建议。这类措施建议有操作性的可以试试，但学术上毫无价值。传统媒体的衰败是无可挽回的。

其三，遵循各级行政权力关于控制网络信息的指令，提供丰富而翔实的各方面“舆情”和各种立竿见影遏制舆情或扭转舆情的措施。做这样的事情可以理解，但这与学术研究无关，不要往学术上贴。

其四，紧跟西方媒体的各种实验性措施，加以研究和介绍。这方面有几篇文章就够了，不要都去做。

二、研究互联网传播，不断向社会提出各方面的忠告、警告

建议在以下三个大的方面加强组稿。

（一）互联网对社会传播结构造成了怎样的影响以及这些影响该如何看待、这些影响可能带来的种种悖论以及对悖论的解读

2012—2015年玛丽·米克尔互联网发展趋势报告的主题一直是“重构”。2012年的报告，她以48个案例展示了互联网的“重构”对社会生活的全维度影响，并提出了一个公式：新的移动设备＋互联＋用户界面＋沟通方式＋美

观……重新定义了人类生活和习惯。这样的思路才是研究。

2013 年的报告，她通过教育、金融等传统行业的被重构，揭示数字化、移动化、大数据发展大潮。2014 年的报告，她重点阐述了“重构”的五大领域：即时通信应用、内容和分发渠道、日常活动、数字钱币、垂直产业。这种移动设备与众多传感器带来的数据井喷，则推进了大数据崛起、计算成本的下降与“云”的兴起。

2015 年的报告，她通过互联网对观念的重构、消息传递的重构、内容生产的重构，新一代（12～24 岁）对互联网用途的重构，人们日常生活中消费支出的重构，美国无人机产业的重构，全面阐述了互联网的颠覆力，人们的工作环境、工作方式、消费方式、连接方式、商业模式、监管重点都在发生剧烈变化。

（二）互联网未来可能的发展趋势和对社会的影响

先看 5 个新情况。

（1）2015 年联合国下属的国际电信联盟在圣迭戈举行的工作会议上公布了 5G 技术标准化的时间表，5G 技术正式名称为 IMT-2020，标准将在 2020 年制定完成。我们不能干等，需要提前研究 5G 对社会的影响。

（2）2016 年 11 月 17 日凌晨从美国传来消息，中国的华为公司以绝对优势击败欧美列强，主推的 Polar Code 成为 5G 短码最终方案。

（3）2016 年 12 月 2 日，华为研究院在日本宣布：锂电子电池技术实现重大突破，石墨烯基电池研制成功。这种电池寿命延长两倍，耐热程度提高 10 度，未来充电只需几秒钟。

（4）Facebook 正在推行太阳能无人机、Google 正在实验平流层热气球和低轨道通信卫星等，将把互联网信号带到世界各地。不久的将来，电信服务、通信塔公司和有线电视等行业会被“天空飘来的 Wi-Fi 信号”部分取代甚至彻底颠覆，传统通信行业已经失去了短信业务，正逐渐失去联网业务，未来甚至会失去通话业务。

（5）2016 年 12 月，有初光电脑开始销售。由光信号进行数字运算、逻辑操作、信息存储和处理的光子计算机，传播速度是 3×10^5 km/s。电子的传播速度是 593km/s，光子计算机比现在的超级计算机快 1 000～10 000 倍。

以上信息提示我们：需要组织研究不久的未来，这样的选题先导性很强。稿件总得有几年的新鲜度。这个选题单靠传播学研究者不行，得与传播科技界人士合作。

（三）批判性思维方面的组稿

网络发展的任何一种趋势都是双刃剑，指出可能的负面影响比点赞正面影响更重要，纠正不科学的偏见认识更为可贵。20 世纪 80 年代美国进入信息社会之时，就有人写了批判思维的书《信息崇拜》。我们需要保持这样的批判思维，于社会有利。

传播技术没完没了地升级、更新换代，真是信息传播的社会需要推动的吗？IT 资本的利润驱动恐怕起了很大的作用，传播技术的无限发展是好事吗？它对社会结构的破坏性影响，现在讨论得很少。

理论上，每个人都可以通过互联网自由地发出自己的声音。但问题在于，能够被听到的声音极少极少，几率比中彩票还小。

现在各种在互联网突然蹿红的事情，被视为传播的奇效。各种路径，从娱乐、文化产业到新闻传播，都有神奇的成功案例。问题在于，成功的几率比中彩票还小，却无人研究这是为什么。那些突然蹿红的人物、事件、观点、词语，大多出乎当事人的意料，被复制的可能性也极小。这些互联网传播的偶然性里面，有什么规律可循吗？这需要传播学者与心理学者的合作研究。

除了网控的因素外，人的大脑接受、记忆、存储的能力是有限的。同样的原因，不论怎样创新传播手段，也无法无限扩张大脑接受、记忆、存储的能力。

现在生活中几乎所有的时间碎片已经被整合，甚至人类数万年形成的“一心一意”思维惯性，正在被“一心多意”和“三心二意”的互联网接受和传播方式取代。这对人类是福祉还是恶兆？这样的问题需要研究，向社会提出忠告、警告，是学界的责任。

（四）这方面的一些可以考虑的具体选题

（1）从 4G、5G 到光子计算机。

（2）新传播形态对传统传播顺序的挑战。

（3）新传播形态下人的记忆方式和内容偏向发生的变化（谷歌效应）。

（4）网络语言形成的规律与传统语言形成规律的异同。

（5）社交媒体下的群体性孤独（together alone）。

（6）社交媒体下公共领域所呈现的私人属性（二者叠加）。

（7）互联网条件下“新闻”内涵的延展。

（8）互联网条件下的“新闻真实是一个过程”。

（9）互联网传播中的信息误读。

（10）互联网条件下的信息（新闻）期待。

（11）新闻聚合网站“新闻价值”的运作路径对通过经验判断新闻价值的挑战。

（12）网络原生［自然］广告（native advertising）对以往展示性广告和广告学理论的挑战。

（13）互联网条件下凸显的“时事新闻没有版权”的理解和实施。

（14）传播学在互联网传播时代面临的危机。

三、政治文章选题

政治文章选题：习近平关于新闻、宣传、舆论、文学、社科、教育的论述。

（一）习近平 8 个关于新闻、宣传、舆论的讲话

2013 年 8 月 19 日在全国宣传思想工作会议上的讲话。

2014 年 2 月 27 日在中央网络安全和信息化领导小组第一次会议上的讲话。

2014 年 8 月 18 日在中央全面深化改革领导小组第四次会议上的讲话。

2015 年 12 月 25 日视察解放军报社时的讲话。

2016 年 2 月 19 日在党的新闻舆论工作座谈会上的讲话。

2016 年 4 月 19 日在网络安全和信息化工作座谈会上的讲话。

2016 年 10 月 9 日在中央政治局第三十六次集体学习会上的讲话。

2016 年 11 月 7 日会见中国记协第九届理事会全体代表和中国新闻奖、长江韬奋奖获奖者代表时的讲话。

（二）可以考虑的组稿选题

选题 1：把握马克思主义新闻观的 2 个要点和 1 个落脚点（2 个要点：坚持党性原则、遵循新闻传播规律；1 个落脚点：坚持以人民为中心的工作导向）。

选题 2：党性和人民性相统一（习近平：“党性和人民性的关系，本来是一个有着明确答案的问题，现在反倒成为一个所谓复杂而敏感的问题了。”“那些‘你是替党讲话，还是替老百姓讲话’、‘你是站在党一边，还是站在群众一边’的论调，把党性和人民性对立起来，在思想上是糊涂的，在理论上是错误的，在实践上是有害的。”）

选题 3：九个创新。每一个“创新”都可以成为一个组稿选题（“创新理念、内容、体裁、形式、方法、手段、业态、体制、机制，增强针对性和实效性”），尤其是第一个理念创新。

选题4：创新对外传播的“三新”（新概念、新范畴、新表述，“把我们想讲的和国外受众想听的结合起来”）。

选题5：看不见的宣传（“西方国家……的宣传策略是，上乘的宣传看起来要像从未进行过一样，最好的宣传应该是能让被宣传的对象沿着你所希望的方向行进，而他们却认为是自己在选择方向”）。

选题6：舆论监督和正面宣传是统一的（“舆论监督和正面宣传是统一的。新闻媒体要直面工作中存在的问题，直面社会丑恶现象，激浊扬清、针砭时弊，同时发表批评性报道要事实准确、分析客观”）。

选题7：时、度、效（“把握好时、度、效，不是简单的事情，需要相当的思想政治素质、大局意识、判断能力、业务水平”）。

选题8：政治家办报、办刊、办新闻网站（“要有政治家的头脑，有政治眼光和政治智慧，善于从政治上看问题”）。

选题9：反对形式主义（2013年6月22—25日中央政治局会议：“进一步强化落实中央八项规定，要同反对形式主义……紧密结合起来”）。

选题10：舆论导向（“各级党报党刊、电台电视台要讲导向，都市类报刊、新媒体也要讲导向；新闻报道要讲导向，副刊、专题节目、广告宣传也要讲导向；时政新闻要讲导向，娱乐类、社会类新闻也要讲导向……”）。

（三）习近平关于文学、社会科学、教育的4个讲话

2014年10月15日在文艺工作座谈会上的讲话。

2016年5月17日在哲学社会科学工作座谈会上的讲话。

2016年11月30日在中国文联十大、中国作协九大开幕式上的讲话。

2016年12月7—8日在全国高校思想政治工作会议上的讲话。

（2016年12月17日在第四次新闻传播学期刊主编会议上的发言）

认真研究考研初试题

2016 年寒假的研究生初试阅卷，我负责评阅专业硕士史论的一道大题，即：

> 美国传播学者 W. Lance Bennett 和 Shanto Iyangar 在一篇题为“A New Era of Minimal Effects? The Changing Foundations of Political Communication”(2008) 的论文中提出，伴随 (1) 电视多频道时代和互联网时代的到来，受众选择性接触增加，受众碎片化现象加剧，(2) 受众在大众媒介上偶然接触到自己不感兴趣的信息机会减少，(3) 受众因政治立场的分化，只接触与自己政治观点一致的信息，这些原因导致大众传播在政治方面的效果变得十分有限甚至弱小。你是否同意这两位学者的观点？请说明你的理由。

这道题只要写了字就得给分，考不出学生的实际认识水平，因为提供的三点意见已经变成了现实，考生自然会顺着说，我阅卷拉不开分数档次，给的大多相当于百分的 80 多分，很无奈。

我还参加了学术硕士史论卷子一道大题的阅卷，即：

> 结合实际分析中介化 (mediation) 与媒介化 (mediatization) 两个概念的同与异。

这道题看了几份卷子后就感到对本科毕业考研的学生来说太难了，没几个人知道这两个概念，几乎没有与标准答案对上的，甚至还有不少答反了的。询问出此题的老师，他的感觉与我一样，只能根据印象给分了，答反了的，只要学生是认真思考了的，也不好给 0 分，仅略低一些。给分的依据，变成了看字数多少和行文水平，多数给了相当于百分的 80 多分。

挨着我阅卷的王老师负责学硕史论卷子的一道简答题，即：

> 关于新闻真实问题，学界有哪些代表性的观点，每种观点的主要内容是什么？

阅卷过程中他对我说，没法按照标准答案评阅，因为几乎没人能说出新闻真实有几种不同观点，多数答的是如何做到新闻真实，而且也答得大同小异，给分同样拉不开档次。

一道大题 35 分，一道简答题 20 分，占总分数比重很高，还不知道其他大题和简答题是不是也存在同样的问题。如果阅卷由于出题不合适而造成判分稀里糊涂，录取自然也稀里糊涂，很难保障招生质量。

根据这次出题存在的问题，建议在出考题时事先给几位相关老师提出要求，出题不能太随意。

其一，属于学科基础内容的题，除了考虑本校使用的教科书外，还需要在全国本学科层面上考察、掂量一下内容的普适性，像“中介化（mediation）与媒介化（mediatization）两个概念的同与异”“关于新闻真实问题，学界有哪些代表性观点”，需要估量一下能有多少学生可能知道并正确地讲述出来。

其二，选择一段成名学者的学术论述让考生来解释，这是一个考察学生的比较好的方式。但选择的论述要能够检验学生的阅读理解力，检验出知识的积累程度，不能太简单，也不能过难。这次的专硕大题给出的两位美国学者的描述就太一般化了，无法考查学生真实的分析能力。

其三，新闻传播学本来就没有多少理论，考研题主要考查学生是否能够运用本科所学的知识对实际问题做出正确的分析。尤其是论证题，建议以分析实际问题为主。可以给出某方面的基本原理，要求考生运用基本原理来分析具体事例，从而考察考生的“思想政治素质、大局意识、判断能力、业务水平”（习近平语）。这就要求出题的老师平常注意新近发生的新闻传播现象，积累材料，需要的时候可以随时拿出来。我试着给出以下三道题作为样子：

第一例：

请用关于新闻真实、客观、全面的要求，衡量以下新闻存在哪些方面的问题？

泰国克拉运河项目合作备忘录在穗签署

南方日报讯（记者/肖文舸）日前，泰国克拉运河研究和投资合作洽谈会在广州举行，会上签署了泰国克拉运河项目合作备忘录。

泰国克拉运河是指在泰国克拉地峡区域挖掘一条沟通泰国湾与安达曼海的运河，修建完成后船舶借此可直接从印度洋的安达曼海进入太平洋的泰国湾，与取道马六甲海峡相比，航程至少缩短约 1 200 公里，可节省航运 2～5 天时间。以 10 万吨油轮来算，单次大约可以节约运费 35 万美元。

据龙浩国际集团有限公司负责人介绍，开凿修建克拉运河不仅将惠及广东、福建、上海、江浙等沿海地带，更有助于中国加强与东南亚、中东、非洲、欧洲各国的贸易往来，助推我国“一带一路”战略的实施。

据泰方有关负责人介绍，项目将为泰国民众创造可观的就业机会。

（2015 年 5 月 14 日《南方日报》16 版）

以此新闻为源头，经过 4 家媒体的接力夸大，5 天后其变成一条传遍全世界的假新闻。根本没有克拉运河开凿的事情，只是有些人议论过其可能性。

第二例：

请用法治理念衡量以下《南方都市报》记者的行为，并从新闻职业道德角度评价该报报道此事的动机。

2015 年 6 月 7 日 10 点 49 分，《南方都市报》在其新闻客户端、官方微信公号同时发布消息《重磅！南都记者卧底替考组织　此刻正在南昌参加高考》；十几分钟后，@南方都市报正式发布主题微博《重磅！南都卧底替考组织参加高考　曝光跨省团伙》。

根据其报道，早在 2014 年 11 月南都记者就与一名高考“枪手”组织成员接头。新华社 2015 年 6 月 8 日的报道揭示了南都报案的时间：“7 日 11 时左右，网上出现南都调查报道之后，南昌市教育考试院联合警方立即展开调查核实。此时距考试结束不到 20 分钟。”

第三例：

请根据新闻客观性原则和新闻职业道德的要求，评价以下记者的做法和观念：

2010 年发生了“宜黄拆迁案”。该案中的拆迁户钟家户主的两个女儿赴京告状，在机场被县里来人劝阻，她们为回避他们而躲进了女厕所。有一位记者对其中一个情节（“女厕所攻防战”）在网上谈他的策划：“她们是两个女孩，被一群官员关到女厕所里，这个事情很有趣，匪夷所思，有阅读价值，能唤起每一个网友共鸣。……我会说两个姐妹被一群官员逼到女厕所里，只能通过手机［此前记者帮助她们更换为智能手机］向外面求援，就变成一个故事，比如这是一个攻防战，两个女孩躲在门后不让他们进来，外面想进来，都是什么样的配备，县委书记什么官员，变成有戏剧性了。如果两个男孩躲在厕所里，就不会引发这么多关注。我作为记者很清楚找到什么样的点，要找出价值。有价值的信息，马上成为引爆点，因为价值足够大，要不好玩，要不有戏剧性，找到一个点让人家注意到你。”他在微博里写道：“《保持通话》现实版上演，中国导演们，你们有剧本了……”他在媒体的访谈回顾中说：“如果能让‘自焚’、‘截访’这类悲苦的话题变得轻松起来，它将更具围观性。于是，我开始把这个事件定义为一场由新浪微博现场直播的、双方极不对称的‘女厕所攻防战’。”

新闻客观性的操作层面包括三点基本要求：

（1）将事实与意见（包括价值判断）分开。

（2）以超脱情感的中立观点表述事实。

（3）努力做到公平和平衡，为事实涉及的各方提供应答机会，给受众提供全面的信息。

（2016 年 7 月 1 日）

社会科学基金项目评审意见

2016 年和 2017 年初，我对一些国家社会科学基金课题、教育部社会科学基金课题的申报书提了一些意见，其中通讯评议的 24 份国家社会科学基金申报书和 38 份教育部社会科学基金申报书，仅各保留下 1 份。个人请我看的大部分也没有保留下来。近期各学校或学院在课题申报前请我看一看的，基本保留下来了。下面是能找到的保留下文字的评审意见。

1. “党媒在移动终端上话语主导的有效性研究”

全文请把握在规定的 7 000 字以内，标题既然不好与《指南》冲突，但也要做状语的修改，例如：党媒移动终端话语主导有效性研究。

目前的论证结构同义反复，不知所云，估计你自己都绕进去了。

第一句第一个名词词组“社会舆论话语平台”不通，这是什么东西？“手机是第一媒体”？谁说的？有学术论证吗？此前还有“第四媒体”“第五媒体”之说，均不是学术语言。“党媒是否能够且如何实现在移动……急需解答”，习近平讲话了，不是是否，而是必须。

建议结构如下：

一、我要研究什么。既然核心词是“有效性研究”，其他均是状语，那就要使论证紧紧围绕“如何做到有效”展开，不要解释什么是话语、什么是主导、什么是移动终端、它们的发展过程等等，这些都是学生给老师交作业的东西，不要讲学科内常识。现在很多所谓“论证”基本在摆自己知道的那点学科常识，真到论证自己研究的东西时，什么也说不出来。

二、关于这个话题前人已经做了什么（文献检索）。存在什么问题。

三、我将怎样研究（重点，可以做个图式）和怎样做（方法交代），为什么要做（与第二点联系起来说）。

四、我做的在学术上有什么价值，对现实有什么社会价值。

准备研究的几点（第 4 页下部），相互间什么关系，如何与最终的研究结果相联系，请论证，不能平列出来而看不出内在逻辑。

不使用“国家-技术-公民”这样的表达，党媒不是国家，这个问题主要不是技术问题，公民请换成“公众”。什么“话语-世界-话语-自我”，不要把一目了然的问题弄得玄乎了。话语本身不要研究，这是你研究此问题的知识积累，不要什么都从头说起，还是没有摆脱学生面对老师的心态，生怕老师不知道自己知道。

要有参考文献，文献的水平要高，不能是一些大路货，要有相当的外文文献。

2016 年 2 月 22 日

2. “知识社会学视角下争议性科学议题的多元建构与传播研究”

我打分较高，但不同意入围。无论这个选题是否入围，请向申报者转告以下意见：

科学内的学术争议是很正常的现象，但科学内的某些被否定的观点，一旦得到媒介的报道，就会得到放大，放大到与主流观点平起平坐的程度，甚至超过对方，引发社会的无端争议。新闻工作的“客观”“公正”机制遇到科学内部争议的社会化，会发生很多无事生非的事情。因为绝大多数记者不是科学家，不懂所报道的科学事项。所以，媒介报道科学争议要十分小心。本课题的申报人只懂社会学不行，必须懂得科学学。否则，这类研究忽略了新闻“客观”“公正”对科学争议带来的混乱，结论看起来不错，实则可能是谬误。请申报人读一下陆晔、周睿鸣的《面向公众的科学传播》（《新闻价值》2015 年第 5 期）。

4 月 6 日

3. “米德的自我理论分析：中国人的自我观念特征”（教育部基金项目）

申请人的研究思路是：拟通过乔治·米德的自我理论中对于自我的分析，以及社会对自我产生的影响，对于经典文学作品《红楼梦》中主人公贾宝玉“真我”“假我”的描写进行理论分析，推导出中国人对于自我的认识、形成和发展方面的思维特点。实现中西理论的对接，为以后的自我研究开辟方法和思路。

该论证以小说《红楼梦》作为研究中国人对于自我的认识，立论不成立。小说是虚构的，不可以成为研究社会现实的论据。

4 月 27 日

4. “新闻从业者职业认同危机研究”

选题具有一定现实意义，对国内外研究状况把握尚可。需要考虑参与人的具体分工、合作的问题。论证思路存在问题，具体意见如下：

文中关于研究目的这样写道：参照国内外其他群体的职业认同研究，将职业认同看作是一种与职业工作有关的心理状态，从职业认知（cognition）、职业情感（affectivity）和职业行为（behavior）三个维度，考察新闻从业者群体职业认同所产生的危机、危机产生的原因以及这种危机所导致的后果。

从这三个维度考察职业认同处于怎样的状态是可以的，但这样的考察不可能得出“所产生的危机、危机产生的原因以及这种危机所导致的后果”，这需要另外的研究。而本论证除了量化调查和没有加以重视的访谈外，似乎没有其他了。

文中还写道：近年来，新闻媒体离职人员数量不断增多、归属感较弱，已成为困扰整个新闻行业的重大问题。本研究认为，造成这种现象的根源在于新闻职业认同的缺失，因此拟关注新闻从业者职业认同产生的危机、危机产生的原因以及这种危机所导致的后果，为高等院校更好地促进产学研一体化，为新闻媒体单位有效管理人才、积极利用人力资本，为新闻从业者提升自我职业能力与修养，提供相关的建议和参考。

目前中国新闻从业者离职人员增多、归属感减弱，主要不是由于职业认同的缺失，而是这个职业存在的环境发生了变化，随着传播技术的急速推进，现在即将消失的十个职业中第一个就是新闻记者。如果这一点都没有作为主要讨论的问题，后面关于“为高等院校更好地促进产学研一体化，为新闻媒体单位有效管理人才、积极利用人力资本，为新闻从业者提升自我职业能力与修养，提供相关的建议和参考”，是不可能做到的。

本课题必须回答为什么现在新闻业的职业意识不行了。如果认为应该存在这个职业，那就要围绕这个问题展开论证和研究，论证未来如何仍然需要专业的新闻从业者。参见比尔·科瓦奇、汤姆·罗森斯蒂尔《真相——信息超载时代如何知道该相信什么》，其中论证了未来仍然需要专业新闻从业者做些什么的八个方面。为此，要加强深度访谈，在拟定大纲、找寻合适的人物、在有限的访谈时间内如何获取最大的有价值的内容方面下工夫。同时，传播技术如何影响到原有新闻从业者的职业的瓦解，也是必须研究的问题。

本研究涉及心理问题，但主要不是心理问题，而是外部环境对原有职业的冲击。这个问题不是靠研究心理来解决的，而是当事人如何适应新环境。离职、原来的职业认同弱化是正常的现象，不要将此作为要解决的问题，这个问题无解。

2017 年 1 月 9 日

5. “马克思主义广告观研究”

第一次意见：

选题似乎可以，但没有“马克思主义广告观”这样的宏达表达，如何表达要再想一想，大标题要显现你要论证的观点，且这个观点具有创新性。具体到论证，基本思路完全不可以，因为不符合党对西方马克思主义的基本认识，即西马非马。西马作为学术研究对象是可以的，但不能把西马纳入我们认为的马克思主义体系，作为同一个体系来研究。由于这个原因，整体论证必须重来。

还有一个很明显的问题，即论证中没有作者关于马克思主义广告观所要论证的核心观点，连作者认为的马克思主义广告观是什么也没有得到概括。从目录看，就是把作者认为的马克思主义人物关于广告的论述，按照历史顺序讲一遍，挂上现在的政治形势，连“一带一路”都要使劲地往上贴，一看就是为了没话找话地体现本课题的重要意义，但你要说什么，读者却无从知道。

还有，不能说明显不对的话，例如“对新闻的许多要求，如完全的真实性和客观性等就很难被原封不动地套用到对广告的要求中去”。客观性不是广告遵循的原则，但真实是必需的，现在广告的虚假人人痛恨，你不可以说“完全的真实性”不适合广告。

其他行文中的问题：

本研究提出了一个迫切需要从理论上回答的问题——发展广告对于人类的终极福祉究竟有着怎样的影响（太大的想象）。

“重建历史唯物主义”（哈贝马斯）任重而道远（我们需要哈贝马斯引领吗?）。

1 月 16 日

第二次意见（标题改为“马克思主义广告思想发展演变的历史逻辑”）：

不要提“资本化”！“马克思主义广告思想的这一基本观点在社会主义建设中也曾动摇过，甚至被歪曲和否定过”，不要这样说。建议说，在社会主义建设的背景下，我们一度因为不熟悉马克思的广告思想，误以为……（进而……，可见学习和了解马克思的广告思想的重要性）。

“1970 年初至 1979 年初，由于‘文革’的破坏导致国家经济生活濒临停顿”，为什么不是 1966 年 5 月至 1978 年 12 月党的十一届三中全会召开？要按照新中国成立以来若干历史问题决议的精神叙述历史。

关于全球化，请看习近平在达沃斯的讲话。“发展广告对于人类的终极福祉究竟有着怎样的影响”，怎么可以把广告与人类福祉扯上？

一开始要给人以亮点，请把你为什么做这个话题的理由放在最前面，说明马克思主义广告思想此前没有人系统研究过，甚至都没有听说过，这是一个缺憾。而马克思主义广告思想还是颇为丰富的……然后再进入论证，论证不要说不着边的政治套话，红字是建议删除的套话。后面的我不想再说什么了。

1 月 24 日

第三次意见：

“马克思主义广告思想由马克思和恩格斯共同奠立，后经由数代马克思主义经典作家的不断阐发、丰富和完善，已经发展成为一套有关现代广告的科学的观点体系。”不要把广告思想说成“体系”，拔高不好。

2 月 12 日

6.“网络舆论的视觉传播机制及引导研究”

第一次意见：

该论证关于所要研究的问题讲述得比较清晰，文献检索和论证总体不错，但关于学术观点的叙述，基本没有观点，而是本学科内谁都能想到的东西。

标题问题。不要轻易使用“网络舆论”的概念，是否舆论，需要提供可靠的测量数据，但至今学术上没有有效的统计方法估量网上意见是否形成“舆论”，只能对某一网络平台、某一社交媒体群进行舆论的估量，无法推及社会整体，哪怕是社会的某一阶层。根据申报人的论证，实际上讨论的是意见（观点、思想、主张）在互联网（现在应该特别是社交媒体）上呈现时，是如何利用各种视觉传播手段进行传播的，即它的传播机制（这又要划分为无组织传播和有组织传播两大类——有组织传播的观点不是舆论，但会影响舆论。两个舆论场的说法违反“舆论的主体是公众”的定义，习近平“2.19 讲话”也批评了）。请设想一个科学的、不会产生歧义的大标题，标题即是选题的表达，表达准确很重要。论证中的主语“网络舆论”请改掉。

该论证中多次出现“博弈”的概念，博弈是一种特殊的受到阻碍的传播状态和特殊的传-受方的较量形式，博弈≠一般的矛盾和斗争，不要乱用。没有“说服性”的概念，请换一个科学的表述。

“建构起突发事件网络舆论视觉传播引导模式”，建议别做，也做不出来了。以往关于引导模式的“研究”多如牛毛。在严密管控之下，互联网上已经不会出现什么突发事件了。

该论证谈到习近平论网络工作，请注意他最早关于网络的 2014 年的“2·27讲话”，还有 2016 年的“10·9 讲话”（中央政治局第三十六次集体学习会上的讲话），以及 2013 年的“8·19 讲话”和 2016 年的“2·19 讲话”中涉及网络工作的内容。

阿拉伯数字（和拉丁文字母）做序号，后面不能是顿号，应该是下黑点。

1 月 25 日

第二次意见：

我无暇一一对照看你改了什么，只是“网络舆论”改为“网络舆情”要说一下，这是不通的。舆情是“舆论情况”的缩写，“某某情况”怎么可以作为主词呢？而且你有一部分是研究官方如何通过网上视觉传播来影响网上意见，官方传播的观点不是舆论，也不是舆情，你无法涵盖，你要研究的是网上意见如何通过视觉传播的，如何影响网民的，那就说“网络意见表达”的视觉传播机制，不就行了？在论证文字里说上一句，为什么不用“网上舆论”的概念，因为……（我给你的发言 PPT 都有），这样显得你考虑严谨。

还有，你说以阿恩海姆的理论作为一个重要参照，可是参考文献却没有一本他的书，不合适吧？他的书 20 世纪八九十年代翻译出版了好几本，我家里都有，他的英文版书也有的（他是德国人）。

你把课题分为五个子课题，你申报的是重大项目吗？如果不是，不要把架子搭得很大，把子课题叫得小一些，例如五部分。子课题就得有组长和组员，而组长必须是本领域多少闻名的专家，你显然做不到。不要给人一种拉大旗而力不从心的感觉。

2 月 4 日

7. “国家、记者与团体：近代中国的新闻记者职业团体研究（1927—1949）”（教育部基金项目）

标题问题。近代指什么？1840—1919 年；现代是 1919—1949 年；1949 年至今是当代。1927—1949 处于现代。这样的概念错误，第一句话就撞到枪口上。

研究论证中存在政治问题。关于应用价值，第一条说：“1927—1949 年的新闻记者职业团体是在国家主导下建立的，服务于国家政策之推行，与当下的‘记协’不无共通之处。因此，以史为鉴，检讨民国时期国家对于新闻记者职业团体管理之得失，可以为今天的新闻记者及‘记协’管理工作提供借鉴，并对推进国家治理现代化有着不可替代的重要作用。”这个研究目的混淆了共产党与国民党政治性质的根本差异。那是国民党独裁专制的表现，是当年共产党一直在批判的内容，请看看当时党领导的《新华日报》《解放日报》批判国民党反人民反民主的文章吧。现在我们竟然要借鉴当年国民党的统治术？该论证整体就是这个思路，也体现到了大标题的设计“国家、记者与团体”上，这是不行的。

关于应用价值的第二条全是套话，太虚了，而且只提到习近平 2016 年的“2·19 讲话”，却不知道 2016 年 11 月 7 日习近平对中国记协第九届理事会全体代表的讲话，研究的还是新闻职业团体，这是不应该的。

该申报论证课题的理论价值（在这里不是理论价值，而是学术研究价值）的第一、二条是可以的；关于国民党控制新闻职业团体的第三条，研究要持批判态度，这是共产党应有的基本立场。

这个选题以前做得比较零散，申请人研究这个内容有一定学术价值，但不要从借鉴国民党经验的角度，要从填补中国新闻史研究空白的角度来说。由于选题的出发点是要借鉴国民党，连与共产党接近的“青记”都不能作为研究对象，这也是不合适的。如果做国民党统治时期的新闻职业团体研究，那“青记”应该是一个重点；还有“九一”记者节的形成，也属于新闻职业团体推动的结果。

参考文献建议加《“纪念我们自己的节日”——“九一”记者节与民国报人群体职业形象的建构》（齐辉，《国际新闻界》2015 年第 6 期）。还有关于“青记”和根据地记者团体的文献。

1 月 25 日

8. “新媒体背景下中国调查性报道的现存问题与改进方案研究”

此选题以“现存问题与改进方案研究”为主体，又仅涉及一种正在衰退的新闻体裁——调查性报道，这样的选题不大可能被国家级的社科基金看中。

关于这个问题必要性的论证，目前主要以外国人的认识为主，仿佛必须由外国人来说话才有权威性，这是一种不大好的理由论证。在材料与结论的关系上，申报人需要事实而不是想象来说明因果关系。论证里说“通过 CNKI 数据库检索……标题同时包含‘新媒体’和‘调查性报道’的期刊论文只有 11 篇，且每篇论文的篇幅都较短，博硕士论文数量为 0。通过 Proquest 外文博硕士论文数据库检索……同时包含 new media 和 investigative reporting 的文献结果为 0。通过 EBSCO 的 Communication Source 数据库检索，标题同时包含 new media 和 investigative reporting 的文献结果为 0。这说明，目前国内外尚且缺乏将‘调查性报道’和‘新媒体’紧密联系起来进行深入详细研究的专题，研究界对新媒体背景下中国调查性报道丰富多样的实践缺乏系统的梳理、总结和评价。”因为很少或为 0，不做分析就得出“缺乏研究”的结论，而对自己所说的“调查性报道丰富多样的实践”没有一点调查，就得出了这一结论，这是不应该的。

在目前对新媒体的严密控制下，调查性报道已经很少出现，即使有一些，也是权力部门组织的或授权媒体做的。加之社交媒体已经成为中国新闻分发的主要市场（97%），诸如调查性报道这样需要一定篇幅的新闻体裁，其生存空间很小。这种情形下研究新媒体背景下调查性报道的改进方案，这几乎是一个无解的选题。

1 月 28 日

9. 华语电影中国特色研究（1978—2016）

“中国特色”在目前中国的话语体系中是一个具有鲜明政治内涵的概念，指改革开放以后中国共产党领导创造的一系列与资本主义国家完全不同的社会主义道路的经验和理论。这个选题所说的“中国特色”似乎与此无关。且申报书中的华语电影所指是“内地、香港、台湾”的电影，三地的政治体制和意识形态差异很大，不可能具有相同的政治意义的“中国特色”。因而，“中国特色”的概念使用，在这个问题上不能成立。

还有，其他国家也有不多的华语电影，该选题只讨论三地的电影，论证内容与大标题不完全相符。具体论证又仅讨论三地的三个电影奖的获奖作品而不是全部作品。获奖电影一般被认为是最好的，分析最好的电影，只能说明最好的那一部分的特点，而不能说明整体电影的特点。

还没有进一步看论证，就发现存在两个具体问题：第一，现有的标题无法准确涵盖所要论证的对象。第二，现在划定的研究对象不能推及三地近 40 年电影的特点。或者大标题上确定研究对象是获奖作品，或者对近 40 年的电影做抽样，研究样本电影，以便让结论可以推及整体。“中国特色”的概念不要使用。

该申报书就选题的研究目标确定为这样一句话：“全面探析华语电影优秀作品近 40 年创作所蕴含的中国特色内涵，并在全球化语境下阐释其所具有的美学意义、文化价值和现实功能，并积极探寻华语电影今后在跨国传播中创作、产业化、理论批评等方面的发展战略，力图为生产独具民族文化内涵和东方艺术神韵的精品之作而献计献策。”也就是说，该选题为自己确定了三方面的任务：第一，内敛的中国特色；第二，外扩的全球化语境下的美学意义、文化价值和现实功能；第三，跨文化的创作、产业化、理论批评等方面的发展战略。要研究的问题实在太大、太广了。

看了设想的章节，很像影评，基本是叙述。如果是论证，每一节标题的话都是要证明的。例如第一章第一节“揭露社会问题的民生传统”。不能你说是传统就是传统，必须证明。这就需要把中国历史上的电影拿来分析，如何形成了这样的传统，然后再对近 40 年的所有电影做一量化分析，证明确实民生是传统。这不是 1 万字可以解决的问题，可以单独做一个课题了。目前的论证设计，尚不是学术论证的思路。

建议把选题大大缩小，选择学术一些的内容，只做 27 个小节标题的一个。如果能找到三地共通的最好，找不到就研究祖国大陆。例如“论中国电影的跨文化创作”。这里的“中国”，在不做特别解释时，一般就是指祖国大陆；加上“大陆”往往有与港澳台比较的背景。要明确研究的主题和创新点，不能只是泛泛地叙述。

1 月 28 日

10. 中国乡村治理中的政治传播研究（1978—2018）

这个选题是可以的，但具体的论证思路有几个问题：

第一，目前的选题“中国乡村治理中的政治传播研究”显然有一个突出的大背景“乡村治理”，但论证中几乎没有关于“治理”的任何内容交代。乡村的“政治传播”包括什么？这涉及传播的内容，而内容决定对媒体的选择，这方面也基本没有谈到。论证与选题必须契合，目前没有完全做到。

第二，目前的论证一半以上篇幅谈论的是各种传统媒体，尽管时间内后一半已经进入互联网时代了。论证应该以互联网媒体为主，把过多的精力放在报纸、广电和其他原始的具有乡村特色的传播方式上，作为一种历史的追忆可以占一些篇幅，但对现实的传播媒介需要更多的关照，因为这是一个现实的政治话题，不是纯历史的媒体应用的考证。现在论证中关于互联网媒体的考虑是不多的。

这个论证把如何使用媒体分别进行讨论，占据了本论证的一半以上的篇幅，待到政治传播本身了，仅 161 字。这才是本选题的核心，但没有论证就结束了。

关于传播的中介，该论证忽略了乡村传播中最重要的中介——人。如同语言的传播与人无法分离一样，不讨论人在乡村传播中的作用，这个选题即使做起来了，也是注定不成功。懂得和运用互联网传播的人、具有现代治理观念的人在当前乡村传播中远比那些无机的传播中介重要得多。

第三，如何选择研究的典型乡村，本选题还没有想好，这涉及研究成果的有效性问题，不能在申报的时候含糊或忽略。该论证在 161 字的政治传播论证中提出了四个完全没有展开的问题，即“国家与农民的政治沟通、政治传播与乡村组织的重振、政治传播与乡村社会秩序的重建、政治传播与乡村文化价值体系的再生”，本申报的论证应该以此为主才对，具体的媒体形态要谈到，但不能居于主要地位。

就这四个问题而言，第一个属于宏观的，作为背景说一说就完了，不宜作为一个独立的话题。第二个问题和第三个问题其实是无法分开来论证的，建议以第三个涵盖第二个的内容即可。这样，本选题需要一个背景问题“乡村政治治理”的论证，以及两个相互关联的具体的问题论证：第一，政治传播与乡村社会秩序的重建；第二，政治传播与乡村文化价值体系的再生。传播中介首先是人，人对媒体各种形态（包括语言和符号的使用与表达）的认识和使用，然后是其他无机中介，注意要以当代互联网传播为主展开。

第四，本申报的参考文献太少，仅有一些国内的。不知道国内外这方面的论著，谁能相信申报者能够做得出这个选题呢？

其他行文中的问题：

乡村是国家的缩影（不是，城市才是国家的代表）。

以礼堂为代表的村庄空间所体现的政治和文化意涵，在重建礼堂等村庄空间中出现的利益争夺，围绕礼堂等村庄空间所结成的社会关系和政治关系（礼堂建议改为“集会空间”，并非所有乡村开会都在礼堂，很多乡村没有礼堂）。

1 月 29 日

11. 20 世纪美国传播批判理论史研究

选题有学术价值。前面可以适当引用几句习近平的讲话，他在 2016 年“2·19 讲话”里使用了“传播学”这一概念。建议多了解有关传播学在中国以及传播学分派的知识，以便在背景论证时严密一些。可参考《传播学纲要》第二版（2014 年）以及其他同类书籍。

第一个问题，建议不要完全按照表格要求的顺序写。现在表格要求的论证内容，一些地方是重复的。这肯定是当初一个半懂不懂的人随便想出的几句话，谁也没有在意，却在很多年内影响了申报书填写的逻辑清晰度。

首先先说我要研究什么，为什么要研究，它的学术价值或现实的、历史的意义。把后面的“本课题相对于已有研究的独到学术价值或应用价值”“主要目标”“学术思想、学术观点、研究方法的特色和创新”提到前面来，说明是一回事，没有必要分开来论证。

这个选题你要强调的是一定意义的填补空白，因为此前没有人系统做过，甚至都不知道美国还有相对系统的批判学派。鉴于中国传播学以美国功能-经验主义为主的传统，了解这一传统的对立面的思想体系，对于稀释过于浓重且偏颇的传播学经验主义，批评偏颇地运用是有意义的，对于全面理解传播学和发展传播学也是有意义的。然后才是国内外研究现状和评价，这个过程中要体现出你将做出的贡献。

第二个问题，注意不要直接给这个学派一顶“马克思主义”的帽子，它属于西马，中国官方不承认西马是马，但可以研究。你就说是西马在北美的分支体系即可。

第三个问题，文献综述注意凡涉及批判学派的，尽管大多是欧洲的，因为思想有渊源关系，故尽可能提到但不必展开。因为你无法知道本学科的谁在审读你的申报书，如果人家研究过批判学派，你没有提及，可能影响对你的评价。

第四个问题，你谈到的“研究难点”，我建议增加一个“（2）”，文字大概是：由于我国传播学研究基本上没有关于美国批判学派的整体印象，鉴于美国功能-经验主义学派对中国的主导性影响，需要引进美国批判主义学派加以稀释，以认清前者的学术研究缺陷，以及为政治和经济权力组织服务的性质。难点的原（2），我改为（3）。其中你说："对国外问题的研究，最终目标和落脚点依然是解决中国的问题，对美国当代传播批判理论的研究也是如此。"这样理解是不当的。这是我国学术"经世致用"的传统所致，所以中国没有缜密的思辨哲学。对外国问题的学术研究有独立的价值，不是仅仅为了解决中国问题。学术研究总体上应该是非功利的，它可以服务于某种实用目的，但也要注意不要过度，过度了，得出的结论肯定不是科学。黑格尔《美学》里有一段话："科学，作为服从于其他部门的思考，也是可以用来实现特殊目的，作为偶然手段使用的；在这种场合，就不是从它本身而是从对其他事物的关系得到它的定性。从另一方面看，科学也可以脱离它的从属地位，上升到自由的独立的地位，达到真理，在这种地位，只实现它自己所特有的目的。"

第五个问题，后面你谈到"主要目标"，我试增加了"第二"，即梳理美国批判学派对功能-经验主义学派的批判（有没有我不肯定）。

第六个问题，此课题不完全是历史研究，也是现实美国某方面理论的研究，不能只依据文字文献来研究。有没有访谈之类？现在的课题都比较在意这方面的工作。

最后，参考文献部分请注意关照各方面。

2月9日

12. 新型乡村文化建构中媒体公益慈善传播拓新研究

你依据的是课题指南里的"媒体公益慈善传播研究"，这个选题的本来目的，似乎与现在申报书所想象的不是一回事，是指此前郭美美事件中媒体报道出现的问题，以及它对中国公益慈善造成的危害，媒体如何吸取经验教训和关于这个问题的亡羊补牢。

"新型乡村文化建构中媒体公益慈善传播拓新研究"把它变成了另一个话题，也未尝不可，但从论证内容看，基本是行政思维，没有学术成分。概念内涵，说一句话就够了，不需要设立专章"界定"，这样的"学术"套路太俗了。现状交代属于研究的必要条件，但不是研究本身，说几句就够了。现有公益慈善的传播效果分析，这种分析是为了证明什么？不清楚，似乎只是为了分析而分析，以为这就是"学术"研究。分析的目的，是要证明申报人提出的学术观点，而现在实际上没有观点，只是一些拍拍脑袋想出来的“改进建议”。这些建议没有必要提前做，可以随时提出。那这个课题在做什么呢？还有“原则坚守”，这是领导人讲话作指示的思路，不是学术研究。想出的建议都很好，但有工作经验的人都能想得出来，主要问题是可能没人真的去做。各级领导知道应该这样做，但社会整体上没有为农民服务的氛围。这不是学术研究可以解决的问题，而是相关部门做不做的问题。

还有一个主要的问题。公益和慈善是有关系的两回事，非要合在一起说，很难说通。指南所说的“公益慈善”的“公益”是定语，这是一个偏正结构词组。

课题申报，关于文献检索是必要的，但这部分目前占到全文的三分之二，如果关于检索的文字限定为五分之一，申报人能就自己的设想写出更多的学术论证吗？从目前的论证看，可能无话可说了。这就是本课题的问题所在。

如果继续沿着这个思路做，建议把选题压缩为只说第五点：“新型乡村文化建构视域下媒体公益慈善传播的系统转向”，作为一个独立的研究选题。但若这样，就需要申报人对目前农村的公益传播的各方面极为熟悉，积累很多，对互联网，特别是社交媒体的运作十分熟悉，还要为此确定核心学术观点和核心学术理论支撑，课题才可能丰满起来。

2 月 13 日

各类文章的修改意见

2016年到2017年初，我看了很多文章，有些花费了很大力气逐句逐字地修改，但保留下修改情形的很少。因为若保留修改情形，需要使用不同的色彩和符号，太费时间，所以大多数文章直接做改动；写下整段的关于修改的文字意见，也需要时间，故一般就是请作者对照自己手里的原稿，想一想为什么这样改。

下面是搜集到的有整段修改意见的电子版文字。文章长的有二三万字的，也有很多2 000多字的小型马克思主义新闻观考证文章；作者是来自全国13所高校的师生，从教授、副教授、讲师到博士生、硕士生和本科生，都有。

1.《重庆〈新华日报〉社论：〈人民的报纸〉》[①]

我刚才看了你的文章，你没有搞清楚写什么啊。这是一种小型考证文章，考证的是这篇《新华日报》社论，谁写的，什么背景下写的，什么内容，为什么会有这样的内容，要紧紧围绕文章本身展开，你却一开始就扯到马克思那儿，后面又扯到中国很远的事情。那时根本不知道马克思说过那些话，此社论与马克思不相干。研究历史，就要习惯性地找相关材料，这2 000字不是那么好写的。既然是《新华日报》，就要找新华日报史以及相关人员的回忆。还有，既然是1945年10月11日的社论，就要与毛泽东8月28日—10月11日在重庆这件事情挂钩，看看毛泽东有什么相关言论，或胡乔木（秘书）去《新华日报》有什么说法，再考虑1947年1月11日《新华日报》编辑部文章《检讨与勉励》的关于党性人民性一致的说法。你提供的图也不对，得是《新华日报》原版面的图，有《新华日报》合订本，你得去找到并拍下照片。

2016年1月14日

我读了三本有关新华日报史的书籍，看了知网的既往研究，找到了

① 仿宋体排的文字为文章作者的回复。——编者注

《新华日报》创刊以来的报纸原本，但是在 1945 年 10 月 11 日和 1945 年 10 月 17 日的《新华日报》上没有找到这篇社论，是不是还有其他版呢。

1 月 29 日

你看的是《新华日报》合订本吗？我手里的所有关于党历史上新闻学文章的合集，都收有这篇文章，都确定是 1945 年 10 月 11 日，不行的话，你找一下 10 月 12 日的该报，因为往往文章作为电讯先发一天。这个文章的存在不该有问题。

1 月 29 日

我通过《新华日报》索引找到文章是 1945 年 10 月 1 日，翻报纸，果然查到是 10 月 1 日第三版上的社论。而现在知网上有关《人民的报纸》的文章和研究记载，都是 10 月 11 日。我已经在稿件上修正过来，现传您。

1 月 30 日 0：07

你做了一件有意义的工作！长期以来都写错了！

1 月 30 日 0：16

我几乎重写了你的文章。见附件。你想想应如何提炼主题。

1 月 30 日

学生学术能力不够，对文章精华的把握不够，提炼主题欠佳。今后一定将这次的学习作为样本，踏踏实实多学习。如果发表，关于署名的问题，文章都是您的心血，都是您指导学生一步步推进，恳请务必署名您。

1 月 30 日 23：38

改了几个错字，纠正了你的学院名称，已经发出去了（《新闻界》），你单独署名。你能纠正那个日期就是一个功劳，此前大家相信书了，书一般是不会在这样的问题上出错的，所以没人查，你能查出几十年前的问题，很好啊。

不过你对社论的引文，没有一句是没错的，不能用现在的文字标准来衡量那时。我是逐字逐标点核对的。后面的《检讨和勉励》我也核对了，只有陆定一的文章因为手头没有，没有核对。

1 月 31 日

2.《周恩来主编的革新报纸——〈天津学生联合会报〉》

请提供具体的材料，少说空话，要有具体的版面事实和周恩来自己对此报的评价，不要简单地摘抄网络材料。对提到的历史事件要有一两句话的背景说明。图片要有文字说明具体是哪一期。前后重复的地方已经删掉。我仅删掉一些（不是全部）空洞的话，水分一挤就字数不够了。原题是“报刊”，文中也是报刊，是报是刊都搞不清啊？

“《会报》是如此立场坚定、旗帜鲜明，反动当局将其视为洪水猛兽，故加以禁绝。”（这段话太虚，请说事实）。“《会报》的‘主张’与‘评论’两个专栏特色鲜明，在全国范围内引起了热烈反响。”（请提供具体事实）

5 月 15 日

3. 《中央电视台的诞生与发展》

后面关于现状的文字占了一半多，基本不要。这是一篇小型考证文章，要提供央视建立和发展的几个节点的事实材料，不要任何宣传文字。首先是 1958 年“北京电视台”建立时的五个 W（例如当时北京共有电视机 90 台、其中国产 20 台，第一部电视剧《一口菜团子》等材料）。其次是 1978 年改名“中央电视台”之前的基本情况概括（包括华国锋为央视题词、第一部国产电视连续剧《敌营 18 年》、第一部和第二部引进的大片以及影响，《这里的黎明静悄悄》的问题）。第三是电视台的生态发展转折——1985 年前后成为第一媒体——央视的历史作用和社会影响。第四是央视面临的互联网传播的挑战（2003 年直播伊拉克战争、2008 年直播汶川地震），腐败问题、大火问题。字数不多，句句要值钱。词条不是为现实服务，需要经受时间考验。

5 月 15 日

4. 《中央人民广播电台》

同样的问题，小型考证文章的每句话都要十分严谨，主要回答电台不同时期的几个 W，例如第一任主要领导人、所属机构。1949 年 12 月 5 日那时谁是首任台长？请提供“文革”军管的几个 W，具体细节要新鲜的，一般性介绍原则上不要，要那些经得起时间考验的具有历史意义的事实。

1949—1956 年是什么情况？没有具体节目的介绍。“1971 年 5 月至 1973 年 1 月，经中央批准，中央台先后恢复了维吾尔语、蒙古语、朝鲜语、藏语广播。”前面没有关于禁止的事实交代，“恢复”的交代就莫名其妙了。“文革”军管如何发生的？1976 年 10 月 6 日“四人帮”倒台之时，华国锋给耿飚写的手令，派他接管的第一个媒体单位是中央广播事业局（当时能够即刻发布信息的主要是广播电台）……

5 月 23 日

5.《党报的“战斗性”》

我费了一整天时间改稿子。不得不逐句修改，更换了一半的材料，为了负责起见，我第一署名了。叫你把历史上的宣传文件翻一遍，显然你做得很马虎，连胡耀邦的文章都没有看吧？既然这篇标题上都有“战斗性”的文章收入《中国共产党新闻工作文件汇编》，你提到了此书，为什么不全看？研究工作一点都不能懒。《组织性》的稿子你改吧，搞明白了再写。

“以《向导》周报为代表的党报将报纸当作分析与评论时事、宣传与教育的平台，其目标在于‘打倒帝国主义，打倒封建军阀’，从而争夺革命胜利，这即是党报战斗性的最初内涵。”（这个“战斗性”与下面的战斗性几乎没有共通的地方）

“……在这里，‘战斗性’的内涵不仅继承了《为改造党报的通知》中所提出的观点，同时进行了深化与拓展。”（怎么可以用“继承”这个词？才相隔两个星期!）

关于批评与自我批评，请看看 1945 年毛泽东《论联合政府》第五部分关于批评和自我批评的内容，以及 1950 年中共中央关于在报刊上开展批评与自我批评的决定。

“毛泽东提出：‘我们地委的同志，应该把报纸拿在自己手里，作为组织一切工作的一个武器，反映政治、军事、经济并且又指导政治、军事、经济的一个武器，组织群众和教育群众的一个武器。’至此，党报的‘战斗性’增加了新的内涵……”（这里没有涉及“战斗”，牵强）

6 月 28 日

6.《舆论热点与宣传方式改进》

我不清楚你要给哪里写信息专报，他们需要什么信息。一般的信息要报类文字要简洁，不要说套话空话，不说废话，上来就进入主题，字数一般在 2 000 字内。要揣摩上级需要知道什么，以及他们应该知道什么，不然就是对牛弹琴。上面知道的，没有必要再说。

我扫了一下你写的东西，第二部分基本是套话，没有任何新观点和思路。第一部分你讲的几个事情，第一个事情似乎太小了，解释的力度也不够。第二个是湖北“抗灾神曲”的事情，不能说“低俗、内容粗浅”，总体内容还是比较正面的。它的主要问题是政治献媚，当然这个曲子是下面做的，但媒体的提倡就违背习近平的指示了。尤其那句具有“洗脑”神功的赞美，实在是败笔。“洗脑”是贬义词，是西方对共产主义宣传的一种批评用语，我们竟然当作褒义词使用，媒体太缺乏基本政治素养了，就知道巴结。

8月2日

7.《从“批判技术”到“改造技术”：论新一代法兰克福学派学者芬伯格的传播技术观》

标题建议加个“论”字。这个“论”字一加，就需要你好好想想，如何“论”起来，结构要适当调整。即使是介绍，也要写得像当年《读书》杂志那样的文章样式，以我为主谈别人的书或思想。具体问题：

（1）提要太长，要从你的角度来评价芬伯格，而不是简单介绍。

（2）关键词也要推敲，怎么连“批判技术”“改造技术”这样体现在大标题上的词都没有出现在关键词里？

（3）文中一些注释后面文献检索没有，例如马尔库塞、克莱默儿（有“儿”字吗?）、威廉斯。

（4）整体长度需要把握一下，现在近2万字。

（5）段落太长，需要通过分段来显示你的思路是清晰的。

“在芬伯格（要写上芬伯格1943—　）看来，马克思的错误（这里要有你的批判性解释，不能批判马克思吧）即在于他把重点从技术转移到阶级活动和发挥作用的政治领域上……”；“但是流亡中的人（这需要背景的解释）没有政府机构”。

我的文章《以互联网思维看互联网和关于互联网的研究》（《新闻界》2015年第20期）供你参考。

8月21日

8.《论民族主义与民国新闻教育的合理化建构：以“成舍我方案”为中心》

文章不知所云，几乎每句话都是引证别人的，看了一两千字还不知道所说的“成舍我方案”是什么。“合理化”是句大白话，考证什么？那时成舍我自己都没有想到“合理化”是个理论。这个文章的选题倒是可以给台湾世新大学的刊物，那里对研究成舍我给予优惠待遇，因为是成舍我家族的。

9月28日

9.《新闻自由传统下不自由的哥伦比亚新闻传播业》

一些地方需要进一步找材料。例如关于第一家广播电台没有交代。附件中我标的蓝色地方请解决。主要问题是：整个结构不合理，你的大标题是自由下的不自由，而关于这一点文中只体现在最后一节，其他均无涉及。

“1930 年保守党霸权时期哥伦比亚报纸的自由程度也给玻利维亚作家阿尔希德斯留下了深刻的印象。”（什么印象？没有说啊）

“哥伦比亚第一广播电台其缩写 CARACOL 为‘蜗牛’之意，故又称蜗牛电台。它是 1947 年由新大陆电台、安蒂奥基亚电台及卡利的 RCO 电台组成。”（逻辑不通，这说明它不是第一家，那第一家是哪家？）

10 月 1 日

10.《回到马克思——我国马克思主义新闻理论体系建构的知识演进路径考察》

第一次评语（匿名）：

该文基本可以自成一说，可以发表。有一些问题需要解决。科学的辩证唯物主义，“科学的”这个定语建议删掉，因为是多余的。

第 9 页谈及“信息”这个词，切入视角低了。1984 年发生了什么？赵紫阳总理提倡读约翰·奈斯比特的《大趋势》和阿尔文·托夫勒的《第三次浪潮》，全国都在学习，以致书脱销，很多单位自行印刷学习。影响新闻学界的不仅是“信息”这个词，而是新技术革命。当时较早把新技术革命与眼下新闻业发展联系起来的是陈力丹的文章《世界新技术革命和新闻事业》（《新闻记者》1984 年第 5 期），还有一篇同时、同类的，也是省级新闻学刊物发的。第 10 页谈到马克思的“一般的公正”，现在翻译为“公正惯例”，更准确。

该文最大的问题是第三部分“‘交往实践范式’的建构——21 世纪亟须第三次重回马克思”的立论，无中国社会实践的确切依据。如何论证，请认真考虑。这方面请注意王晶的一篇关于马克思传播时空观的文章，以及陈力丹关于马克思与信息革命的文章。

2016 年 11 月 24 日

第二次评语：

你的文章够宏伟的，对历史的叙述是有功底的。我感觉主要是第 3 点“交往实践观”的立论依据有些牵强，你谈的是新闻传播学，但这个说法在本学科几乎没有人使用。交往，即传播，是同一个概念，在这里为什么用“交往”而不是“传播”，如果有人问，你如何回答？这部分你谈论的方面很多，如何逻辑上与这个“交往实践”契合上，不太好说。

你提到新闻专业主义，建议改一种说法，例如新闻职业意识。“新闻事业”的概念，请一律改为“新闻传播业”，“事业”和“业”的内涵不一样；现在早已没有单纯的新闻业了，需要加上“传播”二字。即使这样，也无法对应现在的互联网时代了。

繁峙矿难发生在 2002 年，很多文章（包括我写的文章）都错为 2003 年了。还有文章里阿拉伯数字做序号，后面应该是下黑点，不能是顿号。

2017 年 2 月 12 日

11.《菲律宾新闻媒体政治立场差异的历史与现状》

请先确定文章是以论证为主还是以历史叙述为主。目前是混乱的。文章上来就讲建制派和异见派，这个说法的根据在哪儿？这一点没有说明，后面的就都不成立了。这种派别的泛泛说法得到菲律宾社会公认了吗？如果只有几个人这样说，也是难以成立的。因为持续几百年，党派变化无穷，可以分为这样鲜明的两派吗？

还有，这种两派的表现特点，似乎不是菲律宾特有的，而是多数国家都有的现象，把你第一部分的文字里的菲律宾换成其他国家的名称，也是说得通的，因为几乎没有涉及具体的媒体。直到第二部分才谈到两派的由来，用的是贴标签的方式，没有历史材料的依据。从写作架子的角度，这样写没有从读者角度考虑，这样的文章谁看？上来就两派，怎么来的，不知道。

从你的立意看，应该不是简单的历史叙述，而是论证，但论证的论据太少，只好拿历史叙述的材料凑，用贴标签来证明，缺乏实在材料证明它们为什么是这派或那派。

最后，这个文章能发哪儿？谁关心菲律宾的什么建制派或异见派？我当初写那个菲律宾新闻史文章，针对的是国内没有人知道该国基本的新闻史。现在你是第二篇，就需要考虑给谁看、哪儿能发的问题。

2017 年 1 月 7 日

12.《旨趣与进路：广告政治经济学分析的若干问题研究》

这篇文章如果我是编辑来审稿，可能第一步就否定了。因为实际上你没有问题要研究。论文必须围绕一个实在的有新意的学术观点展开，你现在的文章实际上泛泛说说，没有观点。传播政治经济学本身就够小的了，广告仅是一种传播，这个学派的学者有过一些说法，哪有什么特别的广告政治经济学，你说的内容属于传播政治经济学的常识性知识，没有任何新的发现或新的观点啊。还有，你所说的传播政治经济学学派只是北美的一支，这个学派的主要代表人物在英国（戈尔丁和默多克），连提都没提，材料也太狭隘了。

1 月 7 日

13.《媒体“放大效应”》

一、媒体“放大效应”体现

本节的“证据”不成立，这不是媒体报道的放大效应产生的，而是社会连锁反应。以下材料供参考：

2014 年 4 月 25 日，习近平主持中共中央政治局常务委员会会议，研究当前经济形势和经济工作。他注意到，对绝大多数人来讲，经济社会发展的信息是不对称的，他们得到的信息主要来自大众传媒。只要传媒把“点”上的问题炒成“面”上的问题，就会给人一种山雨欲来风满楼的感觉，很容易误导公众。他要求用两点论看问题，深入理解市场预期，学会用市场经济所接受的方式进行舆论引导。

为什么？新闻是关于事实的叙述，世界上发生了无数的事实，而媒体报道的事实是极少的一点。假如世界上所有的事实是一片黑暗，人们什么也看不见，媒体就如同探照灯，人们唯一看到的就是被媒体的探照灯照亮的那个点，它同无数事实相比微小得不能再小。由于人们看不到其他的事实（周围一片黑暗），即使媒体的报道是极为客观的，也无形中把它放大了（人们只看到这一点），如果炒作一下，人们就会以为全世界都是这个样子。这就是媒体无形的放大功能，这是一种自然的传播效果。若加上炒作，那结果就如同习近平所说，给人山雨欲来风满楼的感觉。

二、媒体“放大效应”的行程

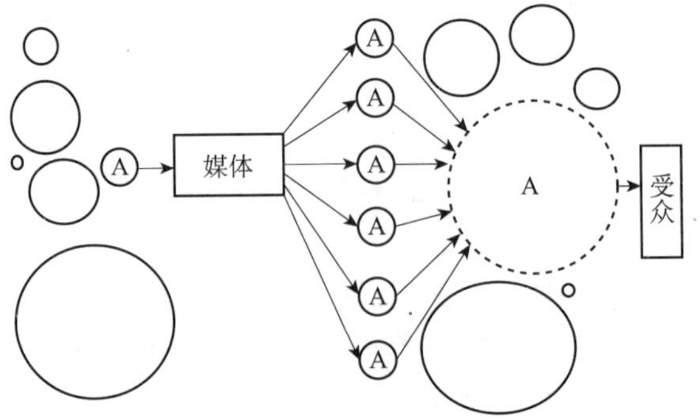

这个图只是展示了客观报道前提下的情形，一旦媒体集合起来炒作，放大的效果就不得了。你只说了可能的负面问题。就算是正面的内容，也要客观报道，过度的炒作也会造成不真实，不能愚弄人民。客观报道才是应该选择的新闻职业态度。

三、媒体“放大效应”对策

完全是行政思维，出的主意也是无用的套话，甚至是馊主意。学术研究是提出问题和分析问题，如何解决问题是官员的事情。如果官员不能解决他应该解决的问题，说明他不配做这个官，就该下台换上能做事的人。学者们要能替他解决问题，那就让学者直接去做官员好了，学者不是官员的仆人而是主人的一分子。

首先，媒体要对于传播内容进行严格把关（不是把关，而是遵循职业道德和规范）。

1 月 7 日

14.《中共党报理论的文献：〈本报创刊一千期〉》

这篇文章的作者是谁？是否博古写的，请考证一下。该文后来是否有毛泽东的肯定材料？以及其他对它的肯定材料，找一下。关于这个事情的各种回忆录，请查找一下（例如 1979—1994 年中国社科院新闻所的《新闻研究资料》）。好像万京华（新华社新闻所工作）的硕士论文（90 年代末中国社科院研究生院新闻系）是专写博古的。还有陆定一的回忆文章和文集等。

文章前面关于历史背景的材料都是本学科常识，不要说，要尽可能用很实在的材料说话，不要使用空话套话。要突出此文关于全党办报的论证，这是关于这个概念比较正规的表述。

没有注释。请把文章的行间距定义为单倍行距。

1 月 14 日

15.《党报理论的重要文献：〈本报创刊一千期〉》(同名的另一篇)

这是关于一篇历史上社论的小型考证文章，重点是考证这篇文章本身，现在文章的三分之二是背景介绍，关于这篇文章的基本情况反而没有多少。例如多少字、几个自然段，论证结构，主要观点等，几乎没有涉及；没有发表的版面图和任何发表该文时的细节材料；没有关于这篇社论发表以后的社会反响和长远影响的材料，例如收入了什么文集，哪个较大人物评价过什么；还可以分析一下毛泽东 1944 年关于“全党办报”解释与该文解释的差异。全党办报是否是这篇文章最早提出的？字数正文 2 200 字左右。请把握一下。我改写了第一段，想一想为什么要这样改。既然文章的标题是《本报创刊一千期》，伊始就得把“一千期”说清楚吧？

1 月 25 日

16.《中共新闻工作领导人恽逸群的〈新闻学讲话〉》

要突出这本小册子在马克思主义新闻观发展历史中的学术价值，不能简单地像讲语文课那样分析课文。要拿陆定一的《我们对于新闻学的基本观点》来对比，恽逸群肯定了新闻价值的理念，而陆定一当时把它作为“资产阶级新闻理论”给否定了。恽肯定了戈公振，而陆当时是否定的。恽把大城市党的新闻工作经验与根据地的新闻工作经验结合得很好。陆只有根据地的背景（这个要谈得含糊些，不好直说）。恽的简单背景要突出他的地下工作的领导职务、大城市新闻工作的经历、解放战争时期从事党的新闻教育的背景。参见我关于陆定一的文章。

1 月 16 日

17.《从战火中走过来的〈大众日报〉》

稿子写的什么啊？请把原文自己读一遍，除了不通顺，就是堆积材料也要有个顺序吧？事情的交代，时间上颠三倒四，没有基本的叙述逻辑，套话较多。“《大众日报》”这个词不断重复出现，一看就是连消息都不会写的主儿，不知道用代词。给别人讲述个事情，都不能讲清楚吗？都博士了，主谓宾都不懂吗？只能说没有上心。

还有，报纸处于 1939—1949 年的战争时期，有多少事情啊？怎么只有 1939 年的事情？1941 年只提到发表过文章，其他时间用几句套话带过，解放战争只说到换了几个地方出版，什么事情都没有发生吗？怎么找的材料？还有，武中奇、沈鸿烈是谁啊？你知道，读者知道吗？“太河惨案”怎么回事？没有任何解释。最后，连现在该报转变为什么都没有查一下，含糊为“现代报纸集团”。

能改的（主要是行文啰嗦和不合语法）和补充的我已经做了，现在连加到行文里的引文注释，总共 1 900 字。请为其他年代添加一些事情，特别是解放战争时期，材料要分布均匀，不要再出现套话空话。

1 月 17 日

18. 《“为全国铁路工人谋利益”的〈工人周刊〉》

我只看了一遍，连基本情况都没有交代清楚。第一，这是报纸还是期刊？1921 年创办的报纸，怎么提供的图是 1947 年（民国 36 年）的一个同名期刊？第二，既然谈的是报纸，基本的情况都要说清楚，例如前后每一任主编是谁？每期几版？发行数量？现在只有最初的创办情况，后面的情况很少。不能只是堆积零散的材料，要从材料里找到一些具体的细节和梳理清楚大体的发展脉络。第三，一些词汇莫名其妙，例如“最终宣布停刊”，后面又说不知道什么时候停刊的。“《工人周刊》的发行极大地提高了工人的阶级意识，引导了我国工人阶层的进一步成长壮大。”这样的空话不要说，要用事实来体现如何提高了、引导了。还有，有“工人阶层”这个说法吗？前面《大众日报》词条里这样的病句也有好几个，我已改。

需要进一步找材料和整合材料，把《工人周刊》的 6 个 W 说清楚，无法说清楚的要做解释。附图请换为真正的《工人周刊》而不是另一家同名的。

1 月 17 日

19. 《马拉笔》

我只改到横线处。我不可能改写每句话，否则文章就不是你写的了。

请不要拼凑文字，而要把看到的材料消化后用自己的语言写出来。首先，你看懂了吗？你知道法国大革命的进程吗？雅各宾派政权可以贴“资产阶级政权”的标签吗？这种政治标签的使用要特别小心。

不要使用没有材料依据的空话，例如“旨在维护社会底层人民的需求与利益，鼓动热烈的革命情绪，推进大革命的爆发”（该报是大革命爆发后创刊的，不可能推动革命的爆发）。要用实在的历史材料，用《人民之友》上的可以明确体现这句话的文字材料。现在提供的一段文字，看不出如何体现了上面的那段空话，估计你也看不懂，例如你引文里提到的“兔囿权”，你知道是指什么吗？你不管懂不懂，直接引来便是，问题在于读者能看懂吗？

再下面一段：“揭示阶级的对立成就了马拉，使他获得人民的支持，从而完成对人民思想的启示的教育作用，让自己成为权力的代言人，进而促进革命，进入全民革命的良性循环。”这全是虚话，紧接着的是：“例如，1791 年 7 月 17 日，警察当局审问一个被捕的 23 岁的厨娘，她的罪名是参加群众活动，要求另行组织政权机关。当警察逼问她读什么报时，这个厨娘回答：马拉的报纸。一个补鞋匠说他看《人民之友》报形成自己的意见。”后面的“例如”，无法说明前面的结论。这是该报传播广泛并得到群众拥护的结果。马拉怎么成就了“阶级对立”？怎么教育了人民？没有任何材料。“……体现出《人民之友》将报纸的舆论引导作用发挥得淋漓尽致”，怎么淋漓尽致了？看不出来啊。虚话太多，拔高的话太多。

后面的逻辑更不清了。谈到马拉随意地指责、攻击、控诉他人，而且不受法律约束，再下面又说“他清楚地认识到在整个革命过程中，真正的公共利益是不存在的”。这之间有什么逻辑联系？还有很多赞美的虚话。这些话如何与马克思、恩格斯对马拉的评价意见衔接？现在的文字，思维一派混乱！

例如倒数第三段：不断的革命除了是革命的战斗，亦是对真理的不断论证，“群众以为自己占有许多不言而喻的真理。但是，只有当人们通过对真理的一系列的论证而尾随真理之后的时候，才算整个地占有真理。”这段话是被马克思批判的话，你竟然当作正面的话引证来说明不断革命！

请把材料理清楚、真正看懂，把论证逻辑想好，用事实说明事实，不要说空话。凡是读者可能不知道的，引用时要解释，例如恩格斯的话中提到三个大革命时期的反面人物，你知道吗？若连你都不知道，引文不做解释，那不是糊弄人吗？请站在读者角度想一想，他们看懂了吗？理解我要讲述的观点了吗？

1 月 29 日

20.《〈红色中华〉和〈新中华报〉》

你们关于《红色中华》和《新中华报》的一长一短两稿，很多基本事实都说错了。

长稿中关于《红色中华》有这样一句话：“以毛泽东为首的党中央领导同志对《红色中华》报给予极大重视。据王观澜回忆……”，难道 1931 年时党中央就以毛泽东为首了？接着还有这样一句话：“除此之外，博古、秦邦宪、张闻天、周恩来等也经常指导和过问报社的工作。”看来你们必须得学习一点党史，否则没有资格写关于党史的文章。毛泽东 1935 年 1 月进入党中央最高领导层，逐渐成为主要领导人，1945 年党的七大以后才有“以毛泽东为首的党中央”一说。博古即秦邦宪，是同一个人，原党中央主要负责人。

短文上来就是：红色中华是“第二次国内革命时期中华苏维埃中央政府的第一份中央机关报”，有第二份吗？如果没有，强调它是“第一份”不是多此一举吗？

短文说，《红色中华》是“中央工农民主政府的机关报”，你们的这个根据是《新闻战线》2008年第1期卢文斌的文章《中共中央机关报的历史沿革》说的：“从1933年2月7日第50期开始，《红色中华》改为中共中央、中央工农民主政府、中华全国总工会、共青团中央联合机关报。”他说的称谓不准确，你们不能不核查就跟着说啊。你们提供的创刊号图片为什么都不自己看一看？报头右侧竖行清楚地写着：“中华苏维埃共和国临时中央政府机关报”。

文中提到了很多党的高级干部，当你们提及他们时，你们知道他们是谁，为什么会出现在报纸上（涉及他们当时的职务）吗？估计多数是不清楚的，既然自己都不清楚，写上给谁看？难道读者会比你们还清楚吗？

短文中有这样一段话：“《红色中华》于1937年1月29日正式改名为《新中华报》，期号为‘刷新第一号’，作为中国共产党中央委员会及陕甘宁边区政府的机关报。”你们怎么看的材料，这不是胡说吗！你们把1939年2月7日《新中华报》刷新的事情，提前到1937年1月，完全搞混了。1937年1月29日第一期《新中华报》的编号是325期，与第324期《红色中华》是衔接的。那时该报仍是中华苏维埃共和国中央政府机关报。

若是这样的稿子发出去，不知会得到怎样的批评和嘲讽。若在工作岗位，饭碗就没有了。请认真起来！

以前退给你们修改的稿子至今回不来，你们忙。鲁迅说，时间就像海绵里的水，只要想挤，总还是有的。他说他把别人喝咖啡的时间都用上了。没有挤不出的时间，就看你们重视不重视。这次我无法等待你们拖沓的修改，几乎重写了。这是一个简单的材料整理、甄别、核实的工作，比写真正的学术论文容易得多。请你们对照一下原稿，找一下差距。

1月31日

21. 《列宁〈论教育人民委员部的工作〉》

这是作为单独发表的文章而不仅是收入百科全书的词条，给你的材料只是材料，特别是列宁的原文，要认真把后三分之二的部分读一读，体会一下列宁要说的是什么，注意我给你的原始词条最后一句：对新经济政策（即市场经济）条件下文化-新闻体制的思考。这是要点，不要漫无边际地说。

需要突出的列宁观点是：“资本主义使报纸成为资本主义的企业，成为富人发财、向富人提供消息和消遣的工具，成为欺骗和愚弄劳动群众的工具。我们摧毁了这个发财和欺骗的工具。我们开始使报纸成为启发群众、教导他们在赶跑了地主和资本家之后怎样生活，怎样建设自己经济的工具。”同样是市场经济，目的不一样，社会主义报刊与资本主义报刊都提供消息和文化，但差别在于目的，前者应该真正为人民服务，提供他们需要的新闻和文化［“通过这两种报纸每天都可以给人民提供重要的和有价值的文献材料、优秀的和古典的文学作品、普通教育的教材、农业教材和工业教材。法国资产者为了赚钱早在战前就学会了用无产阶级报纸的形式为大众出版每本价格 10 生丁（即精装本价格的 1/35，等于战前的 4 戈比）的小说，而不是出版价格 3.5 法郎的精装本小说，为什么我们在实行从资本主义向共产主义过渡的第二个步骤时，反而不能学会这样做呢？用这种办法，一年之内，即使在目前贫困状况下，就能做到给 5 万个图书馆和阅览室各两份报纸，给人民一切必需的教材和一切必需的世界文学、现代科学和现代技术的经典著作，为什么我们就不能学会呢？”］这里列宁想要满足人民获取知识的愿望的真诚的赤子之心不是一目了然吗？

列宁详尽地考察了官僚主义吞噬本来属于和服务于人民的报刊的情况，目的是为了保证社会主义条件下人民能够得到必要的新闻和文化：报刊“分配给合理地为全国，为广大工人、士兵和农民服务的图书馆网和阅览室网。那时人民就会以百倍的干劲、百倍的速度、百倍的成效来要求获得文化、光明和知识。那时教育事业就会飞速地向前发展”。

你可以谈一下列宁把读报刊视为教育部（当时叫“教育人民委员部”）的任务，从这里可以看到列宁新闻观的一种认识：媒体是教育的一部分。

这是一篇列宁新闻观论著的考证性质的文章，你连中文版的情况一句没说，叫中国读者到哪里找去？这篇文章列宁如何想起来写的，需要交代（一开头就有）。该文前三分之一因为不涉及新闻和报刊，一句话带过。目前文章前面的背景讲得太远了，不要展开。把重点聚焦到列宁文章的后三分之二。这里体现了列宁的哪几点思想，想好了，把材料分配好，分别把列宁的这几点思想论证清楚了，文章就可以了。

2 月 13 日

硕士论文答辩的提问和评语草稿

2016年我参加了中国人民大学新闻学院22篇硕士论文的答辩和10位硕士生的开题。后者没有保留下评语文字。下面是保留下来的我起草的22篇硕士论文的评语，以及我个人准备提出的问题。最后形成决议评语时，草稿的美言大多保留，而“论文缺点”大都简化或淡化了。

1.《区域政府的舆情脆弱性评估研究》

提问：请谈谈我国政治体制下，政府领导人个人素质对舆情应对脆弱性的影响。

评语草稿：选题具有一定的理论意义，也具有明显的社会实践意义。该文以较为适当的邻近学科的几种脆弱性理论作为理论基础，对区域政府舆论脆弱性问题的评估提供了合理的框架，具有一定的学术创新意义。这项评估的研究表明，作者具有很强的研究能力，治学严谨，也具有较好的应用高等数学的能力。

论文缺点：关于舆情脆弱性的评估框架设计中，缺少对区域政府主要相关领导人管理素质和心理素质的考量。

2.《从“北漂”到“蚁族”：新闻的话语变迁与意义生产》

提问：请谈谈“北漂”和“蚁族”这两个词汇在社会变迁中的内在关联。

评语草稿：选题具有社会实践意义。该论文以话语分析和语料库方法对这两个使用广泛的新闻词汇进行了细致分析，点、面布局适当，历时性和共时性考察兼顾，个案与宏观研究相称。得出的关于新闻话语变迁趋势的若干结论有一定的说服力。研究方法上有一定的创新。文章整体上表明，作者具有较强的研究能力，治学比较严谨。

论文缺点：论文对“北漂”和“蚁族”的研究基本各自独立，没有体现出“从……到……”的论证结构。

3.《微信新闻公众号中原生广告与新闻专业主义的关系探究》

提问：43 页谈到："历史发展到 19 世纪末，尽管新闻业在工业革命和社会快速发展的背景下蓬勃发展，但是其兴起根基'第四权力'却遭到了有史以来最大的冲击——美国政党势力的高压，原本作为监督政府和传播自由意志的新闻媒体，受到前所未有的打击。"请举出实例说明"美国政党势力高压"的情形。

或：请解释一下新闻专业主义、新闻职业道德这两个概念。

评语草稿：选题本身具有一定社会现实意义和学术意义。作者较好地综述了原生广告的文献，对选定的理论基础"沉浸体验"叙述清楚。关于微信新闻公众号中一些原生广告的典型案例分析尚好。

论文缺点：论文整体思路不清，对新闻专业主义和原生广告的理解存在偏差，没有说清楚原生广告与新闻专业主义之间的关系。一些地方引证不规范。

4.《中德主流媒体新闻信源互动研究》

提问：请解释什么叫"互动"，新闻信源的主体是谁？怎样做才能叫"新闻信源的互动"？

指出问题：第二章单独出来没有意义。写了三分之一的文字（写到 13 页）才进入正题，全文共 39 页。

简单的表格，饼图、柱图，均可以用文字表达。这是本科生论文的做法，因为没有深刻的思想可以表达，也不会通过复杂的图式表达思维逻辑。

学位论文出现"××启示"的章节，说明文章实在写不出东西了，相当于建议之类，而建议不是学术论文的任务，而是某些功利性课题的要求。四条建议均为很无力的套话，说了多少遍了。

评语草稿：论文对比研究了 2012—2014 年两国主流报纸引用对方新闻稿件的情形，对双方采用稿件的篇数和内容做了较为全面的客观分析。研究做得较为认真，其结论对推动中德媒体的相互理解与沟通有一定意义。

论文缺点：论文没有需要论证的核心观点，分析表面化。

5.《媒介审判对受众认知作用的实验研究》

提问：请交代模拟实验调查对象是哪些人、怎么找到和如何确定的。

评语草稿：论文再现受众接受媒介审判信息如何形成认知，用数据的形式将认知客观化。这样的研究在本学科不多见，因而具有较强的应用理论的意义。

该论文从新闻实践角度，构建了考察媒介审判的指标体系，以及对于受众的影响机制，对媒介审判研究的深化也有所贡献。

论文缺点：论文关于模拟实验调查对象是哪些人、怎么找到和如何确定的，需要交代清楚。几乎完全一样的调查结果的行文，请考虑合并同类项。

以上为 2016 年 5 月 5 日学术硕士论文答辩评语。

6. 《企业雇主品牌的微信传播策略》

提问：请谈谈你进行的问卷调查推及整体的科学依据。

评语草稿：论文讨论企业官方微信如何保持并提升企业内部人才对雇主品牌的高度认知，具有一定的传播学应用价值。作者以组织传播理论和媒介丰裕理论为指导，通过问卷调查考察微信对企业员工及未来员工的影响，得出了五方面的结论，对企业微信做好传播企业雇主品牌工作有一定的参考价值。

论文缺点：问卷调查的发放不具备推及整体的科学要求。引证方式和参考文献编排需规范。

7. 《媒介融合背景下记者生产可视化新闻的困境与策略》

提问：什么叫“策略”？42 页第三段所说的三项内容是“策略”吗？

评语草稿：论文讨论传统媒体网站可视化新闻生产，具有一定的应用价值。作者通过与 12 位网络新闻工作者的深度访谈，对网络记者的知识结构、综合能力、可视化生产困境等做了调研，提出了若干改进的建议，对提升传统媒体网站的可视化新闻的水平有一定的参考价值。

论文缺点：该论文选题不具备学术性，论证没有学术理论的支撑，摆脱困境、提建议均未经论证。引证方式和参考文献编排需规范。

8. 《地方政府应对突发事件网络舆情的策略研究》

提问：上海踩踏事件发生后几小时，市委宣传部发出三项指示，第一，网上要严格核实新闻来源；第二，各网站一律不得做头条；第三，严禁将此事与反腐败相关联。请根据你的对策分析一下这个文件。

评语草稿：论文讨论了突发事件中的一类——事故灾难类网络舆情的应对策略，具有一定的应用价值。作者以 2014 年 12 月 31 日上海踩踏事件为典型，提出了若干应对策略，对地方政府应对事故灾难类网络舆情有一定的参考价值。

论文缺点：论证缺乏学术理论的支撑，提供的若干策略正确但不具有可操作性。引证方式和参考文献编排需规范。

9.《新媒体与传统媒体在网络热点事件中的互动情况研究》

提问：在传统媒体已经组建起微信公众号和移动新闻客户端的情形下，2015 年底我国新闻分发市场上传统媒体只占 3%，微信占据了绝对地位，这些新媒体形态作为传统媒体的延伸基本替代了原来意义的传统媒体。你认为现在该如何区分新媒体、传统媒体，或再做关于新媒体与传统媒体的互动比较还有意义吗？

评语草稿：论文对新媒体和传统媒体报道同一热点事件的情形做了比较分析，对二者进一步融合有一定的启示意义。作者在对典型案例的材料搜集方面做了努力，所叙述的新媒体和传统媒体竞争的四方面情形，提示了二者融合的互补问题，有一定的参考价值。

论文缺点：论证缺乏学术理论的支撑。引证方式和参考文献编排需规范。

10.《移动客户端新闻推荐模式研究》

提问：请谈谈美国新闻聚合网站嗡嗡喂（BuzzFeed）的运作与中国“今日头条”和“知乎日报”的异同。

评语草稿：论文对基于算法的个性化新闻推荐和基于经验的人工新闻推荐做了比较研究，为传播技术与社会需求契合的问题，提供了一种思路对比的镜鉴。作者以“今日头条”和“知乎日报”为典型案例，材料搜集较为详尽。

论文缺点：论文没有就移动客户端新闻推荐模式的运作得出自己的学术性观点。摘要不足千字。引证方式和参考文献编排需规范。

11.《地方新闻网站搭建网络问政平台的路径研究》

提问：除了 21 页讲述的例子外，请说明“心通桥”没有办结的行政帖子的一般性原因。

评语草稿：论文考察了郑州市委宣传部主办的中原网之问政平台——“心通桥”，介绍了其运作机制和运行效果，对其为民服务的发展和特点做了分析，做得较为认真，提供了这类服务性网站的经验。

论文缺点：论文不具有学术研究性质，论证缺乏学术理论的支撑。摘要不足千字。引证方式和参考文献编排需规范。

12.《我国公安边检系统形象识别问题研究》

提问：请谈谈你进行的问卷调查推及整体的科学依据。

评语草稿：论文以 CIS 企业形象理论为依托，通过问卷调查和个别深度访谈研究中国出入境边防检查系统的形象识别，有一定的应用价值。该论文显示，作者对于科学方法论的运用较为熟悉，数据分析严谨。参考文献编排规范。

论文缺点：论文没有得出具有学术研究性质的结论。

13.《融媒时代气象节目的制作策略》

提问：请叙述中国人民大学新闻学院 2011 年长达 6 万多字的硕士论文《天气信息传播史——论社会变革与天气信息传播观念的变化》（叶梦姝）的大体内容和理论依据，以及中国气象局主办的学术双月刊《气象科技进展》（2011 年 6 月创刊）关于气象报道的研究。

评语草稿：论文讨论我国气象节目目前面临的各种新媒体挑战，其所论证的气象节目特征与融媒时代的新要求、融媒时代气象节目的定位和人才培养等，对我国气象节目走向融媒时代有一定的参考价值。该论文表明，作者是气象节目行内人，对气象节目的问题和发展有自己的系统想法。参考文献编排规范。

论文缺点：论文的文献检索不全面，叙述基本是经验性质的，不具备学术性。

以上为 2016 年 5 月 7 日在职硕士论文答辩评语。

14.《卷入、影响、控制：新闻生产中记者情感因素研究》

提问：14 页谈到：访谈对象 H 在一次矿难事件中进行了隐形采访，他和一位矿难遇害者家里的小女孩聊了很久，后来还加上了女孩的 QQ，讲述完之后，小女孩对他说“我把情况都跟你说了，你千万不要说出去啊”，H 当时的回复是“好的”。但是记者还是把聊的内容公开出去了。请从职业道德角度谈谈你对此的认识。

评语草稿：论文选题具有显著的社会实践意义，也具有一定的理论意义，该论文以阿尔丽·霍赫希尔德的“情感劳动”理论为主要论证支撑，通过与 10 位记者的深度访谈，对记者在工作中的情感问题进行了深入的探讨，论证整体上是严谨的。这样的深入研究在本学科内具有理论创新性，对现实新闻工作也具有启示。

论文缺点：运用霍赫希尔德职业“情感劳动”理论讨论记者工作中的情感问题时，注意不要把记者工作等同于情感劳动。

15.《认知与信息处理变量对于第三人效果的影响》

提问：请谈谈你与某知名网络媒体合作进行问卷调查的技术指标，其能够达到怎样的代表性。

评语草稿：论文选题具有一定学术理论价值。该论文在对第三人传播效果研究文献检索的基础上，提出 7 个理论假设，运用融合详尽可能性模型对“人肉搜索”新闻中的第三人效果进行了深入的分析，试图证明第三人传播效果存在于不同类型的媒介信息中，这种尝试应该鼓励。文章表明，作者能够娴熟地运用量化分析的方法，治学比较严谨。

论文缺点：论文采用简单抽样调查的方法，因而结论的代表性有限。

16.《媒介多任务行为对抑郁和社交焦虑的影响研究》

提问：请以实际个案来说明你的研究结论是有效的。

指出问题：9 个假设不能叫假设，只能叫“问题”，假设必须是肯定或否定句。“媒介多任务行为”概念的主体是媒介，用词语法上说不通，还不如“一心多用媒介”。

评语草稿：论文选题具有一定的理论意义和现实意义。论文较全面地检索了不同学科关于“一心多用”的理论，提出了自己所要研究的 9 个问题。通过对大学生的问卷调查，以各方面的数据分析得出若干具体结论，作者强调面对面的沟通对维持健康精神状态的关键作用。这项研究对做好当今大学生的思想工作具有参考价值。该论文的数据分析较为严谨。

论文缺点：论文的问卷抽样方式难以推及中国大学生整体。

17.《网络辟谣平台的运作机制研究》

提问：请谈谈科学谣言与科学争议的区分，以及新闻工作者如何报道科学争议。

评语草稿：论文选题具有一定的实践意义。该论文通过对四家不同类型辟谣平台的 500 多条内容样本做各方面的考察，概括出不同类型辟谣平台内容的选择、信息源、辟谣信息呈现的框架偏向，分析较为细致，对目前的网络辟谣工作具有一定的参考价值。

论文缺点：论文仅叙述了四家辟谣平台的运作机制，没有所要论证的核心学术观点，选题不具有学术性。

18.《微信朋友圈信息流广告传播机理研究》

提问：请说明 20 位大学生是根据哪种科学依据选择的，他们如何具有代表性。

评语草稿：论文选题具有一定的实践意义。该论文通过搜集各方面的材料及对 20 位大学生的访谈，对朋友圈信息流广告的传播特征、传播过程、传播效果和受者心理做了比较全面的介绍，对于信息流广告商改进工作有一定的参考价值。

论文缺点：第一，论文的结构不合理，写了 76%才进入“研究”（即访谈 20 位大学生），从介绍访谈人到描述访谈内容共 8 页（16%），接着就是行政思维性质的 6 条正确而无可操作性的发展建议，文章结束。没有对信息流广告传播机理做出论证。第二，论文整体叙述是教材模式，基本没有自己的研究内容。第三，论文有多个地方引证了却没有标明出处；有些标了出处，文后的参考文献无对应内容。参考文献仅一页（18 项），16 项中文文献大多是质量不高的论文。

19.《社交媒体上公民参与的影响因素》

提问：(1) 你所说的社交媒体是指什么？请介绍你的问卷发放的科学依据。(2) 2014 年 8 月 26 日，《纽约时报》发表了一篇小文章《社交媒体如何让人们变成“沉默者”》（署名 Claire Cain Miller）。该报告的结论是：“从总体上看，互联网削弱而不是提高了人们的政治参与度。社交媒体降低了人们表达意见的可能性。”你如何看这个问题？

评语草稿：论文选题具有一定的网络实践意义。论文以刺激反应理论作为理论支撑，通过对 300 多份网上问卷的数据分析，对自己提出的 8 个假设进行验证，得出若干公民参与社交媒体公益活动的影响因素。这项研究对于在社交媒体上展开公益活动有一定的参考价值。该论文的问卷设计和数据分析较为严谨。

论文缺点：论文没有对所研究的“社交媒体”做出明确界定，调查的抽样方式难以推及整体。

20.《声讨“抗日神剧”——中国电视观众的网络话语实践与意识形态再生产》

提问：请解释 26 页第 3 段：基本上没有观众提到“历史认知具有建构性”这样的观点。这种自反性的缺失，容易助长人们的一种确信，即存在着一种真实的历史叙事。这种具有强烈排他性的历史观，跟文化审查者的思维不谋而合。

评语草稿：论文选题具有一定的理论意义和现实意义。论文以意识形态理论为依据，对中国 2011 年以来出现的关于“抗战神剧”的网上话语进行了意识形态的分析。该文关于电视剧意识形态功能与娱乐功能的分析、关于“抗日神剧”四个阶段的话语分析，能够自圆其说并给人以启示。

论文缺点：论文对“抗日神剧”网络话语的主体缺乏研究，被分析对象形象模糊。

21.《网络讨论中的协商民主质量：基于在线新闻的用户评论研究》

提问：鉴于你的详尽分析，似乎可以得出这样的结论：中国在线新闻的用户评论不可能成为协商民主的平台，你将如何回答？

指出问题：去掉“网络讨论价值”一章诸多“××性”的“性”字。新闻学不是“性”学，这些“××性”没有科学内涵，是随便拍拍脑袋发明的。

评语草稿：论文选题具有一定的理论意义和现实意义。论文以协商民主理论和网络讨论价值模型为理论依据，对@人民日报新浪微博官方主页 10 个热点议题进行分析，就用户间互动的协商民主质量进行考察，其描述性统计和逻辑回归分析比较严谨，结论给人以启示。

论文缺点：该论文对在线新闻的用户评论为什么能够被视为协商民主的平台，论证不够充分。

22.《新媒体神话：现代神话的传播想象》

提问：请说明第 1 页提出的四个问题，在后面哪些地方给予了对应的回答？

指出问题：第三个案例被学界否定，参见郑雯 2013 年博士论文《媒介化抗争：变迁、机理与挑战——当代中国拆迁十年媒介事件的多案例比较研究》、陈力丹《以第三方立场报道利益冲突事件》(《新闻界》2013 年 14 期)、夏倩芳等《“国家”的分化、控制网络与冲突性议题的机会结构》(《开放时代》2014 年第 1 期)。

评语草稿：论文选题具有一定学术研究性质。该论文以“现代神话”理论作为理论支撑，通过对中国使用互联网以来依次发生的三个典型案例的分析，试图证明在新媒体神话的形成中，新传播技术不能单独完成对自己神话的叙事。该论文对人们思考中国特色互联网现象有一定的启示意义。

论文缺点：论文仅借用现代神话理论关于“神话”概念的浅层意义，解释中国新媒体的传播现象，结论难以推及中国以外的国际社会。第三个案例已被证实是当事人和记者导演的事件，不具有案例研究的价值。外文中译本文献编排需规范。

以上为 2016 年 5 月 9 日学术硕士生答辩评语。

博士论文评议

2016 年我参加了 3 所高校 2 位博士生的开题、2 篇博士论文的评议和 3 篇博士论文的答辩，文字材料保留了下来。

1.《新媒体语境下台湾对农广播的传播与接受——以台湾神农广播电台为例》（开题）

选题还处于大众传播时代，调查方法还是传统的一套，整体思路是 20 世纪八九十年代的。一个调查报告≠一篇博士论文。

现在各种移动传播形态都可以广播，听到各种用户订制的节目和需要解决的个性化问题。如果仍然是传统的“我播你听”，只是在调查基础上改进一下广播内容，已经过时了。

另外，以一个具体的广播电台“为例”，也早已是陈旧的选题表达。这个“为例”多数情况下无法证明主标题框定的内容，一个具体单位的经验很难说明整体。

还有，这是博士论文，博士论文重在学术上的创新，而不同于一个课题。课题是可以为某个单位或权力组织的目标服务的，博士论文没有这种功利目的。此论证在学术上没有任何贡献。

建议考虑讨论农村广播如何适应互联网新媒体形态和移动传播，融入到各种新媒体形态中。原来意义的“你播我听”的广播模式已经过时了。

2016 年 4 月 9 日

2.《移动媒介与少数民族农村社区——对贵州麻江河坝村的个案研究》（开题）

此论证连要研究的是哪个少数民族都始终没有谈到。“少数民族”只是相对于汉族而言，具体是哪个少数民族太重要了，我们无法想象维吾尔族与黎族在移动媒体使用方面会是一个样子。

此选题如果是应地方政府邀请做的一项调查课题，尚好。但作为一篇博士论文的选题，由于社会互联网化的进程很快，也许论文做出来了也就过时了。如今的民族志研究如果研究移动互联网的使用，很不合时宜。那是研究原始时代、农业时代的有效方法，工业时代已经显得有些过时了，互联网时代则是完全过时了。论证中没有交代调查方法，亦是一大缺陷。

既然作者已经花费了很多工夫做了前期准备，建议从移动互联网对“×族”聚集区重构（Re-Imaging）角度讨论，需要得出有学术意义的相对宏观的学术理念，而不仅仅是告知情形。建议阅读玛丽·米克尔 2012 年以来每年发布的互联网发展趋势报告。

文中最后一段说：“移动互联网并没有也不可能完全颠覆乡土传统空间。”这是想象，需要证明。没有互联网，满族和满语、满文都消亡了，何况一个小地方的民族！

4 月 9 日

3.《现代化与正当性：中国共产党宣传观念变迁研究》

中国共产党的宣传观念在 90 多年间发生了较多的变化，以此为研究对象，选择“现代化与正当性”作为切入点，有一定的学术意义。

该论文计划从“传统中求变”“思想灌输”“舆论引导”“鼓动宣传”“正面宣传”等几个角度切入进行论证，此前尚未有人这样系统做过，有一定的新颖感。该论文第二章对中国共产党宣传观念“在传统中求变”的概括较好（但具体表述问题较多）。

论文的不足之处：该论文的选题有意义，但具体论证中的问题较多。最大的问题在于，“思想灌输”“舆论引导”“鼓动宣传”“正面宣传”这几个切入点是以现在流行的话语作为参照系的，再回过头来强行将历史上的宣传概念和行动分别纳入其中。两个核心概念现代化和正当性，没有明确的衡量标准和学术理论论证。

具体的解释中，差错和逻辑不通的地方较多，认识混乱，没有学术理论作为论证的依据，大多以没有直说的“我认为”呈现观点。这里无法一一与之讨论。对历史事实的评价，较多的地方直接引用别人的，其中一些直接引用的是不同年代、不同观点的外国人的分析，很不适当。作者对中国共产党的历史知识积淀较浅，做 90 多年的宣传概念变迁，显然底气不足。

以下是一些具体问题：

2 页："1956 年后，中共宣传工作出现了有史以来最大的挫折"，应为"1957 年后"。

4 页："由于译者把'宣传'翻译为 propaganda，导致了中国宣传在西方国家留下了污名化形象。"这个因果关系显然不是主要的。

10 页、20 页等。关于中国共产党宣传观念的结构模型，提出政党、政府、公众、媒介四个主体，还有多处提出"党-政府-公众"的三角关系，概括不对，明显有误。在一党领导的中国，党和政府基本是一体的，媒介姓党，这是习近平"2·19 讲话"明确的，实际上只存在两大主体（党、公众）。如果依四个主体或三角关系来思考，无法真正理解中国的宣传现象。

10 页："党、政府、国家是'三位一体'的，公众是其领导的真正对象。"这样的表述颠倒了政府、中国共产党与人民的关系。政府是人民的公仆，人民是国家的主人。党是人民的儿子。党的唯一宗旨是为人民服务。

25 页："1927 年至 1937 年间，第一次国共战争爆发……创办了以《新中华报》、'红中社'为主的中央媒体体系。"第一句是什么话？第二句莫名其妙。《新中华报》是 1937 年 1 月才改名的，应为《红色中华》报。

25 页："红军长征期间，中共中央创办了《红星》报。由邓小平主编。"《红星报》是 1931 年底创办的，而非长征时期创办，邓小平 1933—1935 年任主编，1935 年 1 月遵义会议后该报主编是陆定一。

28 页："重塑以新意识形态为核心的社会价值体系是重中之重。"154～155 页："习近平（2013）强调……把网上舆论工作作为宣传思想工作的重中之重。""把网上舆论工作作为'重中之重'来强调也是此前未有的……把网络舆论引导视为'重中之重'是媒介发展的需要，更是社会发展的需要。"查习近平 2013 年"8·19 讲话"和 2016 年"2·19 讲话"，他没有说过"重中之重"这样的套话。重中之重，这说明前面的"重"不是重，形式主义的文字游戏，怎么可以当真呢？

30 页：关于社会主义建设时期的中国共产党宣传工作，漏掉了 1966—1977 年，怎么可以一笔抹过去十多年的"文革"呢？

32 页：(后面还有一处)，"反自由化带来的新变化是'大批判'的消失"。仅依据邓小平个人的一句话不能抹杀历史事实，大批判不仅当时再度兴起，至今也时有出现。

34 页：1991 年上海《解放日报》皇甫平的系列文章的事情属于本学科历史

的常识，作者竟然错写为“黄浦评”，时间也错为 1990—1991 年。

35 页：“在中西共识上，‘资本主义意识形态与马克思主义意识形态以完全不同的眼光看待世界’……”这句话不知道什么意思。

38 页：不考证“灌输”（德文和俄文为从外部进入）的原意，竟从中文字面得出“灌输本身有‘漫灌’和‘滴灌’之分”。

38 页：“以毛泽东为首的中国共产党人把革命称为‘新民主主义革命’，革命成功以后自然进入了‘新民主主义社会’并过渡到……”中国共产党的革命是社会主义和共产主义革命，新民主主义革命只是其前期准备阶段，见毛泽东 1940 年 1 月写的《新民主主义论》。

44～45 页：把江泽民说的“政治文明”、胡锦涛说的“以人为本”（原文错为“以人文本”）和习近平说的“以人民为中心的工作导向”等同于“人文主义”！

48 页：“何为‘意识形态’？马克思曾有过通俗易懂的经典论述。他把意识形态形象地概括为‘他们没有意识到这一点，但是他们这样做了’。”马克思原文谈的不是意识形态，而是对价值和价值关系的认识。

50 页：“综观中国共产党 90 多年历史，意识形态始终是一项重要任务。”意识形态＝任务？

54 页：《共产党宣传》应为《共产党宣言》。

80 页：“4.2 舆论宣传”一节中把舆论等同于观点了。舆论是有明确的内涵界定的。

82 页：“成功创造了‘舆论一律’和‘舆论不一律’的概念。”此前没有吗？且一点也不成功啊。

89 页：《解放军日报》应为《解放日报》。

97 页：“政治正确有时候异化为某个党政干部意见”，“异化”概念用错了。

98 页以后，“鼓动宣传观”，鼓动与宣传是不同的概念，文中始终没有对这两个概念做出合理的解释。没有提及列宁对这两个概念的明确说明。该章和该论文没有提及毛泽东关于“从群众中来，到群众中去”（《毛泽东选集》3 卷 899 页）的重要宣传思想，也没有提及毛泽东《论持久战》中关于动员群众的论述（六六、六七、一一八点）

122 页：“在中国共产党看来，广播是‘没有距离的报纸’。”这不是中国共产党的观点，而是列宁的观点，现在看是向后看的传播观，因为以报纸作为参照系。

134页：提及习近平“2・19讲话”关于舆论监督与正面报道的关系没有展开，而文章内容并没有贯彻习近平关于正面宣传的观点，即两个“直面”（存在问题、丑恶现象），激浊扬清、针砭时弊的报道就是正面报道的思想。

140页注2：腾藤1989年时不是宣传部副部长，而是教育部副部长。

145页：“中共十六届六中全会提出，‘依法保障公民的知情权、参与权、表达权、监督权’。保障‘四权’，是中国共产党宣传观念中一次重要转变，长达数十年的封锁观念由此得到了一次突破。”“突破”真的是事实吗？如果按这个逻辑，此前的宣传观可以用“封锁观念”来概括吗？这样的评价与该论文前面谈的中国共产党的宣传观点相矛盾。

148～149页、151页：关于习近平2016年2月19日讲话，“首次公开提出‘新闻舆论工作’，更是代替了原来长期使用的‘新闻宣传工作’。这一变化意味着中国共产党对新闻工作自身规律的重视……”“标志着中国共产党对新闻传播规律的认识的进一步深化”。这里是什么逻辑？一说“新闻舆论工作”就是对新闻工作自身规律的重视，就是对规律的深化，没有说这个词就不是了？习近平作为总书记首次谈到尊重新闻传播规律，是在2014年8月18日，那时他没有使用“新闻舆论”的概念。且“新闻舆论”的说法早就有了，例如1989年中央政治局常委李瑞环关于新闻工作的讲话。

166页：“时代的车轮滚滚向前”，什么话？中学作文啊。

166页：“作为人类一项普遍存在的社会行为，宣传无处不在”。传播无处不在，宣传怎么会无处不在？

179页：“宣传伦理的第二个标准，需要建立评价制度进行评价。”有评价制度，就伦理了吗？法西斯也有评价制度，伦理吗？

180页：“启蒙首先是针对宣传者的……在宣传者的伦理与被宣传者的启蒙之基础上……”前后矛盾。

158～165页：第7章加入“中国共产党宣传组织的历史与改革”一节，与该章的主题不和谐。其中对“文革”十年期间的党的宣传组织的介绍是空白，完全没有交代。

此外，大约三分之一的文中注释无法与后面的“参考文献”对照，一些外国人的中译本论著，或“参考文献”中根本没有，或正文提供了如“拉斯维尔”，后面找不到，因为作者把外国人的名而不是姓，按照音序排列了（这完全不符合国际学术规范）。还有正文内简化表达，造成无法与后面的“参考文献”对接，例如正文使用社科院，后面是中国社会科学院。还有后面明明是中央宣传部办公室，正文中却写成“中办”。还有邓小平、习近平正文中后面的年代，多处在“参考文献”中没有对应的。这个问题颇为混乱。

5 月 1 日

4.《新闻理论视野中的公共性研究》

社会性的新闻传播具有公共性质，这是一种一般的认识。该论文就此话题试图进行细致的讨论，在学术上具有一定的价值。

该论文从新闻传播活动、新闻话语的角度讨论新闻传播公共性的设想是可以的。

该论文梳理了社会公共理论的历史与现实的研究状况，梳理得较好。作者的研究意图为“尝试从一个更基础的层面思考公共性问题”，并说：“当我们把公共性看做是世界的本质属性时，新闻传播活动本质上就是公共性的活动，这样，新闻传播活动的公共性（journalism）和新闻话语的公共性（news 层面）就成为传媒公共性的基础，构成了一种一般与特殊的关系。”（15 页）就这一点而言，思路不错。

该文关于新闻话语公共性的论述（但其中关于“媒介事件”＝话语，存在表达逻辑问题），思路有一定新颖感。

论文的不足之处：

该论文的设想尚好，但并未达到预期的目标。理论论证很薄弱，主要是叙述历史，略加一些公共性的分析，把历史和近期的事件说了一遍而已，基本没有理论上的贡献。具体问题有：

第一，该论文结构不够合理，关于公共理论的文献检索内容在全部 122 页中占据了前 42 页（34.4%），此后才进入本题的论证，且前面谈到的理论基本没有运用到后面的论述中。

该文进入正题论证的第一章（即第 3 章）共 27 页，大部分是叙述学科内常识——新闻传播的历史，新闻传播活动为什么应该具有公共性，并没有进行真正的学术论证就结束了。

第二，该论文仅有几句话提及政党报刊时期（50～51 页、72 页），忽略了这一存在约百年的政党报刊时期，其新闻传播活动、新闻话语与公共性的问题，没有做必要的合理阐释。

第三，作为发展趋势论证的第 5 章，基本是叙述学科内人所共知的近期发生的事情：公共新闻、公民新闻以及与职业新闻的关系。一会儿是中国的几个网络冲突事件，一会儿没有逻辑地转到叙说美国的社区报可能是微型公共领域，全章什么也没有论证出来，而整篇论文在这章就戛然而止了！

第四，该论文有一些地方没有标明引证的出处，不够规范。例如多次提及阿伦特，却不交代其观点的出处。

第五，该论文存在较多的遗漏和差误，例如 47 页关于“开元杂报”，缺少很重要的 2003 年“笔记小说”的考证交代。50 页，第一家日报应为 1650 年的《新到新闻》。53 页《国家日报》应为《国民日报》。66 页和 68 页的《人民日报》版面不是当时真实的版面，那时还没有简化字，而展示的版面上竟均为简化字！110～111 页，将网络上的宜黄拆迁事件作为正面的新闻公共性例子不妥，后来很多材料证明，这个事件相当程度上是记者编导的，利用了中国特有的冲突性议题传播的机会结构。参见郑雯 2013 年复旦大学博士论文《媒介化抗争：变迁、机理与挑战——当代中国拆迁十年媒介事件的多案例比较研究》、夏倩芳等《“国家”的分化、控制网络与冲突性议题的机会结构》（《开放时代》2014 年第 1 期）。

5 月 1 日

5.《苏联新闻体制的构建与转型研究》

提问：请用一段清晰的话表达你关于“苏联-俄罗斯新闻体制建构与转型”的政治哲学角度的认识。

指出问题：以下为具体行文中的问题。

4 页：很多文中的引文标注，后面的参考文献没有。

13 页：亨廷顿的英文没有出处，“权力”应为“权利”。

15 页：连续 57 个字没有标点。什么叫“社会舆论自由的赋权”？

16 页：请解释“黑箱作业”。

19 页：康有为写成了梁启超。

20 页：关于美联社史 1848 年如何了，这是传说，不是真的，三次重复，78 页还错为 1949 年。

22 页：请解释“谓词”。

23 页：扒粪新闻、黄色新闻时间说得不对，腐败新闻指什么？

34 页：扎米亚京是布尔什维克？

35 页：没有 11 月 17 日新闻自由的辩论。

39 页：材料请直接引证。

40 页：《火星报》的特殊作用不能普及。

41 页：太多的二级标题不是黑体。

46 页：关于列宁签署出版法令，三次重复。

59 页：搞错了，托洛茨基的《真理报》和列宁的《真理报》不是同一家报纸，列宁、斯大林的引证要交代时间。

60 页：两员（宣传员和鼓动员）不是一回事。

61 页："挂靠"是中国词汇，俄国没有。

78 页：奥克斯 1869 年接手《纽约时报》错了，是 1896 年。

81 页："不必要的福利"？

82 页："20 世纪最伟大的政治哲人"？

84 页："通过历史的悠久"，语句不通。

86 页："台湾"前加"中国"二字。"雨伞革命"去掉。

98 页："扒粪运动"是 60 年代？

138 页：多处的"别列佐夫斯基"少了"别"字。

146 页："清楚"应为"清除"。

148 页："我们"认为，我们是谁？不要这样表达。

151 页：莫名其妙的《新民报》。

154 页："黑金公共"？160 页"公关"？

157 页："纵览全文"？什么话？

评语草稿：我国关于苏联新闻传播业的研究，大都从外部政治管理体制的角度，在政治平衡和国家干预媒介程度层面进行宏大叙事。姚晓鸥同学的论文《苏联新闻体制的建构与转型研究》，通过对苏联新闻传播机构的组织结构、资金构成、发行和播出模式、从业人员的职业生活和职业培训等诸方面的考察，以此规避仅从外部政治权力的管理和环境变化来抽象理解苏联新闻传播业的不足，选题有一定的学术意义。

该论文以政治哲学为主要理论支撑，比较详尽地考察了苏联新闻传播业与政治权力的关系、苏联新闻传播业的运作方式、苏联的新闻生产，以及媒体体制与政治统治之间的关系。材料挖掘得比较丰富，一些新资料具有学术价值。

该论文论证了苏联新闻传播体制建构的政治哲学归属——以“道德正当”为特征的古典极权政治统治的图景；并进一步论证了后苏联俄罗斯时期新闻传播业体制转型的政治哲学归属——以“无组织的社会与单调政治生活”为特征的现代政治权威统治的图景。作者的论证可以自圆其说，对于研究苏联-俄罗斯的新闻传播业有一定的启示价值。

该论文表明，作者对于各种政治哲学理论比较熟悉，能够较为恰当地用来阐释苏联-俄罗斯新闻传播业体制与政治权力的关系。

论文的不足：

第一，阐释各种政治哲学理论，以及运用这些理论论证具体问题，行文逻辑和论证层次方面不够清晰、明了。

第二，叙述历史进程与问题的论证，部分相互间脱节；章节的设置，在思路上需明晰逻辑关系。

第三，部分引文没有标明出处，部分引文标识不规范，部分引文标识无法与文后的参考文献对应，参考文献的编排不规范。

5 月 26 日

6.《日常交流与文化传承：三个村庄的怀梆戏曲传播》

提问：请谈谈怀梆戏剧传播的传播学（非社会学）特征。

指出问题：以下为具体行文中的问题。

9 页、11～13 页、17～18 页、62 页、96 页：引文无出处。

19 页：出处不要转引。

21 页：“怀梆的发展延续是一个传播的过程，也是一个日常交流的过程。”同义反复。

26 页：不要乱用“博弈”概念。

29 页、45 页：怀梆有史记载始于清代。后面又说“怀梆自明代移民发展而来”，那明代而来的依据是什么？

56 页：传说不能作为论证依据。

评语草稿：论文通过对焦作市的三个典型村庄怀梆戏剧在日常生活中不同流通方式的考察，讨论我国非遗戏剧如何在日常生活中得到传承，选题具有一定的理论意义和现实意义。

作者做了翔实的田野调查，提供了较多的实际观察资料，这些资料在文化传承方面具有一定的学术价值。

该论文以文化基因传递理论和社会文化资本理论为支撑，论证了我国怀梆戏剧如何形成与城市戏剧不同的文化建构。在戏剧构建身份和记忆的认同、民间信仰造就同一剧种的多元文化表达、怀梆戏剧在乡村日常交流中的重构和代际传承等三个问题上，论证自成体系，可以自圆其说，对于研究同类非遗项目的开发、保护与传承具有一定的启示意义。

论文表明，作者对于戏剧理论比较熟悉，能够恰当地运用文化基因理论和社会文化资本理论阐释怀梆戏剧的文化传承以及戏剧内容、形式的传播。

论文的不足：

第一，运用传播学理论有效地阐释怀梆戏曲的传播不够。

第二，关于三家村的怀梆戏剧传播，明代前的历史推理仅限于思辨，缺乏实地考察的依据；关于冯丈村怀梆戏剧传播的论述，怀梆没有成为论证的主角。

第三，部分引文无出处，参考文献中文译著的排序不规范。

5 月 28 日

7.《新闻职业道德的重建及其问题研究》

提问：

请谈谈 1949 年以前我国新闻媒体的职业自律情况。

你在 47～48 页谈到訾北佳纸馅包子事件，请从法治角度评价訾北佳以“侵害商品声誉罪”获刑一年的法律依据。

指出问题：以下为具体行文中的问题。

1 页：新闻传播业一诞生就有职业道德的思考？中学生的叙述套路。有文字可考的关于新闻职业道德的意识可以追溯到 1690 年第一篇新闻学博士论文。

4 页：未提及 1991 年全国记协颁布的《中国新闻工作者职业道德准则》一事。

7 页：关于 1949 年前我国新闻职业道德方面的内容仅有 4 行半字，太少了。

15 页：一本克劳福德的书变成了两本。

73 页：统计表称谓不对，应为通报一览表。

153 页：“避免利益冲突”表述不对，应为“平衡利益冲突”。

拉丁字母做序号，后面应是下黑点。

评语草稿：论文通过样本调查、对几十位记者的深度访谈和数百篇观察日记、对几十个我国媒体职业自律的比较研究，讨论我国新闻传播业的职业道德各方面的问题，选题具有较强的现实意义。

作者对 2 000 位我国新闻从业者的抽样调查和数据分析，具有一定的学术资料价值。

该论文运用各种伦理学的理论，对我国新闻职业道德履行的现状进行了学术性梳理，对问题的归因做了有条理的分析，建构了道德重建的思考模型。其论证能够自圆其说，有自身的逻辑，对于完善我国新闻职业道德规范和评价监督机制的理论建构，具有一定的参考价值。

论文表明，作者积累了较为丰厚的近年我国新闻职业道德方面的资料，具有综合运用各种材料全面分析归纳问题的能力。

论文的不足：

第一，论文未能充分涉及新媒体语境下的新闻职业道德问题。

第二，论文基本在“应然”层面讨论问题，未能触及新闻职业道德履行不利的深层归因。

第三，中文参考文献里的译著编排不规范。

5 月 28 日

附录

2016年以来所写的马克思主义新闻观和外国新闻传播史文章篇目

马克思主义新闻观文章

《马克思关于〈莱比锡总汇报〉被查禁的通讯》，《新闻界》2016年第5期

《反克利盖事件》，《新闻界》2016年第9期

《马克思关于出版〈德法年鉴〉的书信》，《新闻前哨》2016年第8期

《共产主义杂志试刊号》，《新闻界》2016年第13期

《马克思恩格斯论党报遵循"党的精神"》，《新闻界》2016年第15期

《党报的战斗性》（与吴鼎铭合作），《新闻前哨》2016年第9期

《列宁论对党报与人民的关系》，《新闻前哨》2016年第9期

《"真正的社会主义"月刊——〈威斯特伐利亚汽船〉》，（与熊壮合作），《新闻前哨》2016年第10期

《中国共产党党报》，《新闻界》2016年第17期

《共产主义者同盟机关报〈德意志-布鲁塞尔报〉》，《新闻界》2016年第19期

《党报的组织性》，（与吴鼎铭合作），《新闻界》2016年第19期

《马克思参与编辑的〈寄语人民〉周刊》（与陈辉合作），《新闻界》2016年第21期

《马克思参与编辑宪章派〈人民报〉》，《新闻前哨》2017年第2期

《再从五个W说起》，《新闻界》2017年第2期

《马克思和恩格斯论宣传》，《新闻界》2017年第2期

《马克思和恩格斯论舆论》，《新闻前哨》2017年第3期

《马克思领导和编辑的德意志工人协会机关报〈人民报〉》，《新闻界》2017年第3期

《马克思论"有机的报纸运动"》，《新闻界》2017年第4期

《列宁的党报思想》,《新闻前哨》2017 年第 4 期

《马克思主义新闻名词》,《编辑之友》2017 年第 5、6 期连载

《源于俄文的马克思主义新闻观名词原文、中译文和英译文比对分析》(与姚晓鸥合作),《新闻与传播研究》2017 年第 5 期

《马克思恩格斯的新闻传播思想》,《新闻界》2017 年第 5 期

《认真看书学习，弄通马克思主义新闻观》,《新闻界》2017 年第 6 期

《马克思恩格斯丰富的新闻活动》,《新闻前哨》2017 年第 7 期

《马克思和恩格斯论印刷术的发明》,《新闻界》2017 年第 7 期

外国新闻传播史文章

《走向法治化新闻自由的智利新闻传播业》(与刘慧合作),《新闻界》2016 年第 17 期

《从严控封锁走过来的阿尔巴尼亚新闻传播业》(与黄昭华合作),《新闻界》2016 年第 21 期

《在开放与法治平衡中发展的越南新闻传播业》(与郑艳方合作),《新闻界》2017 年第 7 期

图书在版编目（CIP）数据

解析中国新闻传播学．2017/陈力丹著．—北京：中国人民大学出版社，2017.5
ISBN 978-7-300-24385-6

Ⅰ.①解…　Ⅱ.①陈…　Ⅲ.①新闻学—传播学—研究—中国　Ⅳ.①G219.2

中国版本图书馆 CIP 数据核字（2017）第 109601 号

解析中国新闻传播学 2017
陈力丹　著
Jiexi Zhongguo Xinwen Chuanboxue

出版发行	中国人民大学出版社		
社　　址	北京中关村大街 31 号	**邮政编码**	100080
电　　话	010－62511242（总编室）		010－62511770（质管部）
	010－82501766（邮购部）		010－62514148（门市部）
	010－62515195（发行公司）		010－62515275（盗版举报）
网　　址	http://www.crup.com.cn		
	http://www.ttrnet.com(人大教研网)		
经　　销	新华书店		
印　　刷	北京中印联印务有限公司		
规　　格	170 mm×240 mm　16 开本	**版　　次**	2017 年 9 月第 1 版
印　　张	17 插页 2	**印　　次**	2017 年 9 月第 1 次印刷
字　　数	275 000	**定　　价**	55.00 元